MEMLEK

Nâzım Hikmet (S
riye Mektebi'ni b
subayı olarak atan ... çıkar-
tıldı. Ocak 1921'de Millî Mücadele'ye katılmak üzere Anadolu'ya geçti. Cepheye gönderilmedi, bir süre Bolu'da öğretmenlik yaptıktan sonra Eylül 1921'de Batum üzerinden Moskova'ya gitti, Doğu Emekçileri Komünist Üniversitesi'nde (KUTV) okudu. 1924'te Türkiye'ye döndü, bir yıl sonra yeniden Moskova'ya gitti, 1928'e kadar kaldı. 1928'de döndüğünde bir süre tutuklu kaldı. Şiirleri ile ilgili açılan pek çok davada beraat eden Nâzım Hikmet, 1933 ve 1937'de örgütsel faaliyetleri nedeniyle bir süreliğine tutuklandı. 1938'de bu kez "orduyu ve donanmayı isyana teşvik" suçlamasıyla tutuklandı ve toplam 28 yıl 4 ay hapis cezasına mahkûm edildi. 14 Temmuz 1950'de çıkan Genel Af Yasası'ndan yararlanarak, 15 Temmuz'da serbest bırakıldı. Yasal olarak yükümlülüğü olmamasına karşın, askerliğine karar alınmasını hayatına yönelik bir tehdit gördüğü için 17 Haziran 1951'de İstanbul'dan ayrıldı, Romanya üzerinden Moskova'ya gitti. 25 Temmuz 1951 tarihinde, Bakanlar Kurulu kararıyla Türk vatandaşlığından çıkartıldı. Ölümüne kadar pek çok ülkeye seyahatler yaptı, konferanslar verdi, şiirlerini okudu. Moskova'da Novodeviçiy Mezarlığı'nda gömülüdür.

Şiir yazmaya 1914'te başlayan Nâzım Hikmet'in ilk şiiri, Mehmed Nâzım imzasıyla ("Hâlâ Servilerde Ağlıyorlar mı") 3 Ekim 1918'de *Yeni Mecmua*'da yayımlandı. 1921-1924 yılları arasında Moskova'da öğrenim görürken tanıştığı Rus fütüristleri ve konstrüktivistlerinden esinlenerek, klasik şiir kalıplarından sıyrılmış, özgür, yeni bir şiir dili ve biçimi geliştirmeye başladı. Bu ilk çalışmalarından bazıları *Aydınlık* dergisinde yayımlandı. İlk şiir kitabı, *Güneşi İçenlerin Türküsü* 1928'de Bakû'da yayımlandı. 1929'da İstanbul'da basılan *835 Satır*, edebiyat çevrelerinde geniş bir yankı uyandırdı. Zamanla, tam anlamıyla klasik de denilemeyecek ama biçimsel bakımdan daha az deneysel bir şiir dili geliştirdi. Halk şiirinin de Doğu şiirinin de çağdaş bir şiirden ödün vermeden nasıl kullanılacağını gösterdi.

Edebiyatın yanı sıra, tiyatro ve sinema da Nâzım Hikmet'in ilgi alanına girmiştir. Moskova'da bulunduğu yıllar, bu iki sanat türünde Rusların öncülük ettiği çağa uygun düşmektedir. Pek çok filmin senaryolarını yazdı, çekimlerine katkıda bulundu. Gazete yazıları, romanları, öyküleri, çevirileri de olan Nâzım Hikmet'in yapıtları, 1938'den 1965 yılına dek Türkiye'de yasaklandı. 1965'ten başlayarak, çeşitli basımları yapılan yapıtları, "bütün yapıtları" kapsamında, bir araya getirildi. Yapı Kredi Yayınları, bu "külliyatı" yeniden gözden geçirerek yayımlamaktadır.

Nâzım Hikmet'in
YKY'deki şiir kitapları:

Şiirler - 1 *(2002)*
835 Satır
Jokond ile Sİ-YA-U
Varan 3
1+1=1
Sesini Kaybeden Şehir

Şiirler - 2 *(2002)*
Benerci Kendini Niçin Öldürdü?
Gece Gelen Telgraf
Portreler
Taranta-Babu'ya Mektuplar
Simavne Kadısı Oğlu Şeyh Bedreddin Destanı
Şeyh Bedreddin Destanı'na Zeyl

Şiirler - 3 *(2002)*
Kuvâyi Milliye
Saat 21-22 Şiirleri
Dört Hapisaneden
Rubailer

Şiirler - 4 *(2002)*
Yatar Bursa Kalesinde

Şiirler - 5 *(2002)*
Memleketimden İnsan Manzaraları

Şiirler - 6 *(2002)*
Yeni Şiirler

Şiirler - 7 *(2002)*
Son Şiirleri

Şiirler - 8 *(2002)*
İlk Şiirler

Bütün Şiirleri *(2007)*

Henüz Vakit Varken Gülüm *(Seçme Şiirler - 2008)*

NÂZIM HİKMET

MEMLEKETİMDEN İNSAN MANZARALARI

(İnsan Manzaraları)

Şiirler : 5

YAPI KREDİ YAYINLARI

Yapı Kredi Yayınları - 1582
Bütün Eserleri - 5

Memleketimden İnsan Manzaraları / Nâzım Hikmet

Editör: Güven Turan

Tasarım: Nahide Dikel

Baskı: Mega Basım Yayın San. ve Tic. A.Ş.
Cihangir Mah. Güvercin Cad. No: 3/1 Baha İş Merkezi
A Blok Kat: 2 34310 Haramidere / İstanbul
Telefon: (0 212) 412 17 00
Sertifika No: 12026

1. baskı: İstanbul, Ocak 2002
YKY'de 31. baskı: İstanbul, Eylül 2015
ISBN 978-975-08-0377-9

Yapı Kredi Kültür Sanat Yayıncılık Ticaret ve Sanayi A.Ş.
İstiklal Caddesi No: 142 Odakule İş Merkezi Kat: 3 Beyoğlu 34430 İstanbul
Telefon: (0 212) 252 47 00 (pbx) Faks: (0 212) 293 07 23
http://www.ykykultur.com.tr
e-posta: ykykultur@ykykultur.com.tr
İnternet satış adresi: http://alisveris.yapikredi.com.tr

İçindekiler

Hatice, Pîrâye Pîrâyende.
Doğum yeri neresi,
kaç yaşında,
sormadım,
düşünmedim,
bilmiyorum.
Dünyanın en iyi kadını,
dünyanın en güzel kadını.
Benim karım.
Bu bahiste
realite umrumda değil...
939'da İstanbul'da tevkifanede başlanıp
.... biten bu kitap
ona ithaf edilmiştir.

BİRİNCİ KİTAP

I

Haydarpaşa garında
1941 baharında
saat on beş.
Merdivenlerin üstünde güneş
yorgunluk
ve telaş.

Bir adam
merdivenlerde duruyor
bir şeyler düşünerek.
Zayıf.
Korkak.
Burnu sivri ve uzun
yanaklarının üstü çopur.
Merdivenlerdeki adam
— Galip Usta —
tuhaf şeyler düşünmekle meşhurdur :
"Kâat helvası yesem her gün" diye düşündü
5 yaşında.
"Mektebe gitsem" diye düşündü
10 yaşında.
"Babamın bıçakçı dükkânından
Akşam ezanından önce çıksam" diye düşündü
11 yaşında.
"Sarı iskarpinlerim olsa
kızlar bana baksalar" diye düşündü
15 yaşında.
"Babam neden kapattı dükkânını?
Ve fabrika benzemiyor babamın dükkânına"
diye düşündü
16 yaşında.

"Gündeliğim artar mı?" diye düşündü.
20 yaşında.
"Babam ellisinde öldü,
ben de böyle tez mi öleceğim?"
diye düşündü
21 yaşındayken.
"İşsiz kalırsam" diye düşündü
22 yaşında.
"İşsiz kalırsam" diye düşündü
23 yaşında.
"İşsiz kalırsam" diye düşündü
24 yaşında.
Ve zaman zaman işsiz kalarak
"İşsiz kalırsam" diye düşündü
50 yaşına kadar.
51 yaşında "İhtiyarladım" dedi,
"babamdan bir yıl fazla yaşadım."
Şimdi 52 yaşındadır.
İşsizdir.
Şimdi merdivenlerde durup
kaptırmış kafasını
düşüncelerin en tuhafına :
"Kaç yaşında öleceğim?
Ölürken üzerimde yorganım olacak mı?"
diye düşünüyor.
Burnu sivri ve uzun.
Yanaklarının üstü çopur.

Denizde balık kokusuyla
döşemelerde tahtakurularıyla gelir
Haydarpaşa garında bahar.
Sepetler ve heybeler
merdivenlerden inip
merdivenleri çıkıp
merdivenlerde duruyorlar.

Polisin yanında bir çocuk
— tahminen beş yaşında —
iniyor merdivenleri.
Nüfusta kaydı yok
fakat ismi Kemal.

Merdivenleri bir heybe çıkıyordu
bir halı-heybe.

Merdivenlerden inen Kemal
yapayalnızdı
— kundurasız ve gömleksiz —
ortasında kâinatın.
Açlığından başka bir şey hatırlamıyor
bir de hayal meyal
karanlık bir yerde bir kadın.

Merdivenleri çıkan heybenin
kırmızı, mavi, siyahtı nakışları.
Halı-heybeler
ata, katıra, yaylıya binerlerdi eskiden,
şimdi şimendifere biniyorlar.

Merdivenleri bir kadın iniyor.
Çarşaflı
şişman
Adviye Hanım.
An-asıl Kafkasyalı.
1311'de kızamık
1318'de gelin oldu.
Çamaşır yıkadı.
Yemek pişirdi.
Çocuk doğurdu.
Ve biliyor ki öldüğü zaman
bir şal koyacaklar tabutuna
selâtin camilerinden.

Bir damadı imamdır.

Merdivenlerin üstünde güneş
bir baş yeşil soğan
ve bir insan :
Ahmet Onbaşı.
Balkan Harbinde gitti.
Seferberlikte gitti.
Yunan Harbinde gitti.
"Ha dayan hemşerim sonuna vardık"
sözü meşhurdur.

Merdivenlerden bir kız çıkıyordu.
Çorapta çalışır.
— Tophane caddesi, Galata. —
Âtifet on üç yaşındadır.
Galip Usta
baktı Âtifet'e,
"Evlenseydim eğer
torunum olurdu bu kadar"
diye düşündü.
"Çalışırdı, bana bakar"
diye düşündü.
Sonra birdenbire aklına Şevkiye geldi.
Emin'in kızı.
Mavi mavi gözleri vardı.
Geçen sene
daha âdet görmeden
Şahbaz'ın arsasında bozmuşlardı.

Sepetler ve heybeler
merdivenlerden inip
merdivenleri çıkıp
merdivenlerde duruyorlar.

Ahmet Onbaşı

— yine askerdi —
yetişti halı-heybeye.
Öptü elini.
Halı-heybe
ve mavi mintan, palto, siyah şalvar
ve keten lastik iskarpinler,
fötür şapka, sakal,
ve lahurî şal
kuşak
onbaşının omzunu okşayarak :
"— Hayıflanma birkaç kalem borç için" dedi,
"hane halkını sıkıştırmayız.
Yalnız biraz faiz biner."

Haydarpaşa koyunda
martılar inip kalkıyor
denizde leşlerin üstünde.
İmrenilir şey değil
martıların hayatı.

Garın saatı
üçü beş geçiyor.
Siloların orda
buğday yüklüyorlar
İtalyan bandıralı bir şilebe.

Ayrıldı onbaşıdan halı-heybe
gara girdi.

Merdivenlerde güneş
yorgunluk
ve telaş
ve bir altın başlı kelebek ölüsü var.
Kocaman insan ayaklarına aldırmadan
bembeyaz, upuzun taşın üstünde
taşıyor karıncalar kelebeğin ölüsünü.

Adviye Hanım
sokuldu polis efendiye.
Bir şeyler konuşuldu.
Okşadı çocuk Kemal'i.
Ve hep beraber
karakola gittiler.
Ve her ne kadar
bir daha görülmeyecekse de
hayal meyal
karanlık bir yerlerde hatırlanan kadın
çocuk Kemal
yapayalnız değil artık
ortasında kâinatın.
Bir parça bulaşık yıkayıp
biraz su taşıyacak
ve Adviye Hanımın dizi dibinde yaşayacak.

Merdivenleri mahkûmlar çıkıyordu.
Şakalaşıp
gülüşerek.
Üç erkek
bir kadın
ve dört jandarma.
Erkekler kelepçeli
kadın kelepçesiz
jandarmalar süngülü.

Merdivenlerin üstünde bir kayısı gülü
bir cıgara paketi
bir gazete kâadı.

Mahkûmlar durakladı.
Jandarma Hasan
tokalaştı Ahmet Onbaşıyla.

Jandarma Haydar
aldı yerden boş paketi
soktu cebine.
Ve mahkûm kadın
boynuna atılan Âtifet'i
öptü iki yanağından.
Eğilip baktı kelepçeli Halil
kayısı gülünün yanındaki gazete kâadına :
"Tek sütunluk bir nefer.
Üniforması belli değil.
Tıraşı uzun.
Beyaz sargılar var başında.
Sargılarda kan.
Sonra tayyareler
— kanatlı köpek balıkları gibi —
'pike bombardıman'
diye yazıyor.

Sonra bir liman :
küçük, beyaz daireler çizili üzerinde.
İsmini okuyamadı,
mürekkebi gaz lekesi dağıtmış."

Üç bayan
çıktılar merdivenleri koşarak
— sivri külâhlarıyla
mantar iskarpinleriyle —
banliyö yolcuları.

Kelepçeli Süleyman
bayanları gördü.
Genç bir kadın geçirdi yüreğinden.
Kayısı gülünü nişanlayıp
tükürdü.
Kelepçeli Fuat
seslendi Galip Ustaya :

"— Usta,
yine tuhaf şeyler düşünüyorsun."
"— Düşünüyorum evlat.
Geçmiş olsun."
"— Eyvallah usta.
Düşünmek değiştirmez hayatı."

Fuat
tersanede tesviyeci.
19 yaşında girdi hapise
üç arkadaş perdeleri indirip
bir kitap okudukları için.
Ve yatıyor iki yıldır.
Şimdi içerilere gönderiyorlar.

Galip Usta
bu sefer
dehşetli bir şeyler düşünerek
bakıyor kelepçesine Fuat'ın.
Bugüne dek
farkına varmadan biriken şeyler
yığınla
üst üste
hep beraber
tıkacını atan bir çeşme suyu gibi
bulanık
berrak
akıyordu kafasının içini doldurarak :
"Ne kadar çok fabrika var İstanbul'da,
Türkiye'de ne kadar çok,
dünyada ne kadar çok, sayılamayacak kadar.
Dün akşam tornacı Ayyaş Kadir'in
ölüsünü buldular üniversite kapısında
— bayılmış kız talebelerden biri —.
Ne kadar çok kayış, kasnak
ne kadar çok volan

ne kadar çok motor
dönüyor, ha babam dönüyor, ha babam dönüyor, dönüyor,
ne kadar çok adam, ne kadar çok adam
işsiz kalırsam, işsiz kalırsam, diye düşünüyor.
Mürettip Şahap Usta kör oldu
dileniyor matbaalarda.
Dokuma tezgâhları, fireze tezgâhları, torna tezgâhları,
şahmerdanlar, merdaneler,
pulanyalar,
pulanyalar,
pulanyalar,
— Galip Usta pulanyacıydı —.
Kim bilir dünyada ne kadar
ne kadar çok işsiz var.
Ama askere almışlardır.
Asker olunca işsiz adam
artık işsiz sayılmaz mı?"

"— Yine derinlere daldın ustam."

Galip Usta dokundu Fuat'ın kelepçesine :
"— Allah sonumuzu...
— ürktü kendi sesinden —
... hayreyleye evlat,"
dedi.

İnce siyah bıyıklarıyla Fuat
gülümsedi :
"— Hayırdır mutlak sonumuz."

Ustanın çipil gözleri ıslak
titriyor uzun burnu.
Ve etrafa belli etmeden
koydu Fuat'ın cebine
elli beş kuruşundan yirmi kuruşunu.

Garın saatı on beşi sekiz geçiyor.
15:45'te kalkar bu tiren.

Üçüncü mevki bekleme salonunda
oturup
dolaşıp
uyuyorlar yüzükoyun.
Kalkacak herhangi tirenle ilgileri yok.

Baskıcı Ömer
sakalı avuçlarında
betonun üzerinde çıplak ayakları
oturuyor iki büklüm sabahtan beri.
Ve yine sabahtan beri Ömer'in önünde
aşağı, yukarı, ileri, geri
volta vuruyor Recep.
İnce uzun kolları kalkıp inip
görünmez bıçakları atıp tutar gibi elleri.
Ali masanın üzerinde yatıyor yüzükoyun
sırtı yarılmış gömleğinin
kumral başı bileklerinde.
Üçüncü mevki bekleme salonunda
oturup
dolaşıp
yüzükoyun uyuyorlar.
Kalkacak herhangi tirenle yok alakaları.

Aysel :
Yaşı belli değil.
Belki on üç, belki yirmi.
Esmer.
Kuru.
Neclâ :
on beş yaşında var yok.
Burnu kıpkırmızı
yüzü değirmi.

Ve insanı şaşırtacak kadar büyük
yeşil empermeablin altında memeleri.
Vedat :
18 yaşında.
Top ense, altı oklu beyaz kıravat
                    ve sivilceler.
Vedat konuşuyor :
"— Hiçbir yere benzemez Bursa hamamları.
   Hele 'Ferahfeza'.
   Bahçe içinde bir otel.
   Müşteriler temiz.
   Vizite üç papel.
   Biri patrona kalıyor.
   Geçen sene bir Ermeni kızı götürdüm.
   Kurnazdır Ermeni milleti
                    bizim Türklere benzemez.
   Dünyalığı düzeltti.
   Drahoması tamam.
   Malum ya gâvur âdeti.
   Şimdi nişanlıdır."
Aysel sordu :
"— Sana ne vereceğiz?"
"— Ben beşer kâat alırım patrondan
                    hesabınıza,
                    komisyon.
   Mevsimidir,
   kızlar bir tutarsanız,
   günde on beş kere
                    belki daha çok.
                    Bir hesapla ne eder?
   Has malları görsün Bursa'nın gözü.
   Kadıköylüdür diye yazdı gazeteler
   İstanbul kızlarının en güzelleri."

Sabahtan beri
          ilk defa

doğruldu olduğu yerde baskıcı Ömer.
Seslendi Recep'e :
"— Bir cıgara ver."
Hızla önünden geçti Recep
ve dönerken
fırlattı cıgarayı.

Babası müftüydü baskıcı Ömer'in.
Evin içinde kuka tesbihler, kılaptan seccadeler,
el yazma müzehhep mushafları hattat Osman'ın;
fakat bir tek han hamam tapusu
bir tek konsilit,
bir tek Hicaz demiryolu tahvili yoktu.
Müftü Efendi bembeyaz, şişman bir adam
Ömer hastalıklı bir çocuktu.
Arabî öğrenemedi,
Farisî öğrenemedi.
Ahmediye kitabında cennet kapılarına bakıp
— tıpkısıydı bunlar Dolmabahçe kapısının —
başladı nakışlar çizmeye.
Müftü vefat etti Meşrutiyetten evvel.
Meşrutiyette kadınlar dağıldılar
seccadeleri ve tesbihleri götürerek.
O hengâmede
Ömer yirmi yaşındaydı demek.
Hattat Osman'ın mushaflarını Parizyana'da yedi.
Gönüllü asker oldu Balkan Harbinde.
Seferberlikte esir düştü,
döndü ve başladı Kalpakçılar başında baskıcılığa.
Ahmediye'nin Firdevs kapılarındaki nakışlar
patiskalar üzerinde açılmaya başladılar.
Tahta kalıp
tahta kaşık
tahta dükkân
ve akşamları şarap dolu kırmızı testi
ve esaretten kalma biraz gulamperesti

bahtiyar yaşıyordu müftü zade Ömer Efendi.
Ta ki İtalya'dan
hazır kâat modeller gelene kadar.
Zira kâat modeller
kepenklerini baskıcı dükkânlarının
kapadı birer birer
bir daha açılmamak üzere.

Recep yine hızla geçip
dönerken
fırlattı kibriti Ömer'e.
Ali masanın üstünde yatıyor yüzükoyun
sırtı yarılmış gömleğinin.
Aysel su dökmeye gitti.
Neclâ dedi ki Vedat'a :
"— Kardeşim
götürmeyelim bu sıska kızı.
Belsoğukluğu var.
İzmit'te aldı geçen sene.
Her tarafı akıyor bütün.
Hem inanma yalan
Kadıköylü değildir."

Denizde balık kokusu
döşemelerde tahtakurularıyla gelir
Haydarpaşa garında bahar.

Üçüncü mevki bekleme salonunda
tahta kanapelere değil
kapıya yakın
duvarın dibine
betona çömelmişler,
mavi düğmeler mintanlarında
dizleri parçalanmış sarı şayak poturlarının,
kırmızı sakallı iki Bulgarya muhaciri.
Öfkesiz kederiyle konuşuyor biri :

"— Yövmilbeter,
beterden beter.
Sonra yeter.
Paranın tuncu.
İnsanın piçi.
Hepsi mi ama
iyisi de var."

Dışarda
peronların orda kalktı 15:45 katarı.
Bu tiren
yataklı vagonuna rağmen
tirenlerin en külüstürüdür,
altı kuruşluk cıgara gibi bir şey.

Galip Usta selametleyip mahkûmları
girdi üçüncü mevki bekleme salonuna.
Oturdu baskıcı Ömer'in az ötesine.
Ali masanın üzerinde yatıyor yüzükoyun.
Recep ansızın durdu önünde ölü kaloriferin,
ibreyi soğuktan sıcağa, sıcaktan soğuğa çevirdi,
sonra bir tekme attı borulara,
sonra bağırdı avaz avaz :
"— Kesmeli yeryüzünde tekmil çıfıtları.
Tez gel bre Hitler Amca nerdesin?"

Kaçakçıydı Recep
ve sabahtan beri gelmeyen Moiz
eroin getirecekti.
Galip Usta ne dost ne düşmandı Hitler'e.
Fakat Recep'e kızdı.
Baktı Bulgaryalı muhacirlere.
Yine aynı öfkesiz kederiyle konuşuyordu
kırmızı sakallılardan biri :
"— ...gider İbrahim Peygambere der ki herif
kargalar gördüm,

gübreden kalkıp
dallara konup
ezanlar okuyorlar.
Bir adam gördüm
oturmuş derenin başına;
yol vermiyor aksın
içiyor tekmil suyunu.
Geyikler gördüm;
kaçıp gitmezler,
koşarlar peşinden avcının
vur, diye ille bizi...
İbrahim Peygamber der ki herife :
O kargalar ki gördün
imamlar, hocalardır.
Gübredir mekânları,
okurlar ezanları...
Düvellerdir dereyi içen adam;
halkın kanını içer,
doymazlar, içer içer,
bırakmazlar ki aksın
dere bildiği gibi.
Gördüğün geyikler günahlarımızdır;
koşarlar avcılara.
Avcılar : para."

Ali masanın üzerinde yatıyor yüzükoyun
sırtı yarılmış gömleğinin
kumral başı bileklerinde.

Recep bağırdı :
"—Burası sabahçı kahvesi mi, otel odası mı be?
Delikanlı uyan."
Ali kımıldamadı.
"— Sana diyoruz."
Ali kımıldamadı.
Ali cevap vermedi Recep'e.

Tuttu delikanlıyı Recep
çevirdi arka üstü.
Ali'nin başı düştü.
Ali çoktan ölmüştü.

II

Kızıltoprak istasyonuna yakın
bahçesinde bir ahşap köşkün
çok büyük bir fıstık ağacı vardır.
Yana yatmıştır biraz.
Bu fıstığın altında bir kadın
yeldirmesi sarı
çamaşır asıyordu.
Geçti çığlıklarla 15:45 katarı.

Beton villalar.
Bunlar devam eder ta Pendik'e kadar.
Henüz fidan halinde ağaçları
ve üzüm kütükleri henüz yeşermede.
Geçti çığlıklarla 15:45 katarı.

Beton villalar.
Köşkü yıkılmış başkâtip paşanın.
Kırk odalı bir alametti.
Ta Pendik'e kadar
beton villalar
beton villalar.

Böyle ikindi vakti
Göztepe istasyonunda çıt olmaz.
Ve ekser zaman
oturur hep aynı sırada tek başına
bir harem ağası.
Çok uzun boylu.
Çok zayıf.
Son kalanlardan.
En ihtiyarı.

Beton villalar.
Geçti çığlıklarla 15:45 katarı.

Dehşetli bir ciddiyetle dolaşıyor çamlıkta
parlak siyah saten önlüklü kızlar.
Memeleriyle mağrur.
Ellerinde kitapları.
Geçti çığlıklarla 15:45 katarı.
Beton villalar.
Beton villalar.

Süt gibiydi deniz.
Güneşte kaybetmiş rengini.
Asfalt yolun üzerinde
                    plaja gidiyorlar.
Kocaman sarı çiçekler gibi kımıldanıyor
                              geniş şapkaların hasırları.
Beton villalar.
Geçti çığlıklarla 15:45 katarı.

Adalar göründü karşıdan.
Denizin dibiyle ilgisiz.
Gemiler gibi.
Suyun yüzündeler.
Ta Pendik'e kadar.
Beton villalar.
Çimento fabrikası Kartal'ın
                              toz içinde
                              kederli ve kalın.
Ve sahilde maskelenmiş petrol tankları.
Geçti çığlıklarla 15:45 katarı.

Pendik.
Katar durdu.
Kelepçesiyle Fuat
            vurdu Halil'in dizine;

gösterdi peronda gezen taharri memurunu.
Ufacık gözleri
          ufacık burnu
çok büyük kulakları var.
Çıkarmış kamburunu.
Elbisesi lacivert
          iskarpinleri sarı
                    ve simsiyah fötrü ütüsüz.
Elleri herhalde cıvık cıvık, yumuşaktır.
Arka cebinde bir şey
                    ve orda ceket kabarık
                                        biraz yukarı.

Kalktı Pendik'ten 15:45 katarı.

Lokomotif.
Makinist Alaeddin
          çözdü mavi tulumunun göğsünü bir düğme daha.
Başını dışarı çıkarıp
                    baktı arkaya.
Furgon
          ve beş tane binek vagonu
                              — yataklı, yemekli dahil —
                                             ve altı tane marşandiz
birbiri peşinde sallanarak
                              geliyorlar.
Ne zaman böyle arkaya baksa Alaeddin
                                        — bilhassa rampalarda —
bir halata bağlayıp vagonları
kendi omzunda çekiyormuş gibi olur.
Ve inişlerde
       korkunç ağırlığını arkadan itilmenin
       küreklerinin ortasında duyar.

Vagonlar geliyorlar sallanarak.

Eskişehir-Haydarpaşa, Haydarpaşa-Eskişehir;
28'den beri,
yolcular iner biner,
makinalar değişir,
Alaeddin yerinde,
Alaeddin değişmez.

Vagonlar geliyorlar sallanarak.

Bavulu keten kılıflı bir yolcu gibi
— böyle postaya değil —
binmek Semplon'a Sirkeci'den
Vagonli'de yatmak.
Ve hele geceleri
oturup karşısında küçük kırmızı abajurların
rakı içmek vagon-restoran'da.

Vagonlar geliyorlar sallanarak.

"— Usta!.."
Alaeddin döndü kömürcü İsmail'e :
"— Ne var İsmail?"
"— Usta ne olacak bu harbin sonu?"
"— İyi olacak."
"— Nasıl yani?"
"— Yemekli vagonda rakı içeceğiz."
"— Biz mi?"
"— Biz."
"— Kömürü kim atacak
kim sürecek makinayı?"
"— Onu da biz."
"— Alayı bırak usta,
kim kazanacak?"
"— Biz..."

İsmail hiçbir şey anlamadıysa da
üstelemedi.
Çok siyah ve çok kalın kaşlarıyla oynadı biraz
sonra : "— Ustam," dedi,
"bir sualim daha var.
Şu gördüğün raylar
dolanır mı bütün dünya yüzünü?"
"— Dolanır."
"— Demek ki harp olmasa,
ama yalnız harp değil,
hudutlarda sorgu sual sorulmasa,
rayların üzerine saldık mı makinayı
dünyanın bir ucundan öbür ucuna varır."
"— Deniz dedi mi durur."
"— Gemilere binersin."
"— Tayyare daha iyi."
İsmail güldü.
Kırıktı ön dişlerinden biri.
"— Ben tayyareye binemem usta,
anamın vasiyeti var."
"— Tayyareye binme, diye mi?"
"— Hayır
karıncayı bile incitme, diye."
Alaeddin kocaman elini vurdu
çıplak uzun ensesine İsmail'in :
"— Sen ne hafız oğlusun!
Zarar yok ulan,
yine de bineriz tayyareye,
adam öldürmek için değil
gökyüzünde püfür püfür
safa sürmek için...
Şimdi sen hele
ateşi bir süngüle."

Vagonlar geliyorlar sallanarak.

510 numaralı üçüncü mevki vagon.
Jandarmalarla mahkûmlar birinci bölmede.
Çavuş daha bir kerre olsun gülmedi.
Mavzerler yatırıldıysa da raflara
                    kelepçeler çözülmedi.
Ayrı ayrı dünyalarda iki taraf.

Kitap okuyor mahkûm Halil.
Çevirirken dizinde duran kitabın yapraklarını
çok rahat bir ustalıkla kullanıyor
bileklerinden demirli parmaklarını.
Kitap ve kelepçelerle
                on üç senedir
                    bu beşinci yolculuğudur.
Gözlerinin altında çizgiler
                   şakaklarında beyaz.
Halil belki ihtiyarladı biraz.
Fakat kitap, kelepçe ve yürek eskimedi.
Ve şimdi
yürek her zamankinden umutlu
                   Halil okurken kitabını,
"— Kelepçem," diye geldi aklına,
"günler yakın,
  seni pulluk yapacağız kelepçemin demiri."
Ve öyle güzel söylenmiş buldu ki bu fikri
yine üzüldü birdenbire
ölçülü ve ölçüsüz
şiir yazmak hünerini bilmediğine.

Gebze istasyonunda durup kalktı tiren.
Geçiyor yüksekte demir köprünün üzerinden.
Sağda toprak apansız alçalıyor
                    belki yüz
                          belki yüz elli kulaç :
ve orda
     dipte
        aşağıda

"Eski Hisar" köyü ve kalesi
ve ince uzun yolda giden iki atlı,
zeytin ağaçları ve hattâ bomboş deniz
kutudan yeni çıkmış oyuncaklara benziyor
                                                  öyle küçük
                                                          öyle renkli,
ve uzak
        ve derinde olmalarından
ve çok çabuk arkada kalmalarından dolayı
                                        bu bahar aydınlığında tertemiz.

Mahkûm Fuat
gördü ve bir daha unutmayacak
                        derinde iki atlısıyla uzaklara
                        büyük şehrine doğru giden yolu.
Ve gözünde ilk defa kaybettiğinden İstanbul'u
başladı birdenbire kendi evinden anlatmaya :
"— Dedem," dedi, "benim dedem
                                    bir acayip adammış.
      Bahriyede kolağası.
      Evde bir tek fotoğrafı var.
      Belli ki sivri uzun fesin altında
                                        usturayla kazınmış koca kafası.
      Mürteci müthiş.
      Düşün ki Meşrutiyet olunca
      Sultan Hamid'e yeminliyim, diye
                                          nikâh tazelemiş.
      Zaten üç yıl sonra tekaüt
      ve Kulaksız'da bakkal.
      Sonra 338'de ölüyor
      İstanbul'un kurtuluşunda,
      Birinciteşrin ayı.
      Ölüsünü mutfakta bulmuşlar,
      yapyalnız,
      dibinde tel dolabın,
      çocuklar sokakta marş okuyormuş."

Mahkûm Süleyman takıldı Fuat'a :
"— İçtimaî menşein senin bir hayli karışık,
mürteci militarizm
ve küçük esnaflık."

Fuat aldırmadan devam etti :
"— Hâlâ gözümün önündedir babam.
Uzun sarı parmaklı bir adam.
Tavşan mağazası ustalarındandı,
(havuzların marangozhanesi).
Düşkündü eski hattatlara.
Sabahları bayram yerinden duyulurdu
sala verirken sesi.
Küstü,
ezan okumadı
Arapça yasak olduktan sonra.
35 yaşında öldü veremden."
Süleyman sordu :
"— Annen?"
"— Beni doğurup ölmüş.
Ben marangozhanede büyüdüm
edevat sandığında babamın.
Bu bir yeşil sandıktı.
Atölyede aletleri çıkarıp
içinde uyuturdu beni."

510 numaralı üçüncü mevki vagon.
Koridor.
Koridorda Üniversiteli dolaşıyor.

510 numaralı üçüncü mevki vagon.
İkinci bölme.
Kutu sardalyası, limon,
beyaz peynir, ekmek,
şişeler,

kadın, erkek
içiyorlar.
Memleket Opereti turneye gidiyor.
Sekiz artist
ve meşhur bestekâr Mehmet Ali.

510 numaralı üçüncü mevki vagon.
Birinci bölme.
Gülüyor bembeyaz dişleriyle kelepçeli Fuat.
Çünkü kelepçeli Süleyman
Üniversiteliye içerlemektedir :
— kapının camından bakan
ve herhalde Melahat'a —.
Kelepçesiz Melahat
ince kansız bileklerinin hürriyetiyle mağrur
ve ellerini kullanabilmek imkânıyla keyifli
elma yemektedir.
Üniversiteli hâlâ bakıyor.
Yükseltti Süleyman sesini.
Jandarma Haydar
hak verdi Süleyman'a,
indirdi camlı kapının perdesini.
Ve mahkûmların köylü jandarmalarla ahbaplığı
böylece başlamış oldu.
Kelepçeli Halil
(belki farkında her şeyin
belki hiçbir şeyin farkında değil)
kaldırdı miyop gözlerini dizindeki kitaptan
sordu birdenbire Jandarma Haydar'a :
"— Sizin köy kaç haneliktir?"
"— Elli hane kadar."
"— Kaçının öküzü bir çiftten fazla?"
"— İki hanenin."
"— Kaçının öküzü tek?"
"— Tek öküzlü 15 hane çıkar."

"— Hiç öküzsüz?"
"— Beş altı hane."
"— Geri kalanı demek?"
"— Bir çift öküz."
"— Sende?"
"— Bende öküz çift."
Süleyman sordu :
"— Topraksız olan?"
Çavuş cevap verdi :
"— Bulunmaz mı, bulunur."
Fuat karıştı söze.
Muhabbet uzadı.
Ve insan dostluğunda öyle bir an oldu ki
(şüpheden ve emirden üstün)
köylü jandarmalar gelince göz göze
kalın seslerle şakalaşılıp
keyifli bir iş yapılır gibi hep beraber
çözüldü kelepçeler.

Koridor.
Üniversiteli dolaşıyor.
Koridora bir yolcu fırladı beşinci bölmeden.
Bu, kısa boylu, göbekli bir pantolondu.
Terli bir telaş içinde
açtı bütün pencereleri.
Ve sonuncu pencereden uzanıp dışarıya
üç kerre derin nefes aldı.
Sonra topukları üstünde döndü geriye apansızın.
Alnı dar ve uzun
yanakları şişman ve geniş.
Kafası kocaman bir armut gibi oturmuş
omuzlarına.
Çakır şaşı gözleri gördü Üniversiteliyi :
"— Sayın bayım," diye seslendi,
"boğulacaktım az kalsın.
Bizim kompartıman ayılarla dolu.

Pislik
ter
koku.
Pencere açtırmıyorlar."

Yaklaştı Üniversiteliye :
"— Üniversiteli misiniz?
Belli.
Kasketinizdeki bozkurttan.
Birçok uygunsuz çocuklar mamafi
böyle kasket giyiyorlarmış.
Duyduk.
Diyorlar.
Görmedim.
Bizim o tarakta bezimiz yoktur.
Mamafi tecrübe etmedik dersem yalan.
İngilizler İstanbul'a geldikleri zaman
donsuz İskoç oğlanları...
Sonra zavallı Acemler'in adı çıkmış.
Mamafi insan her zevki tatmalı.
Yaşamak
zevk almak demektir.
Mamafi papelin olacak kardeş.
Aşk meşk, hayat mayat;
her işin başı papelat.
Gel de bunu içerdeki ayılara anlat.
Herifler pencere açtırmıyor.
Bakın
size bir baba nasihatı :
her şeyden azizdir insanın sıhhatı.
Sıhhatına iyi bakacaksın.
Sabahları mutlak taze yumurta içilecek.
Benim evde üç sıpa var.
Her sabah üç yumurta içerler mamafi.
Benim evde bir usul vardır,

ben işten dönünce
gizlice tahkik ederim analarından
çocuklar yaramazlık mı ettiler
uslu mu oturdular?
Ve ona göre
kuş bir şeyler getirir pencereye;
elma mı olur,
portakal mı olur,
çukulata mı?
Kuş getirmiyor tabii
ben getiriyorum.
Fakat benim en küçük sıpam
çakıvermiş bu işi bir akşam.
Ertesi gün anasına :
'Kuş, babaya benziyor,' demiş,
'tıpkısı babam.'
Mamafi benim kanaatım şu :
çocuklarının zekâsını ölçmeli adam.
Ben boyuna ölçerim.
Meşhur hikâyedir :
Remil öğretmek istemiş padişahlardan biri şehzadesine."

Üniversiteli gülümsedi :
"— O hikâyeyi biliyorum," dedi.
Ve sonra sordu laf olsun diye :
"— Memur musunuz?"
"— Eh,
mamafi memur da sayılırız.
İstanbul (...) Bakımevi kaleminde muhasebeciyim.
Nuri Öztürk.
Dahiliz bareme.
Vaktiyle Salacak'da gişe memurluğumuz da var.
Esnaflık
tüccarlık da ettik.
Her şey
kurukahvecilikten başka.

Bir onda kaldı hevesim.
Şoförlük de yaptım.
Araba kendimindi.
Parlak devri taksilerin.
Hiç unutmam bir yaz günü
                    ikindiye doğru
bir müşteri bıraktım Çiftehavuzlar'a,
                              dönüyorum.
İlerde bir kadın gidiyor.
Siyah mantolu.
Bacakları ilişti gözüme
                sürahi gibi.
Yanına gelince durdurdum arabayı.
Baktım yüzüne :
        aile kadını, kibar.
Sonra çok büyük, simsiyah gözleri var.
Şeytan dürttü beni
            kapıyı açtım,
                        'Buyrun,' dedim.
Girdi içeriye.
Sürdüm arabayı.
Nereye gidiyoruz?
Ne o söylüyor, ne de ben soruyorum.
Dikiz aynasında gözlerini görüyorum
                              gözleri öyle siyah
                                    öyle koskocaman
                              hep öyle.
Caddebostan'dan yukarı saptık.
Erenköy, İçerenköy, kırlık.
Durdurdum arabayı.
Bir çınar altı şöyle.
Etrafta in cin top oynuyor.
İndirdim kadını arabadan.
Ses çıkarmadı.
Yatırdım toprağın üstüne.
Yine ses yok.

Mamafi ben onu öpüyorum.
O, put gibi.
Neyse lafı uzatmayalım,
işimizi görüp kalktık.
Tekrar atladık arabaya.
Dönüyoruz.
Nereye döneceğiz?
Ne o söylüyor yine, ne de ben soruyorum.
Yine dikiz aynasında gözlerini görüyorum,
gözleri hep öyle bildiğin gibi kara
öyle iri iri
hep öyle.
Kızıltoprak'a geldik.
Çarşıda lambalar yanmış.
Durdum önünde manavın.
Açtım kapıyı.
Kadın indi, yürüdü,
saptı, kayboldu.
Şimdi sen ne dersin bu işe bayım?
Mamafi nasıl anlatayım
yani anlattırttırayım
Arnavut'un dediği gibi;
yani on üç, on dört yıl geçti aradan
çıkmaz aklımdan bu paşa karısı.
Çünkü bir paşa karısıydı mutlak.
Eh, o zaman bizde göbek yok
bıyıklar ipek gibi
yumurta sarısı.
Kesip almışız Paris mahallesini Kadıköyü'nün.
Hayat sürdük bayım
hayat.
Gel de içerdeki ayılara
bütün bunları anlat.
Herifler pencere açtırmıyor."

Pencere açtırmayanlar
beşinci bölmedeler.
Halı-heybenin sahibi
solda
en başta
köşede oturuyor :
kurnaz
kocaman
yırtıcı bir kuş gibi...
Ve fötür şapkası kafasında, sırtında paltosu
ve siyah şalvarı rahat kıvrımlarla yayılmış
ve çıkarmış keten lastik iskarpinlerini
ve peykenin üzerinde ellerine yakın
ve canlı elleri kadar
beyaz yün çoraplı ayakları.
Ve konuşulanları tüylü kulaklarıyla değil
ayaklarıyla dinliyor.
Konuşuluyordu perilerden.
Karşıda Sarı Seyfettin
(Adapazarı'nda bir Çerkez köyü muhtarı)
çok uzun boynunda gırtlağını oynatarak
anlatıyordu :
"— Besmelesiz çıkarma elbiseni.
Her işin başı besmele.
Elbiseni periler alır
düğün yaparlar."
Seyfettin'e hak verdi arabacı Selim :
(Eskişehirli, elli yaşlarında, kel.)
"— Beygirler için de öyledir.
Gece beygiri besmelesiz bağlarsan ahıra
periler biner sırtına hayvanın
koştururlar şafak sökene kadar.
Ve de ince ince örerler saçını.
Kaç kerre başıma geldi :
girerim ahıra sabahleyin

olduğu yerde bağlı hayvan
köpük içinde fakat
sırılsıklam
ve saçı gelin saçı gibi örgü örgü.
Örgülerin açılmaz çoğu,
kesmekten başka yolu yok.
Periler böyle atlara binip geceleri
nereye giderler ay ışığında?
İnsanın derdi insana yeter.
Besmeleyi unuttuk diye Rabbim
bir de perileri başımıza bela eder.
Nasıl şeyler acaba?
İnsana benzerler mi?
Huyları insana benziyor :
hırsız
keyfine düşkün
muzur..."
Kapının yanındaki Tatar yüzlü adam
(Bursa köylüklerinden ve Merinos Fabrikasında bekçidir)
cevap verdi Selim'e :
"— Ben uğradım.
Gözüme gözüktüler.
Altı hafta gece gündüz.
Saz yüzünden oldu bu iş.
Sazların padişahı dokuz telli curadır.
Nerde usta bir curacı var diye alsam haberi
kış kıyamet
yedi günlük yol olsa
beygirin terkisine atar
getirirdim köye.
Ve lakin bir türlü öğrenemem curayı.
Namlı bir curacı vardır.
Çingen.
Aliş Usta diye anılır.
Dedi ki bana :
Bileğine naletleme inmeden
belleyemezsin bu sazı.

İyi ya dedim
bileğime naletleme nasıl inecek?
Kadir gecesi, dedi Aliş, kadir gecesi
curayı alıp helaya gireceksin.
Ve orda ters oturup
başlayacaksın çalmaya.
Tuttum sözünü Aliş'in.
Zaten yakındı kadir gecesi.
Helaya girdim.
Ters oturdum.
Dokundum tellere.
Teller ses vermiyor.
Büktüm mandalları.
Nafile.
Ama nasıl çıkmıyor ses,
ses denen şey yeryüzünden yok olmuş gibi.
Attım kiraz kabuğundan tezaneyi
parmaklarımla asıldım tellere.
Teller ne kopar
ne ses verir.
Lastik gibi uzayıp kısalır sade.
Yetiş be Aliş
bu ne iş,
deli olacağım,
derken göründüler.
Kimi mercimek tanesinden küçük
kimi minare boyunda.
Elbiseleri bizim elbiselere benzer
ama külahları var :
al yeşil, uzun, sivri.
Hepsi süvari.
Çekmişler kılıçları
üstüme saldırıyorlar.
Dışarı fırlamışım.
Altı hafta gece gündüz gitmediler.
Dedem parçalayıp yakmış curamı.

Evin alt gözünde beni vurmuş zincire.
Hocalara okundum.
Faydasız.
Çağırmışlar Aliş Ustayı sonunda.
Çingen Aliş
vermiş elime kendi curasını.
Ben başlamışım çalmaya.
Çaldıkça açılmışım
çaldıkça açılmışım.
Derken düşüp bayılmışım.
Bir de kendime geldim ki ne süvari ne kılıç
gitmişler.
Ve lakin o gün bu gündür
benden usta curacı yoktur
tekmil Bursa vilayetinde.."

Sustu.
Arabacı Selim ters ters bakıyor ona.
Ve halı-heybenin sahibi
iki beyaz kuzuyu okşar gibi
okşuyor yün çoraplarını.
İnce bir ses geldi karşıdan;
dayak yemiş küçük bir hayvan sesi gibi bir şey :
"— Benim de karnımdaki su
herhal onların işi."
Konuşan
ufacık bir adamdı,
(yahut da böyle ufacık olmuş),
yüzünün derisi yapışık şakaklarına,
ince, sarı bir deri.
Ve bu kemikleri fırlamış insan yüzünün
pırıl pırıldı gözleri.
Çok kerre ölüm insan yüzünde
şakakların fırlamasıyla başlar.
Ve ölüm
Sakarya köylüklerinden Şakir'in yüzünde başlamıştı.

"— Benim de karnımdaki su
herhal onların işi."
Sirozu vardı Şakir'in.
"— Ben yine bildiğimi derim.
Doktor bey on kova su çıkardı karnımdan,
üç günde şişiverdi yine.
İflah bulmam mümkünü yok.
Periler girmiş karnımın içerisine.
Bilirim
öleceğiz.
Beni taburcu etme doktor bey, dedim,
kaç cephede devlet için yara aldık.
Yaylı karyolada ölsek ne olur ki.
Dinlemedi doktor.
Herhal yaylı karyolaya başkasını yatıracaklar,
umut kesmediklerini.
Bende alınmış yara var, dert var ve lakin
benden umut yok.
Belediye verdi tiren parasını
dönüyoruz gerisin geri.
Ne kötü kaderimiz varmış
bütün insanların içinde bizi bulmuş
'mına koduğumun kaderi."

Hereke istasyonunda durdu tiren.
Makinist Alaeddin indi lokomotiften
baktı arka tekerleklerin orda bir şeylere.
Makina genç ve sabırsızdı
canlıydı yüreği ve sinirleri varmış gibi
ve biçimliydi bir yarış hayvanı kadar...
Hereke istasyonu şirin, ufak bir yerdir.
Esas Hereke
bir saat yukardadır
görülmez.
İstasyonda kiraz satıyorlardı.

İnce değneklere kırmızı küpeler gibi kirazları takmışlar,
(zaten artık yol boyu zeytinlik ve kirazlıktır).
İstasyonun karşısında kumaş fabrikası
denizden yana.
Tirenden bakınca içini göreceğim gibi gelir insana.
Pencereden uzanıp kiraz aldı mahkûm Süleyman.
Ve Üniversiteli çeşmeden su içip döndüğü zaman
tiren başlamıştı yürümeye.
Süleyman gördü onu.
"Tireni kaçıracak pis zampara" diye sevindi.
Fakat Üniversiteli sıçrayıp bindi.

Bazan denizi kaybederek
— kısa bir an için —
sonra tekrar boylu boyunca bulup
Yarımca'ya doğru gidiyor tiren.
510 numaralı vagonda beşinci bölmedekiler
konuşuyorlar muharebeden.
Halı-heybenin sahibi
kara sakalının üstüne kıvrılan burnunu
— bu burun bir bıçak sapı gibi —
zaman zaman tutup çekerek ucundan
dinliyordu.
Eskişehirli arabacı Selim :
"— Nafiledir Alaman'ın encamı," diyordu,
"nasıl olsa bir yerde devrilip kalacak.
Eli bıçaklı, vuran kıran adamın sonu
ya köpek ölümüdür, ya pezevenklik
yahut da mahalle bekçiliği."
İtiraz etti Sarı Seyfettin
(Çerkez köyünün muhtarı) :
"— Bilemem Alamanları
ama vurucu olan pezevenk olmaz."
Arabacı Selim haykırdı adeta :
"— Beter olur.
Zindankapılı Hüseyin Ağa

nâmidar bir adamdı bayağa.
Bizim Eskişehir'i bıçağı hakkına çevirmiş tekmil.
Ve hem de altınla oynardı.
Ne oldu sonu?
Bir altmış paralık herif
                    sarhoş Şerif
dağıtınca kerhanede onun ağzını burnunu
kahretti.
Memlekette duramadı.
Sonra duyduk ki bir hendekte bulmuşlar ölüsünü.
Oltayla balık avlayıp geçinir olmuş.
Bir balık tutayım, yiyeyim derken
                              kakılıp kalmış hendekte."
Konuştu halı-heybenin sahibi.
Sesi yumuşak ve kabarıktı
                    atılmış pamuk gibi :
"— Alaman kazanacak.
    Ben büyük yerden işittim.
    Hitler denilen gâvur
                Müslümanmış dediler
                              gizli din taşırmış.
    Tevekkeli bunca düvel birlik oldu yenemediler."
Arabacı Selim şaşırmış
                    bir şeyler söylemek istedi.
Sarı Seyfettin
fırsat düşüp
karşılamış gibi kendine yapılan bir hakareti
                              zaferle baktı Selim'in yüzüne :
"— Vurucu olan pezevenk olmaz," dedi.
Halı-heybenin sahibi devam etti konuşmasına :
"— Bir paşa var,
    eski paşalardan.
    Seferberlikte bir o yenmiş İngiliz gâvurunu.
    Şimdi tekavüt.
    Ticaret yapıyor ve de gazeteci.

Ya birlik olunmalı Alaman'la, demiş
ya da yol vermeli, geçsin.
Koskoca paşa bu
ve de gazeteci.
Seferberlikte bir o yenmiş İngiliz gâvurunu.
Bana bakkaliye veren Hacı Nuri Bey tanır onu.
Hacı Nuri Bey dedi bana :
Alaman indi Balkan'a
ne Yunan'ı bıraktı, ne İngiliz'i.
Ve lakin çok şükür Müslümanız
herif sayıyor bizi.
Biz Alaman'la birlik edip
atılabildik miydi İngiliz'in üzerine,
bir günde giriverdik demektir
Şamı Şerif şehrine."

Kartallı Kâzım
yahut Yayalar köylü Kâzım Ağa
yahut İstanbullu Kâzım Efendi
(45 yaşlarında ve kurda benzeyen bir adam)
Şakir'e : "— Bir cıgara yak," dedi.
Sakaryalı Şakir
(karnından on kova su çıkan)
tuz ve tütün bastırır gibi açılmış bir yaraya
içiyor cıgarayı.
Ne korkunçtur hasreti
yaylı bir karyolada ölmenin.
Bunu Sakaryalı Şakir bilir.
Kartallı Kâzım
başını dayadı tahtasına bölmenin.
Kısıldı sarı kurt gözleri.
Vagonla birlikte sarsılarak
başı sallanıyor iki yana.
Gözetliyor Şakir'i,
"Memetçik" diye düşünüyor,
"Memetçik, Memet."

Ve teker teker
kesilmeden tekrarlıyor tıkırdayan tekerlekler
(gitgide daha çabuk, gitgide daha sert) :
"Memetçik, Memet,
Memetçik, Memet."
Ve seferberlik yılları, Memedin yüzü,
simsiyah çalılara lime lime takılarak
karanlıktan zorla çekilip çıkarılarak
bir uzun SEVKİYATTA gözüküyor Kâzım'a.
Günün rahatlık duygusu neden bu kadar kolay?
Geçmiş felâketi hatırlamak neden bu kadar güç?
Pozantı'da gardıfrendi Kartallı Kâzım
sene üç yüz otuz üç...
Gece gündüz cephelere sevkiyat gider.
Nerede başlayıp, nerede biter?
Ocağında çam ağacı yakan tirenler
Hat boyları yanmış odun kokusu.
Askerîde hat boyunun tapısı.
Memetçik, Memet,
Memetçik, Memet.
Dört cephe içinde koptu kıyamet.
Vagonların kırk kişilikse de yapısı
seksen Memet, yüz Memet yüklü hepisi.
Kilitlenmiş vagonların kapısı.
Tirenler gidiyor Memetçik dolusu.
Memetçik, Memet,
Memetçik, Memet.
Kitli vagonlarda yoktur merhamet...
O devir Pozantı son istasyondu.
Gardıfren Kartallı Kâzım soyundu.
Çömeldi güne karşı, bitlenedursun.
Dağ taş Memet dolu, dağ taş sevkiyat.
Gidenler aç susuz, dönenler sakat.
Ölüm Allahın emri, açlık olmasa fakat.
Aç insan kurt olup saldıramazsa
açlık itten beter eder insanı elbet.

Memetçik, Memet,
Memetçik, Memet.
Bölük emininde yoktur merhamet...
Pozantı bir dere içi, güneş yakıyor.
Gardıfren Kartallı Kâzım bakıyor :
bir deri bir kemik Memet
düşmüş bıyıklar.
Memedin ayağında yarım çarıklar.
Memet yüzükoyun yatmış sayıklar.
Memet beygir fışkısından arpa ayıklar.
Arpayı götürüp derede yıkar.
Güneşte kurutup yiyecek Memet.
Dağ taş Memet dolu, dağ taş sevkiyat.
Ölüm Allanın emri, açlık olmasa fakat.
Memetçik, Memet,
Memetçik, Memet.
Arpayı en fazla bir avuç verir
beygir fışkısında yoktur merhamet.
Makasın solunda kör demiryolu.
Kör demiryoluna çekilmiş vagon.
Vagonda oturmuş altı Alaman.
Yüzleri kırmızı, kıçları şişman.
Makarna yiyorlar masa başında.
Belki de o kadar şişman değiller
ve lakin Kartallı öyle görüyor.
Memetçik, Memet,
Memetçik, Memet.
Alaman olmakta var mı keramet?
Alaman'ın vagonuna köpeği bağlı.
Tüyü boz, kulağı kesik, sağrısı yağlı.
Doydu, makarnayı köpeğine verdi Alaman.
Makarna yer Alaman'ın köpeği bile.
Belki de makarna yemez her zaman.
Ve lakin Kartallı öyle görüyor.
Memetçik, Memet,
Memetçik, Memet.

Kör demiryolunda Memet yürüyor.
Yürüyor Memetçik köpeğe doğru.
Dört el üzerinde emekleyerek,
kâh gidip, kâh duraklayarak,
başını, taşlayacaklarmış gibi, saklayarak.
Memetçik, Memet,
Memetçik, Memet.
Kaptı itin önünden makarnayı, kaçıyor.
Kaçıyor Memet arkasına bakmadan.
Aç insan kurt olup saldıramazsa
açlık itten beter eder insanı elbet.
Alkışlıyor Memedi altı Alaman.
Alaman'ın hoşuna gitti marifet.
Memetçik, Memet,
Memetçik, Memet.

Keklik ki dağdan dağa seker,
keklik yara yiyince
olduğu yere çöker.
Yıldı keklik
takati olsa da gayrı uçamaz...

Sevkiyat merkeziydi Selimiye Kışlası
tebdil havadan dönen Memetle dolu, yıkılası.
Etinde kapandı yara, bitti tebdil havası
ve lakin yıldı Memet
yüreğinde açılmıştır yarası.
Seferberliğin sonu artık
üç yüz otuz dört senesi.
Hey gidi yıkılası
Selimiye Kışlası...
Kışlanın avlusunda
kaynıyor toprağın yüzü tekmil
bit ile.
Dolaşırken çatır çatır eziyorsun,
Memedin emilmiş kanında geziyorsun.

Bu kan biti doyurmuş.
Bu kan siyah ve de ölüdür.
Selimiye Kışlası'nda Memedin eti
deriyle, kılla değil
bit ile örtülüdür.
Avluda künyeler okunurdu
cephelere sevk için.
Memet kaşınarak önüne bakar
cevap vermez ve lakin.
Çünkü Memet kaybetmiş umudu
ve de tutmuş inadı.
Etini açlığa, bite yedirip
günde yüz Memedin ölüsü çıkar,
başçavuş künye oku sabaha kadar,
bağır avaz avaz,
Memedin bu kapıdan dirisi çıkmaz.
Ama devlet Memetten kuvvetlidir.
Bir sabah vakti
avluda Memet yine kum gibiydi.
Belki on bin,
belki daha çok.
Bir canlı derya ki tekmil Memet.
Kaşınan ve de susan.
İnsan üstüne insan.
Bir taze başçavuş çıkmış masaya
(uzun boylu
kara bıyıklı
ve de tertemiz kabalağı var),
künye okuyor cevap almadan.
Bir saat, iki saat.
Memet inatçıysa da çavuş da inat.
İki saat, üç saat.
Cevap veren yok.
Çavuş dayanamadı
sövdü masanın üzerinden ana avrat.

Memedi, umutlu ise,
bir tek de olsa
dağda sövmek tehlikelidir,
on bin umutsuz Memedi kışlada sövmek daha tehlikeli.
Uzandı masanın ayağına Memedin eli,
çavuş gökyüzünden kapaklandı yere.
Memet eğildi, kalktı
ve çavuşun bedeninden
ne et, ne kemik, ne de temiz kabalağı bıraktı.
Muhafız taburuna verildi haber.
Muhafız Memetler geldiler.
Onlar süngülü, bitsiz ve semizdi.
Sanki kurt girdi sürüye.
Bir uğultu, bir kıyamet.
Memet kaçar, kovalar Memet.
Koparılıp alındı bir iki bin koyun.
Doğru Haydarpaşa, kilitli vagon.
Vagonların 40 kişilikse de yapısı
80 Memet, 100 Memet yüklü hepisi.
Kilitlenmiş vagonların kapısı.
Tirenler gidiyor Memetçik dolusu.
Memetçik, Memet,
Memetçik, Memet.
Ben bir Memet öldürdüm galiba,
bir ikindi zamanı,
Selimiye Kışlası'nda,
taş merdivende.
Elinde ekmek vardı Memedin.
Memet nerde bulmuş ekmeği?
Kim bilir...
Memet sarı bıyıklıydı,
siyahtı ekmek.
Ben kırmızı kuşağımı çözerek
(dört kulaç
ışıl ışıl
yünle karışık ipek)

"— Sen," dedim, "kes ver bir dilim,
ben bir kulaç kesip vereyim."
"— Cık," dedi.
"— İki kulaç?"
"— Cık," dedi.
"— Üç kulaç?"
Memet ipek kuşağımın tekmilini istedi.
Bıyıkları sarı.
Ben ekmeğe bakıyorum.
Onun gözünde kuşağımın ışıltıları.
Bir tekme attım kasıklarına.
Tekerleniverdi sırtüstü Memet.
Ve çam tahtasından yonga çıkar gibi
bir kemik parçası fırladı kafasından.
Ekmek benim elimde
ve lakin merdivenin taşında kan
canlı ve de kırmızı
akar uzanır
benim ipek kuşağa benzer.
Memetçik, Memet,
Memetçik, Memet.
Açlık çıkınca yoluna
Memetten Memede yok mu merhamet?...

Vagonla birlikte sarsılarak
Kartallı Kâzım'ın başı sallanıyor iki yana
Açılıp kısılıyor sarı kurt gözleri.
Karşıda Sakaryalı Şakir
yaklaşıyor
uzaklaşıyor
yaklaşıyor.
Ve Kartallı Kâzım
geçmiş günlerin gözüken şekilleri arasından
duyuyor vagonda konuşulan sözleri;
kâh burda, kâh yılların arkasında yaşıyor.

Konuşan halı-heybenin sahibidir :
"— Zaten Alaman'a karşı konulmaz.
Neyimizle karşı koyacağız ki?
İngiliz'in verdiği dört çürük silah.
Bir de bakacaksın ki bir sabah
herif tepemize dizmiş tayyareleri.
Kuş değil ki bu, çifteyle vurasın,
sansar değil ki tuzak kurasın..."

Kartallı Kâzım
görüyor boylu boyunca karşısında Memedi :
yalnayak,
omuzunda çifte var,
fişekliğinde martin kurşunu.
Elinde nacak...
Sene 335.
Kuvâyi Milliyede çetedir Memet.
Gökyüzünü almış arkasına
İzmit dağlarında bekliyor nöbet.
Ne umutlu, ne umutsuz
ikisinden de ayrı bir şey.
Ve ela gözlerinde ölesiye bir inat.

Silkinip doğruldu Kartallı Kâzım,
çıktı koridora.
Tatar yüzlü adam onun peşinden :
"— Ateş var mı?"
"— Buyur."

Açık kalan kapıdan
halı-heybe sahibinin sesi geliyor :
"— Alaman'ın kuvvetini edemem tarif..."

Küfretti Tatar yüzlü adam :
"— Herhal paraşütçü bu domuz herif.
Tiren polisine haber etsek mi?"

Güldü Kartallı Kâzım :
(Ağzında dişlerinin yarısı yoktu,
fakat gülerken öyle çocuktu ki
çirkin değildi ağzı.)
"— Paraşütçüden beter," dedi,
"paraşütçüden beter.
Kasabanın birinde tüccara benzer
yahut da zengin pazarcı filan..."

"— Bu yıl harbi bitirir
bu yıl İngiliz'i yener Alaman."

Nuri Öztürk
(Bakımevi kaleminde muhasebeci);
omuz vurdu Üniversiteliye :
"— Duyuyor musun?
Bizim ayılar konuşuyor politikadan.
Mamafi ben İngiltere'den yanayım ama
bazan da şüphe geliyor adama.
Sizin fikriniz?"
"— Harbi kazanacak olan
daha harbe girmedi."
"— Anlamadım.
Yok, anladım mamafi.
Öyle ya!
Yani biz.
Mamafi doğru dedin birader.
Mamafi Kafkasya'yı isteriz."
Üniversiteli dinlemiyordu.
Gözü mahkûmların orda, birinci bölmede.
İçerden sesler geliyor :
mahkûm Süleyman kahkahalarla gülmede.
Kartallı Kâzım'ın
keyifli bir ışıkla aydınlandı gözleri.
Koridordan tane tane işitiliyor
Süleyman'ın sözleri :

"— Sen çok yaşa Halil.
Bizim iktisatçılar da şair olmalı biraz.
Ne demiş Engels :
'Şairler istikbali sezerler' gibi bir şey.
Demek ki iki mısra yine birdenbire geldi aklına.
İyi ki gelmiş.
Alay etmiyorum.
Biraz şairane ama, çok güzel söylemişsin :
'Ölümün son meydan harbidir bu;
zafer aşkın ve hayatındır...'"

Yarımca istasyonunda durdu tiren.
Yarımca kirazın bol yeri.
Burda uçsuz bucaksızdı yemiş bahçeleri.
Dalları basmış vişne ve kiraz.
Yeşil ve kırmızı ki
güneş, doğum ve bereket renkleridir,
sevinçli bir inkılap şarkısı gibiydiler
Yarımca bahçelerinde.

Mahkûm Halil
kapattı kitabını.
Hohlayıp sildi camını gözlüklerinin,
baktı bahçelere
ve şu sözleri söyledi :
"— Sen de öyle misin Süleyman,
bilmiyorum.
Mesela vapurla inerken Boğaz'dan
Kandilli'ye dönüverince
karşıda birdenbire görmek İstanbul'u,
veyahut Kalamış koyunun
yıldızlar ve su sesleriyle dolu
pırıl pırıl gecesi,
yahut da Topkapı dışında kırların
gözalabildiğine gündüzü,
hatta tıramvayda rastlanan tatlı bir kadın yüzü,

hatta Sıvas'ta hapisanede
tenekede büyüttüğüm sarı sardunya,
hasılı herhangi bir güzelliği tabiatın
çıksa karşıma
ben yeni baştan bir kerre daha anlarım
değişmesi lazım geldiğini
ve değişeceğini mutlak
bugünkü insan hayatının..."

Yarımca'dan kalktı tiren.
510 numaralı üçüncü mevki vagon.
Üçüncü bölme.
Basri Şener.
Camgöbeği renginde iri sürmeli gözler,
buruşuk, zeytunî bir deri.
Ağzı küçük, burnu kocaman.
313'te doğdu Florina şehrinde.
Dedesi hanedan sahibi,
babası orman memuruydu.
Ve hem de hafız.
Basri rüştiyeye kadar okudu.
Fakat mektepten aklında bir tek marş kaldı yalnız :
"Tacı hürriyetle doğdun bir güneş şeklinde sen."
Florina istasyonunda padişahı karşılayıp
ipince sesleriyle söylediler bu marşı
ve hâlâ Sultan Reşat
renkli bir oyuncak gibidir hatırasında Basri'nin.
Donanmış bir istasyonda görür onu :
sevimli bir ihtiyardır,
çarpık bodur bacaklarından düşen setre pantolonu
kırmızı fesi
ve pamuk sakalı vardır...
Basriler muhacir oldu Balkan harbinde.
Edremit'e göçüldü.
Babası öldü.

Anası boynundan altınları bozdurup
uzun kirpikli develer aldı Basri'ye.
"Hikâye-i Kesik Baş"ta yazar :
Melaikedir develer,
cennet kapısının bekçisidir.
Ve şifadır sancılara yünü
ve mübarektir bu yün
üzerinde yatan
hamamcı olmaz.
Basri zeytin taşıdı develerle 19 yaşına kadar.
Dağlarda rastladı eşkıyalara
ekmek ve katık verdi.
Hanlarda kumar oynadı.
Sattı uzun kirpikli develeri sonra
ve kapandı üç ay
Kemeraltı kerhanelerinde İzmir'in.
332'de Basri'yi askere aldılar.
Çanakkale, Soğanlıdere.
Basri bir gece yarısı girdi sipere.
Bombardıman.
Gökte yıldızdan çok mermi yanıyor.
Kapandı yüzükoyun yere.
Yumdu gözlerini.
Açtı gözlerini ki söküyor şafak
ve siperde kendinden başka canlı adam yok.
Basri alışmamıştı henüz parçalanmış ölülere.
Ve korku gibi kurnaz
korku gibi cesur
kaçtı cepheden korkunun yardımıyla.
Mavzeri boynunda asılı, yürüdü Basri.
Korku gibi uzun
ve emin bir yol.
Tekirdağ, Silivri,
demirci dükkânlarının körükleri altında yatıp,
sonra kiracı arabaları,
sonra bir yatsı namazı İstanbul.

Yangın yeri, Fatih.
Attı bir mahzene mavzeriyle palaskasını.
Ve ertesi gün,
güneşli bir çarşamba günü,
on bir mecidiye verip
                    sivil elbise aldı Yenicami'den.
Korku ahmaktır.
Durup dinlenmeden dolaştı Basri.
Güpegündüz bir yerde durup oturursa
kaldıracaklar sanıyordu ensesinden tutup.
Gece oldu.
Yine Fatih yangın yeri.
Yangın yerinde, mahzende
bir yanar mum
  kâatlar ve mühürler
                    ve beş adam gördü Basri.
Korku şüpheden kuvvetlidir.
Anlaştılar.
Ve altı ay kapıcı odasında meşhur bir hanın
tebdili hava raporu ve izin kâadı sattı Basri
                              ve 25 kuruşa
                                   kırmızı harp madalyaları.
Korku zekidir,
Basri'ye Basri adına
                ihraç kâadı yazdıracak kadar zeki.
İstanbul şehri elveda.
Ve merhaba ey Akhisar'ın Söğütler Köyü.
Söğütler Köyünde elbette bir Hasan vardı,
Hasan'ın da elbet anası olur.
Ve cephedeki Hasan'dan
                malûl gazi Basri Çavuş
                              selam getirdiği zaman
(tütünlerin de çapa zamanı ise),
Hasan'ın kara kaşlı fakat bir gözü kör dul anası
Basri Çavuşu elbette evinde konuk eder.
Ve ne kadar da yorgun olsa dul kadınlar

ararlar göbeklerinin üzerinde
                erkekli gecelerin yorgunluğunu.
Ve bir gözü kör olmak
                aratmamaya yetmez bunu.
Basri, kara kaşlı, tek gözlü dul yârine alışıp
                        tütün tarlalarına
                           ve korkuya alışamadan
yaşadı Söğütler Köyünde mütarekeye kadar.
Ve müjdeyi aldığı gün
düşünmeden yaşartacağım diye
                             bir dul kadının
                                 biri açık, biri kör gözlerini
götürüp pazarda sattı kendi korkusunu
            ve onun kağnısıyla öküzlerini.
A benim kara kaşlı dul yârim,
              a kahrolası tütün tarlaları
                            ve Söğütler Köyü elveda...
İzmir.
İzmir'in eski hatıraları.
Yunan İzmir'e girmiş
    çeteler dağda çarpışıyordu
Basri Kemeraltı'nda bitirdiği zaman paraları.
Hoşça kal gâvur İzmir'i, elveda.
Basri Kanlıboğaz'da Çerkez Ethem'e iltihak etti.
Gece köyler basıldı.
Çınarlara adamlar asıldı.
Beşibiryerdelere merak eden Basri
doldurdu yalnız bu çeşitle kemeri.
Ve bir karanlık gece yağmur yağarken
elveda Çerkez Ethem Bey elveda.
Uludağ.
    Bursa.
Bursa düşman elindeyse de
kâr getirmez değildir
            esrar tekkesi ve kumar kahvesi açmak.

Ezildikçe bazıları insanların
daha çok esrar içer
daha ümitsiz kumar oynar.
Basri kahveyi açtı.
Evlendi.
Bir oğlu doğdu.
Boşandı.
Ve Bursa kurtulduğu gün
Basri bedava esrar sattı yirmi dört saat.
Şerefe.
Ve oğlunu bağrına basıp
ağladı sevincinden.
Şimdi oğlu 19 yaşındadır.
İzmir'de okuyor
Sanatlar okulunda.
Basri'nin Bursa'da iki evi var,
Edremit'te zeytinlik.
Kahve işliyorsa da hâlâ
kapanacak.
Çünkü Basri'nin yine üç saata indi uykusu,
acayip bir korku yine Basri'nin arkadaşıdır :
oğlundan korkusu.

Burnunu çekti Basri Şener.
Baktı pencereden dışarıya.
Birdenbire sıktı canını
hızla devrilerek geçen direkler.
Çünkü sevmiyordu artık
art arda hızla geçen şeyleri.

Vagonda karşısında Basri'nin
ufacık bir kambur oturuyordu.
Fakat bu ufacık adam
cesaretle taşıyordu kamburunu.
Çok ince bileklerin ucunda
çok büyük ve kemikliydi elleri.

Belliydi sivri dizlerinin yeri
lacivert pantolonunda.
Her nedense onda
yaşlı bir kız hali var :
mahzun
sevimli
narin.
Ve "Fedakâr Evlat" romanının yazdığı gibi
hasta, ihtiyar babasına bakmak için
evlenmemiş olan.
Ve kocaman ağır kapakların altında
uslu çocuk gözleri vardı.
Bu gözler
kötülük düşünemezler.
Fakat bu kalın dudaklı ağız
korkunç bir küfrü saklayabilir içinde.
Bir küfür ki ses olup edilememiş
edilemiyor.
Adapazarlıydı Kambur Kerim.
Seferberlikte ölen babası marangozdu.
Seferberlik denince aklına Kerim'in :
çok beyaz bir yastıkta kara sakallı bir ölü yüzü,
Fahri Bey çiftliğinde patates toplayıp kaz gütmek,
mektep kitapları,
ve bir de saçları altın gibi sarı
fakat alnı çizgiler içinde
anası gelir.
335'te Kerim Eskişehir'e gitti,
mektebe, teyzelerine ve dayısına.
Dayısı şimendiferde makinistti.
Düşman elindeydi Eskişehir.
Kerim 14 yaşındaydı.
Kamburu yoktu,
dümdüzdü fidan gibi
ve dünyaya meraklı bir çocuktu.
Dayısı sürmeye gittiği günler şimendiferi

Kerim'e ekmek vermediğinden teyzeleri
(çok uzun saçlı iki ihtiyar kadın),
    Hintli askerlerle dost oldu Kerim.
Bunlar
        — şaşılacak şey —
                Türkçe bilmeyen
ve siyah sakalları, siyah gözleri parlak
avuçlarının üstü esmer, içi ak
ve tel örgülerinin üzerinden
Kerim'e bisküviti kutularla atan amcalardı.
Kocaman bir ambarları vardı.
Kerim içinde oynardı.
Ambarda nohut çuvalları, bakla, kuru üzüm,
                    — şaşılacak şey
                        katırların yemesi için —
        ve sonra cephane sandıklarıyla silahlar.
Bir gün dedi ki makinist dayısı Kerim'e :
"— Ambardan silah çalıp bana getir
    gâvura karşı koyan zeybeklere göndereceğim."
Ve ambardan silah çaldı Kerim :
                bir,
                    bir tane daha,
                        beş
                            on.
Aldattı Hindistanlı dostlarını
                    zeybekleri daha çok sevdiğinden.
Zaten çok sürmedi, parlak kara sakallı amcalar gitti.
Kerim geçirdi onları istasyona kadar.
Ertesi gün Lefke köprüsünü atıp
                    zeybekler gelince Eskişehir'e
dayısı Kerim'i elinden tutup
                verdi onlara.
Ve işte o günden sonra
        — bu güne kadar —
            kahraman bir türküdür ömrü Kerim'in.
Eskişehir'den alıp onu

"Kocaeli grubu" paşasına götürdüler.
Çatık kaşlı, yüzü gülmez bir paşaydı bu.
Çabucak öğrendi Kerim ata binmeyi,
sığırtmaç olmayı
        (zaten bilgisi vardı bunda),
kayalardan genç bir keçi gibi inmeyi,
gizlenmeyi ormanda.
Ve bütün bu marifetleriyle Kerim
kaç kerre ölüme bir kurşun atımı yaklaşarak
ve "geçmiş olsun" dedikleri zaman şaşarak,
düşman içinden geçip getirdi haber
                                        götürdü haber.
Onu namlı bir "Kaptan" gibi saydı çeteler,
bir oyun arkadaşı gibi sevdi çeteleri o.
Ve bir fidan gibi düz,
                        bir fidan gibi cesur,
                bir fidan gibi vaadeden bir çocuğun
sevinçle oynadığı bu müthiş oyun
                sürdü 1337'ye kadar...

Kocaeli ormanı gürgen ve meşeliktir,
yüksek
kalın.
Gökyüzü gözükmez.
Sakin bir geceydi.
Hafif yağmur yağmıştı biraz önce.
Fakat ıslanmamış ki yerde yapraklar
karanlıkta hışırtılarla yürüyordu beygiri Kerim'in.
Solda
    ilerde
    tepenin eteğinde ateş yanıyordu :
"Tekneciler" diye anılan
                                gâvur çetelerinin olmalı.
Dallardan damlalar düşüyordu Kerim'in yüzüne.
Beygirin başı gittikçe daha çok karanlığa giriyor.
İpsiz Recep'in yanından dönüyordu Kerim.

Kâatlar götürmüş
kâatlar getiriyor.
Birdenbire durdu beygir,
heykel gibi;
— Teknecilerin ateşini görmüş olacak —
sonra birdenbire dörtnala kalktı.
Şaşırdı Kerim.
Dizginleri bıraktı.
Sarıldı beygirin boynuna.
Deli gibi gidiyordu hayvan.
Çocuğa art arda çarpıyordu ağaçlar.
Meşeleri ve gürgenleriyle orman
karanlık bir rüzgâr gibi geçiyor iki yandan.
Kim bilir kaç saat böyle gidildi.
Orman bitti birdenbire.
— Ay doğmuş olacak ki ortalık aydınlıktı —.
Ve Kerim aynı hızla geldiği zaman
Armaşa'nın altında Başdeğirmenler'e
beygir ansızın kapaklandı yere
tekerlendi Kerim.
Doğruldu.
Ve aklına ilk gelen şey
saatına bakmak oldu.
Kırılmıştı camı.
Bindi beygire tekrar.
Hayvan topallıyordu biraz.
Uslu uslu yola koyuldular.
Sol kulağı kanıyordu Kerim'in.
Kirezce'ye geldiler
(Sapanca'yla Arifiye arası);
Kerim durdu.
Biraz zor nefes alıyordu.
Geyve'ye girdi ertesi akşam.
Beli o kadar ağrıyordu ki
inemedi beygirden
indirdiler.

Kerim'i bir yaylıya bindirdiler.
Adapazarı.
Sonra belki on gün, belki on beş,
kağnılar, mekkâre arabaları,
sonra gitgide daralan nefesi;
Yahşıhan
Konya
Sille nahiyesi
(burda malul gaziler için
takma kol ve bacak yapılıyordu)
ve nihayet
Hatçehan Köyünden çıkıkçı Hasan Usta.
Hâlâ rüyalarında görür Kerim
incecik bir yoldan eşekle gelip
üzerine doğru eğilen
bu çiçekbozuğu insan yüzünü.
Usta ovdu Kerim'i bayıltıncaya kadar.
Sonra zifte koydu bu kırılmış dal gibi çocuk gövdesini.
Yirmi gün geçti aradan.
Ve sonra bir ikindi vakti ziftin içinden
Kerim'i kambur çıkardılar...

Kerim'in İstiklal madalyası olabilirdi,
yok.
Kerim'in kamburu olmayabilirdi,
var.
Ve şimdi 1941 senesinde
vagonun penceresinden girerken bahar
Kerim düşünüyor :
"Belki bir ay geçmeden
hapishane defterinde kaydım olacak."
Çünkü senelerdir
Kerim telgıraf memurudur.
180 lira ihtilas etti
altı ay önce.

Umutsuz bir gece
hasta, ölen bir dosta verilmiş de olsa
hapiste yatacaktır
devlet parasını ihtilas eden...

Derince'ye yaklaşıyor tiren.

Basri Şener
bakıyor Kerim'e.
Ve kocaman burnunun altında
kırpık bıyıklarıyla gülümseyerek :
"— Kambur felek," diye düşünüyor,
"kambur felek,
kim bilir ne muzur şeymiş ki
Allah onu bu hale koymuş."
Kambur Kerim bakıyor Basri Şener'e :
"— Ne güler yüzlü adam," diye düşünüyor,
"ne güler yüzlü adam.
Belki de çok ceza vermezdi bana
böyle bir hâkimin önüne çıksam."

Açıldı bölmenin kapısı.
Girdi Nuri Öztürk,
(Bakımevi kaleminde muhasebeci).
Durdu.
Seslendi dışarıya :
"— Burda boş yer var.
Pencere de kapalı değil.
Bayım buyrun.
Mamafi arkadaşlar da temiz insanlar."
Üniversiteli cevap verdi koridordan :
"— Siz oturun.
Ben birazdan gelirim."
Nuri Öztürk
Kambur Kerim'e baktı.

Anladı Kambur Kerim :
çekilip yerini bıraktı
sol yanını pencerenin.
Kerim alışmıştı senelerdir
insanlarla bir acayip maceraya girmeye :
hiçbir şey istemeyip onlardan
her isteneni vermeye.
Ve ihtilas ettiği günden beri
dehşetle
büyüyor
ağzının
içinde
bir küfür;
bir küfür ki ses olup edilememiş
edilemiyor.

Koridor.
Mahkûm Süleyman çıktı koridora
mahkûm Melahat'la beraber.
Esmerdi Melahat.
Boynu uzundu
ve bir kuş boynu gibi nazlıydı.
Dudakları kırmızı ve boyasız.
Fakat ayakları çok büyüktü
ve elleri erkek ellerine benziyor.
Üniversiteli yol açtı gülümseyerek
— herhalde Melahat'a —
Melahat geçti.
Süleyman genç adamla konuştu
karanlık ve haşin :
"— Bayanı birine mi benzettiniz?"
"— Hayır.
Fakat şey...
Size bir şey soracaktım.
Arkadaşlarınızdan biri Halil Bey,
muharrir Halil Bey değil mi?"

"— Evet o,
ne olacak?
Halil'i tanır mısınız?"
"— Yazılarından
ve resimlerinden.
Konuşabilscm kendisiyle..."
Düşündü Süleyman :
"Polis mi?
Çok kurnaz zampara mı?"
Sonra teşhisini koydu
(gizli kavgaların adamı
ve erkek insiyakıyla) :
"Ne polis
ne zampara.
Şöhretliye heveskâr.
Belki de sempatizan."
"— Konuşuruz.
Buyrun birazdan.
Fakat içeriye geldiğiniz zaman,
bunu unutmayın gayet mühimdir,
selamünaleyküm dedikten sonra
çavuşun yanına hemen çökmeli
ve derhal başlayarak çavuştan
cıgara ikram etmelisiniz.
Köylü jandarmanın zulmü köylüyedir.
Şehirliden şüphe eder.
Fakat yalnız köylüyü kurnaz sanır."

Melahat döndü.
Üniversiteliden ayrıldı Süleyman.
Kartallı Kâzım'la bakıştılar.

Durdu tiren.
Derince.
Genç bir subay indi ikinciden.
Bir gebe kadın bindi üçüncüye.

Kampana.
Düdük.
Hareket.

510 numaralı üçüncü mevki vagon.
Koridor.
Bir adam
birinci pencereden toprağı seyrediyor :
                                    durmadan gelip
                                              durmadan giden toprağı.
Toprakla beraber
            ve aynı hızla
                  şunlardır aklından geçenler :
"Ne tez gidiyor toprak.
Bizim köyün pınarındaki kavak
                  telgıraf direği olur mu ki?
Tıramvay direkleri demirdi İstanbul'da.
Dünyayı dolaşsa adam
                 İstanbul ayarı şehir bulur mu ki?
25 istedi 30 verdik
           karının aklına gelir mi ki?
İpek gömlek giyer.
Dilini yediğim.
Gideydik bir sefer daha.
Atlıya bak, atlıya.
Güzel beygir maşallah.
Bir günlük yolu beş saatta alır mı ki?
At tirene erişemez.
Tirenle otomobil yarışsalar
                    otomobil geri kalır mı ki?
Doktor Bey yine de işletti otomobili;
                  doktor olduğundan
                           izin verilmiş.
Gelse Doktor Bey bizim köye
                  Tahsin Hocanın aklını çeler mi ki?
Ne tez gidiyor toprak.

Bizim köyün pınarındaki kavak
telgıraf direği olur mu ki?
Doktor Beyin anası Büyük Hanım
köşkün bahçesinde dolaşır bu saatlar.
Diktiğim kabakları kırağı çalar mı ki?
Senden hoşnudum, dedi bana Doktor Bey,
dönünce gel
yine işe alırım.
Acaba alır mı ki?
Gün ola, yarın ola.
İnsan yarınını bilebilir mi ki?
Epeyce kalabalıkmış davar.
Epeyce de keçi var.
İte bak canavar gibi.
Amma da salıyor ha!
Birken iki oldular.
Hoşt ulan hoşt..."

Döndü bir taş arandı.
Toparlandı, güldü.
Genç şakakları kırıştı gülerken
ve esmer ağzına ışık vurmuş gibi
parladı seyrek, bembeyaz dişler.
Bu insan frengilidir.
Açılıp kapandı yara
metelik büyüklüğünde,
ağrı vermeden,
sinsi ve kansız.
Bu insan frengilidir.
Fakat farkında değil.
Bakıyor gülümseyerek
masmavi gökte rahat ve tembel uçan kuşa.
Bir doktorun bahçesinde ırgatlık etmek
öğretemez Çankırılı Durmuş'a
İstanbul'da frengi aldığını 30 kuruşa...

Hâlâ koşan köpekler gerilerde kaldılar.
Bir dönemeci geçiyor tiren.
Arkadaki vagonlar görünüyor
birer birer
bağlı birbirine
ve çok uzak.
Şaşırıyor birdenbire insan
bu çok uzak ve çok arkadaki şeylere bağlı oluştan.

510 numaralı üçüncü mevki vagon.
Koridor.
Masmavi gökteki Çankırılı Durmuş'un arkasında
sahanlıkta oturuyordu.
Çömelmiş.
Dayamış kapıya sırtını
köyde cami duvarının dibinde olduğu gibi.
Dalgın.
Dinleniyor.
Yalvaran bir gülümsemeyle düşmüş bıyıkları.
Beyaz çizgiler vardı esmer, incecik ensesinde.
O, belki bir insan öldürecektir.
Bilmiyor.
Mektubun içinde yazmadılar.
Fakat "hududu erbaası şu
ve dönümü bu" olan tarlasına
— zabıt varakasında tespit edileceği gibi —
aynı köyden Ahmet oğlu Bekir tecavüz etmiştir.
İhtimal içindedir Bekir'i baltayla öldürmesi.
Fakat şimdilik ihtimal içinde olmayan şey :
anlayabilmesidir Bekir'i neden
Bekir'i niçin öldürdüğünü.
Biletçi geldi.
Çankırılı Durmuş aldırmadı,
fakat telaşla toparlanıp kalktı sahanlıkta oturan.
Gülümsemesi daha çok yalvaran bir hal aldı.
Güvensiz ve sıkılgan,

ilmühaber uzatır gibi nüfus memuruna
uzattı üniformalı biletçiye biletini.
Biletçi ağır hareketlerle
vakarlı
yaptığı işten emin
bileti zımbaladı.
Ve teker teker konuştu giderken :
"— Burda oturulmaz hemşeri.
Yasak.
Git
ara
bak.
Herhalde içerde boş yer olacak."

Koridorda Tatar yüzlü adam
(cura meraklısı
ve Merinos Fabrikası bekçilerinden),
bir hikâye anlatıyordu
(Kartallı Kâzım'a)
Çanakkale'ye dair :
"— Mayısın altıncı gecesi yaralandım,
sekiz yerimden.
Yaranın ikisi hâlâ kapanmadı,
teper vakit vakit,
İngiliz'le karşı karşıyayız,
gayetle yakın,
bizim el bombası onun siperine gider
gelir onunki bizim sipere.
Hücuma kalktık.
Üç adım atmadan yıkıldım yere.
Kasıklarımın üstünü biçmiş
İngiliz'in makinalısı.
Geçti bir zaman.
Başımı kaldırıp baktım :
gökte yıldızlar.

Bizimkiler çekilmiş geri.
Boyuna ateş eder İngiliz'in siperi.
Kurşunlar vızır vızır geçer
                    kafamın üzerinden.
Başladım sürünüp gerilemeye.
Toprağı ellerimle iterim,
                alnım gâvurdan taraf.
Bir yandan sürünürüm bizim sipere doğru,
'Hey Allahım,' derim bir yandan,
                    'arkamdan yara aldırma bana.'
O saat
    başka şey gelmez insanın aklına.
Boyuna sürtünür bana şehitler,
doğrusu ben onlara dokunurum.
Kimisi sırtüstü yatar
                    açık ağzı kan içinde,
kimi yüzükoyun,
kimi diz çökmüş
                      elinde mavzer
                            öylece donup kalmış.
'Hay Allahım,' derim kendi kendime,
                'öldüreceksen beni böyle öldüreydin
                                  elimde silah
                                         diz çökmüş,
                                  yüzüm gâvura karşı...'
Neyse gayrı sabah oldu.
İyice açıldı ortalık.
Biz de siperin yanına vardık.
Bir mavzer uzattılar.
Yapıştım süngüsüne.
Beni çekip aldılar içeri.
Sonradan hesapladım
                         üç saatta geçmişim
                               25 metrelik yeri.
Kaldım siperde bir zaman.
İki büklüm.

Yaralar başladı sızlamaya.
Öğleye doğru beni bir arkadaşın sırtına yüklediler.
Geldik fırka nahiyesine.
Çadırlar.
Kazıklar çakılı içinde çadırların,
samanla doldurulmuş kazıkların arası.
Samanların üzerinde boy boy yaralı yatar.
Ağlayan mı dersin
 küfreden mi dinine imanına.
Makasla kestiler benim elbiseyi.
Kaldım anadan doğma çırılçıplak.
Bir kaput attılar üzerime.
Sargı bezi yok.
Yaralar açık.
Ama Allahtan
 kan akmaz,
 karışıp toprakla kurumuş.
Geçti bir zaman.
Dalmışım.
Koltuklarımdan tutulunca uyanıverdim.
Çadırdan dışarı çıkarıldık.
Vakit akşam.
Gün kavuşmuş kavuşacak.
Dışarım serin, içerim sıcak.
Dizilmiş mekkâre arabaları sıra sıra.
Sıhhiyeler atar yaralıları arabalara.
Üst üste,
boş buğday çuvalı atar gibi.
Altta kalanın canı çıksın.
Bir tek arabada, on on beş yaralı.
Bağıran mı dersin
 belki o dakka ölen mi?
Neyse yola koyulduk.
Arıburnu'nun yolları taşlık.
Arabalar sarsılır.
Bastı karanlık.

Ben sırtüstü yatarım.
Altımda bir insan gövdesi kımıldanır,
göğsümde bir çift bacak
                    ama bir tekinin yarısı yok.
Bayır aşağı ineriz.
Gökyüzü tekmil yıldız.
Bir de inceden inceye rüzgâr.
Yürür birbiri peşinden arabalar.
Kum İskelesi'ne vardık sabaha karşı.
Bir çadır orda.
Çadırın içinden seslenir biri
                    (dışarı çıkmadan) :
'— Nerelisin?'
'— Filan yerli.'
'— Babanın adı?'
'— Falan.'
'— Senin adın?'
'— Filan.'
'— At aşağı arabacı.'
Arabacı kaldırıp atar yere.
Sıra bana geldi.
Dayanılır gibi değil acıya.
Sövdüm ana avrat arabacıya.
Alışmış herif,
          'Söv kardeşim,' der,
                    'kalayla bildiğin gibi.'
Kumların üzerine uzatıldık.
Deniz fışır fışır gidip gelir.
Gayrı iyice ışıdı ortalık.
Kumların üzerinde belki bin yaralı var
                              belki ziyade.
Bekledik ikindi vaktine kadar.
Bir vapur geldi :
               iki bacalı,
                    deniz renginde.
Küfrede bağıra çağıra

yüklediler bizi vapura
yine öyle boş çuval yükler gibi.
Vapurun içi mahşer.
Vıcık vıcık kan,
islim,
yağ,
ter.
Beni ambara indirdiler.
Yola koyulmuşuz.
Yedi gün yedi gece.
Kurtlandı yaralarım.
Kaputu açarım :
kara kara başları
beyaz beyaz kurtlar.
Bakarım eğilip,
hayvancıklar akıllı,
kaçarlar beni görünce,
tekrardan girerler yaraların içine.
Yedi gün yedi gece.
Öldürmeyince öldürmez Allah.
Türkün sağlamdır naturası,
dayanır.
Sirkeci'ye varmışız sekizinci sabah.
Kaptan demiri atmış.
Ve lakin
'Bu yanda boş yer yok,' diye istememişler bizi.
Akşam ezanı çekmiş demiri kaptan.
Gelmişiz Haydarpaşa önlerine.
Tıbbiye Mektebi hastaneydi o zaman.
Onlar, 'Olur,' demişler.
Bir tayfanın sırtında güverteye çıktım.
Biraz topaldı ama tayfa
demir gibi Laz uşağı.
Bismillah deyip baktım dört tarafa :
İstanbul yanar pırıl pırıl.
Ah canım İstanbul.

Neyse hastaneye girdik.
Duvarlar bembeyaz.
Elektrikler donanma gibi.
Malta taşları tertemiz
gıcır gıcır.
Tekerlekli araba hazır.
Beni üstüne yatırdılar.
Rahat.
Allah devlete zeval vermesin.
Devlete dua ettim o saat..."

Sustu Tatar yüzlü adam.
Alnı dehşetli kırışıktı.
Küçük sivri çenesinde
beyaz, seyrek tıraşı uzamış.
Bir acayip gülümsedi kurt gözleriyle Kartallı Kâzım.
Üniversiteli
(hikâyeyi dinlemişti uzaktan)
şaşkın bir keder duydu,
sonra öfkeli bir merhamet.
Sonra düşündü :
"Ne yazık,
ne çabuk affediyorlar..."
Ve devam etti düşüncesine :
"Bir çeşit balık
bir çeşit ağaç
bir çeşit maden gibi
memleketimizde bir çeşit insan yaşıyor ki
ömrünün anlatılmaya değer
ve bir türlü unutulmayan hatırası :
muharebeler."
Ve devam etti düşüncesine :
"Ben bir siperde ölümü bekleyecek kadar
cesur muyum?
Bekleyenlerin ve ölenlerin çoğu
cesur muydu?

Ve bugün bekleyenler ve ölenler
topyekûn cesur mudur?
Bu işin çok zaman
cesaretle ilgisi var mı?
Yoksa siperdekiler
mezbahaya bir çoban teşkilatıyla giden
sürü ve davar mı?
Yalnız bedenleriyle değil
şuurlarıyla da yakalanmış...
Yoksa yanlış mı düşünüyorum?
Öyle siperler olabilir ki
(mesela benim için)
sevinçle ölebilirim orda.
Samimiyim bu anda
fakat gelirse o gün
ve ölmeden önce
birkaç saat yaralı yaşarsam
esef duymayacak mıyım?"
Üniversiteli düşünemedi daha fazla.
Biletçi kavga ediyordu Tatar yüzlü adamla.
Üniversiteli sebebini anlayamadı.
Çoktan nadim olmuşa benziyordu Tatar yüzlü adam.
Ve üniformalı biletçi
vakarlıydı öfkesinde bile.
Nuri Öztürk
(Bakımevi kaleminde muhasebeci olan)
yetişmişti mahali vak'aya,
bütün seslerin üstünde bağırıyordu :
"— Baylar durunuz.
Bay biletçi devlet memuru sayılır.
Mamafi hakaret devlete yapılmıştır.
Derhal zabıt varakası tutalım."
Biletçiye bir şeyler söyledi Kartallı Kâzım.
"— Haydi öyle olsun Kâzım Ağabey," dedi biletçi.
Üniversiteli girip Nuri Öztürk'ün koluna
tekrar soktu üçüncü bölmeye onu.

Kavga çabucak bastırıldı ama,
hiç kimse anlatamaz
nasıl olup da devlete hakaret ettiğini
Tatar yüzlü adama.

510 numaralı üçüncü mevki vagon.
Kadınlar bölmesi.
Yedi yolcuydular.
En ihtiyarları oturuyordu
pencerenin solunda.
Siyah yeldirmesinin içinde
kalın kemikleri kalmıştı yalnız.
Çok uzun boylu
beyaz
ve kaşsızdı.
Yanaklarının eti yoktu.
Ağzı geniş ve buruşuktu
kapalıydı sıkı sıkıya
hiçbir zaman açılmamış gibi.
Düşünüyordu rahmetli Şerif Ağanın karısı,
düşünüyordu Ratip ile Yakup'u.
Ağır ve karanlık kımıldanan bir düşünceydi bu
yıldızsız, sıcak bir gecede
ıslak sazlıkları hışırdatıp...
Öz oğluydu Ratip.
Üveydi Yakup.
Biri toprakta
hapiste biri.
Yakup öldürdü Ratip'i.
Düşünüyordu rahmetli Şerif Ağanın karısı
düşünüyordu Şahende Hanım,
Ölen oğluna acımıyor.
Ömründe hiçbir şeye acımadı zaten,
yalnız bir kerre
bir uzun mahmuzlu horozun ölümünden başka.
Ve bu dünyada hiç kimseyi sevmedi.

Sıcak bir rahatlıkla açılmadı bir gece olsun
beyaz kansız eti aşka.
İnsansız batan bir gemi gibi
korkunç yalnızlığını taşıyarak
her gün biraz daha indi dibe.
Düşmandı Ratip'e.
Düşmandı Yakup'a.
Ratip'e düşmandı :
Omuzları dar ve düşük
elleri kadın ellerine benzediğinden,
kamçılayamadığından sığırtmaçları,
insanları seviyor diye,
ve şikâyetsiz razı olduğundan
Şerif Ağa zadeliği Yakup'la bölüşmeye.
Düşmandı Yakup'a :
Mavzeri, kamçısı, çizmeleri,
ve bıyıklarıyla benzediğinden babasına;
onu öteki doğurmuş diye,
ve değirmen ona kaldığından...
Korkaktı Ratip.
Cesurdu Yakup.
Yakup öldürdü Ratip'i
kahvede
altında çınarın,
tek kurşunla
alnının ortasından...
Ratip'in ölüsünü ikindiyin getirdiler.
Boylu boyunca sedire yatırdılar.
Sol kolu düştü sedirden
sallandı iki yana,
baba mirası altın yüzüğe güneş vurdu.
Kadın, kaşsız yüzüyle bembeyaz
kalın kemikleriyle dimdik
oğlunun başında durdu :
"Yakup'u asarlar mı?" diye sordu.

Kendi elleriyle itmişti Ratip'i
Yakup'un kızıl saçlı karısı üzerine.
Yakup ya kahreder
gider,
ya öldürür Ratip'i,
Yakup'u asarlar Ratip'i öldürdüğü gibi...
Tarla, mandıra, değirmen
Şerif Ağa zadelik
her iki ihtimalde kalır bölüşülmeden.
Fakat Yakup'u asmadılar.
Yattı yedi sene.
Kasımda çıkacak.
Yedi sene rahmetli Şerif Ağanın karısı,
yedi sene Şahende Hanım
renkli ipeklerle çok ince bir oya işler gibi
uğraştı hapiste öldürtmek için Yakup'u.
Yakup üç kerre vuruldu, zehirlendi bir kerre.
Bir tek ölümü hazırlamak için
sabırlı, kurnaz, umutlu, inatçı yedi sene bu.
Ve nihayet
kavgaya neden başladığını unuttu.
O kadar ki
bir kerresinde "Öldü Yakup" dedikleri zaman
oyasının tığı düştü parmaklarından
ve ömründe ilk defa
çömelip ağladı bağıra bağıra.
Sevincinden, dediler.
Halbuki değil,
bu dünyada Yakup'un ölümünden başka bağı kalmadığından.
Kasımda Yakup çıkacak.
Kavga devam ediyor.
Çok şükür ki ancak ölüler bir daha öldürülmez.
Düşünüyordu rahmetli Şerif Ağanın karısı,
düşünüyordu yeni bir oya örneği hazırlar gibi ölümü.
Enli çenesinin altında
cebbar ve ketumdu beyaz başörtüsünün düğümü.

Şahende Hanım altmış yaşında olmalıydı.
Elleri kınalıydı.

Bir kiraz sepeti sarsılıyordu
rafta,
pencereye yakın.
Dikmişti sepete yuvarlak gözlerini
Derince'den binen gebe kadın.
Sepet Şahende Hanımındı.
Gebe kadının solunda oturan Bayan Emine
fısıldadı cesur
ve biraz da emrederek :
"— Bir iki tutam kiraz verin hanım nine,
tazecik aş eriyor..."
Kızardı ufacık kulaklarının memelerine kadar
eski şapkasının altında gebe kadın.
Fakat Şahende Hanım kımıldamadı.
"Kocakarı herhal sağır," diye düşündü Bayan Emine
ve tekrarladı ricasını
yüksek sesle, daha cesur
ve daha çok emrederek...
Fakat Şahende Hanım aldırmadı.
Gebe kadın titriyordu utancından.
Bayan Emine
kocakarının sağırlığından artık emin
bağırdı Şahende Hanımı dürtüp :
"— Hanım nine... hu..."
Şahende Hanım
kalın kemikleriyle yeldirmesinin içinden sıyrılır gibi
ağır ağır kalktı yerinden,
indirdi sepeti kınalı elleriyle rafın üzerinden
ve açık pencereden dışarı
döktü kirazları.
Sonra boş sepeti eski yerine yerleştirip
ve tekrar kalın kemikleriyle siyah yeldirmesinin içine girip oturdu.
Eski şapkası sarsılarak ağlıyordu gebe kadın.

Bayan Emine ipek başörtüsünü arkaya atıp :
                    (başörtüsüyle kendini yakın saymıştı Şahende'ye)
                  "— Kızım, Perihan," dedi, "koş,
                     üst yanımızda jandarmalar olacak,
                     hapis götürüyorlar.
                     Kiraz aldılar demin.
                     Versinler biraz.
                     Bulsunlar kalmamışsa kendilerinde.
                     Selamı var, de annemin."
Perihan on dört yaşındaydı.
Saçları kesik.
Çorapları kısa.
Esmer bacakları ince, uzun.
Ve iskarpinleri rugan.
Perihan fırladı zıplayaraktan
                      çıktı dışarı.
Bayan Emine övdü kızını gebe kadına :
"— Akıllıdır benim kız.
    Gelecek yıl ortayı bitirecek.
    Bir Fıransızca okur
        şaşıp kaldıydı Albayın karısı.
    Kısmet olursa kadın doktoru yapacağız.
    Babası razı gelmiyor
                     ben istiyorum.
    Ev işlerini de bilir :
                     yemek
                         nakış.
    Yıkar bulaşığımı sekiz yaşından beri.
    Benden de ödü kopar.
    Geçende dayaktan öldürüyordum.
    Babası zor aldı elimden.
    Söyledim ya Albayın karısına :
                        kız evladı hem okutmalı
                        hem de baskı altında tutmalı..."

Aydın köylüklerindendi Bayan Emine.

Babası meşhur efelerden birinin kızanıydı.
Yunan Aydın'a geldiği zaman
gâvura karşı efeler birleştilerse de
vazgeçmediler fırsat düşürüp birbirini vurmaktan :
(kumanda, namlı efelik ve pay meselesinden ganimeti)
ve bundan dolayı vurdular babasını Emine'nin
gözü önünde
evin avlusunda
bir sabah vakti...
Sekiz yaşında yetim kaldı Bayan Emine.
Şimdi otuz yaşındadır.
Kalın bacaklı, kocaman sarkık memeli, göbekli bir kadın.
Fakat bu hantal, harap gövdenin üzerinde
ipek gibi ince bir yüzü vardı :
onuncu asır Acem nakışlarında gördüğümüz,
Dede'nin nısfiyesinde nağmeleşen,
bize divan şiirinin anlattığı bir yüz...

Perihan geldi.
İnce uzun avuçları kiraz dolu.
Bayan Emine kirazı verdi gebe kadına.
Gebe kadın
genç bir hayvanın mukaddes oburluğuyla yerken kirazları
konuştu Perihan'la Bayan Emine :
"— Deyiverdin mi jandarmalara babanın kim olduğunu?"
"— Demedim. Sordular."
"— Jandarmalar mı?"
"— Hayır, gözlüklü bay,
kitap okuyan,
herhal hapis olacak."
"— Hapis mi?
Ne dedi babanın kim olduğunu bilince."
"— Hiç... Ha... Nerelisiniz diye sordu."
"— Aydınlıyız, diyeydin."
"— Dedim.
Köylerinden mi? İçinden mi? dedi."

"— Köylerinden diyeydin."
"— Demedim anne..."
"— Ulan niye demedin? Köylü kızı olmak arına mı gidiyor?
Domuzun kızı..."

Bayan Emine gülüyordu.
Sonra güzel yüzü asıldı birdenbire
ve Perihan'a inat gidiyormuş gibi
duyurmak isteyerek bölmedekilere
konuştu gebe kadınla :
"— Biz Aydınlıyız bayan hemşire.
Köylüyüz.
Gedikli jandarma başçavuşudur
Perihan'ın babası.
Zaten benim de teyze oğlum olur.
Hüsnü Çavuş.
Mallarımız ele gitmesin diye evleniverdik.
Onun gözü başkasındaymış
anası zorladı.
Hüsnü Çavuşla on beş yıl, bayan hemşire,
kalmadı gezmediğim yer.
Karadeniz'de içinde Lazların,
şarkta Kürtlerin arasında.
Kürtlere kuyruklu derler
yalan.
Kuyrukları yok.
Yalnız çok âsi, çok fakir insanlar.
Zenginleri de var
ama az,
beyleri...
On beş yıl dünyayı dolaştık sayılır
gördük her şeyleri.
Sineması, tiyatorası,
baloya bile gittim,
böyle başörtümle,
Diyarbakır'da.

Sonra yüzbaşı karılarıyla poker de oynadım
Giresun'da bütün kış.
Kazandım çok şükür.
Tayyare piyangosu bile çıktı bir kerre bana
üç ortaktık,
biner lira bölüştük.
Bu dünyadan aldım hevesimi artık.
Tekavütlüğü yakın Hüsnü Çavuşun.
Perihan yatı mektebine gidecek.
Biz çavuşla köye döneceğiz.
Çavuş, "Ben toprakla uğraşamam gayrı," diyor.
Dükkân açacak.
Açsın.
Ben uğraşırım toprakla."

Ufacık bir kadındı kapının yanında oturan.
Cüce değil
(cüceler bellidir)
ve bundan dolayı şaşıyordu insan
onun bu kadar ufacık oluşuna.
Kederliydi kocaman lacivert gözleri
ve çilli kırış kırış küçücük elleri vardı.
Apansız sordu Bayan Emine'ye :
"— Demek asker sizin beyiniz?"
"— Elbette asker
gedikli jandarma başçavuşu."
"— Benim de iki oğlum askerde
nefer
topçu neferi,
Gelibolu'da...
Şey..
Harbe girecek miyiz, diye soracaktım.
Benimkiler, 'Gireceğiz anne!' diyor.
Genç, cahil çocuklar,
anlamazlar ki...
Zaten harbetmek de istiyorlar galiba.

Sizin bey bilir doğrusunu.
Bir şey demiştir size..."
"— Bana Hüsnü Çavuşun dediği,
Hüsnü Çavuş harbe gireceğiz der..."
Titredi çilli elleri ufacık kadının :
"— Demek yalan söylememiş benimkiler,
hay Allah..."
Bayan Emine ufacık kadının sözünü kesti :
"— Yoo,
Hüsnü Çavuş gireceğiz der ama
ben girmeyeceğiz derim.
Albay da gireceğiz dermiş,
karısı girmeyeceğiz diyor.
Harbe girip de ne olacak?...
Harbetmeden de işte pekâlâ yaşıyor insan..."
İlkönce biraz ürkek
sonra katiyetle itiraz etti Perihan :
"— Peki ama anne,
vatan?
Vatanı çiğnerse düşman?
Bayan öğretmen dedi ki :
'Her karışını vatanın
kanımızla sularız.
Türk ölür, baş eğmez,' dedi bayan öğretmen.
Sonra unuttun mu
Cumhuriyet Bayramı'nda ne dedi radyo?
Yalan mı?"
Ufacık kadın
kederle baktı Perihan'a :
"— Kızım," dedi, "daha küçüksün,
büyü
gelin ol
erkek evlat doğur,
muharebe nasılmış
o zaman sorarım sana."
Perihan cevap vermek isterken

karıştı söze
havaî mavi atlas gibi bir ses :
"— Şimdi kadınlar da asker oluyor.
Harp yalnız erkekler için değil.
Sonra az çocuk mu öldü tayyarelerden?"
Şadiye'ydi söze karışan.
Şadiye oturuyordu Şahende Hanımın karşısında.
Eski bir İstanbul şarkısında
reyhandei şitâb bir sevdazede vardır.
Fesi bir parça uzun,
fesi bir parça siyah.
Ve kalbinin şekvası ah...
Ve altın gözlüklü, altın bıyıklı.
Hayal-i bi-kararında geçip bir susuz badiyeyi
bekler zumumu intizarla
Adalar sahilinde serian Şadiye'yi.
Ve der ki : "nerede o mis kokulu leylaklar?"
der ki : "sararıp solmak üzre yapraklar,"
der ki : "bana mesken olunca topraklar,
beni şad et Şadiye başın için..."
Ne tuhaf şey
şimdi sipsivri şapkasıyla
510 numaralı üçüncü mevkideki Şadiye
konuşmasına rağmen
çocukları öldüren uçaklardan
bir hayli hüzünle hatırlatıyordu insana
Adalar sahilinde beklenen Şadiye'yi.
Öyle edalı ve nâzenin.
Ve yüzünde gölgesi varmış gibiydi ajurlu bir şemsiyenin.
Bu şemsiye sola yatmıştır biraz
mahmuru safa
kalpten tarafa...
İzmit'e yaklaşıyordu tiren.
Sağda bostan dolapları :
gözleri bağlı beygirler dönüyorlar :

cansızmışlar da
bir yerlerinde bir yay varmış da
oradan kurulmuşlar gibi.
Sonra deniz.
Karşıda üzerinde denizin
— Gölcük'le Değirmendere arasında —
Yavuz gemisi.
Biçimli
belki yeni boyanmış,
temiz.
Fakat böyle uzaktan
onu ilk göreni şaşırtacak kadar heybetsiz.
Sanki direklerinden tutulup
kolayca oturtulmuş gibi suyun üzerine
Hiçbir yeri benzemiyor
— hattâ bacaları —
kahvelerdeki taşbasma renkli resimlerine.
Solda kâat fabrikası.
Çok yüksekte bir uçak.
Yalnayak bir çocuk koşuyor yolda.
Bir deniz gediklisi.
Çarşaflı bir kadın.
Yeşil bayraklı adam.
Semaforlar
su deposu
makaslar,
bir yerlere bir şeyleri götürmeyi bekleyen yük vagonları.
Resmî işaretleriyle İzmit istasyonu başlıyor.
Tiren yavaşlıyor.
Kartallı Kâzım Tatar yüzlü adamla çıktı koridora.
Tiren durdu.
Kartallı Kâzım Tatar yüzlü adamla indi vagondan.
Az ilerisinde istasyonun
tam karşıda, köprü görünüyordu.
Üstünde adamlar;
eğilmişler

istasyonda duran tirene bakıyorlar yukardan.
Bekliyorlar tirenin kalkıp
altlarından
adeta bacaklarının arasından geçmesini.
Kartallı Kâzım
köprünün orda bir ağacı gösterdi Tatar yüzlü adama :
"— Şu köprünün dibindeki ağaç yok mu?
Art ayakları üstüne kalkmış
hayvana benzeyen ağaç?
Şu, soldaki,
koskocaman.
Bak.
Dalları köprüyü aşan.
O dallara astılar ölüsünü Ali Kemal'in.
İstanbul'dan kaldırıldı herif
güpegündüz
berberden,
Beyoğlu'nda tıraş olurken.
338'de..."
"— Kim bu Ali Kemal?"
"— Gazete muharriri,
İngiliz'den para alır.
Adamıydı Halifenin.
Gözlüklü
şişman.
Kan damlardı kaleminden,
fakat murdar
fakat pis bir kan.
Gün olur daha derin
daha geniş yara açar
kalemin düşmanlığı
mavzerin düşmanlığından."
"— İzmit bizde miydi o zaman?"
"— Yeni girmiştik.
İngilizler İstanbul'daydı daha.
Ali Kemal'i çalıp getirdiler İngiliz'in mavi gözünden.

Burda 'Geliyor ' diye bir şayia çıktı
altı yedi saat önce.
İskeleye yığıldı millet.
Belki İzmit halkının dörtte üçü
kadınlara varıncaya kadar.
Ben Ulu Caminin ordan bakıyorum
gözümde dürbün.
Göründü karşıdan motor nihayet,
bata çıka geliyor.
Koştum aşağıya.
Ben iskeleye inmeden
çıkarmışlar Ali Kemal'i motordan.
Şurda
tepede
Saray Meydanında hükümet konağı var
kolordu dairesi,
oraya götürdüler.
Konağın önü
meydan
sokaklar
adam almıyor.
Kaynıyor karınca gibi İzmit halkı.
Fakat öfkeli
fakat merhametsiz.
Çoğu da gülüyor,
bayram yeri gibi İzmit şehri.
Hava da sıcak,
gök de bulutsuz.
Ali Kemal 20 dakka kaldı kalmadı konakta
dışarı çıkarıldı.
Attı bir adım.
Etrafını subaylarla polisler almış.
Kireç gibi yüzü.
Sarışın.
Birden ahali başladı bağırmaya :
'Kahrol Artin Kemal...'

Durdu.
Döndü.
Arkasına baktı
                              konağın kapısından tarafa,
                              belki de geri dönüp içeri girmek için.
Fakat yüzüne karşı kapıyı ağır ağır kapadılar.
Yürüdü sallanarak on adım kadar.
Ahali boyuna bağırıyor.
Bir taş geldi arkadan
                                    başına çarptı.
Bir taş daha
                    bu sefer yüzüne.
Kırıldı gözlükleri,
bıyıklarına doğru kanın aktığını gördüm.
Birisi, "Vurun," diye haykırdı.
Taş
odun
çürük sebze yağıyor.
Muhafızları bıraktı Ali Kemal'i.
Ahali kara bulut gibi çullandı üzerine
                                                                alaşağı ettiler.
Orda yerde yaptılar ne yaptılarsa.
Sonra açıldı bir parça ortalık.
Baktım ki yatıyor yüzükoyun.
Ayağında bir donu kalmış
                                    kısa bir don.
Çıplak eti pelte gibi tombul, beyaz.
Bana hâlâ nefes alıyor gibi geldi.
Bir ip bağladılar sol ayağına.
Hiç unutmam
sol ayağında kundura, çorap filan yoktu
                                        fakat sağ bacağında çorap bağı kalmış.
Başladılar ölüyü bacağından sürümeye.
Yokuş aşağı, başı taşlara çarpıp gidiyor.
Millet peşinde.
Bir aralık ipi koptu.

Bağlandı yenisi.
İbret alınacak hal.
Halkı kızdırmaya gelmez.
Bir sabreder iki sabreder;
her ne ise...
Böylece dolaştı İzmit şehrini Ali Kemal.
Sonra
dedim ya
astılar şu köprünün üstündeki dallara ölüsünü.
Sonra ölüyü indirdiler
    fakat gömleği mi, donu mu ne
    iç çamaşırından bir şey
    öteki dalda bir iki ay sallanıp durdu.
Sonra satıldı müzayedeyle saatı filan,
                        çok sonra...
Ben birini bilirim
            tek çorabını hatıra diye beş liraya alan."
Tatar yüzlü adam sordu :
"— Saat altın mıydı?"
"— Altın."
"— İyi etmemişler,
saatı da alan
            çorabı da alan iyi etmemiş.
Uğurdur derler,
            inanma.
Asılan insanın eşyası uğursuzdur.
İyi etmemişler.
Zaten İzmitlilerin işi de doğru değil.
Herifin suçu vardıysa
        devlet verir cezasını
                hükümet asar.
Herifi parçalamak
            devlete karşı koymak demek.
Ben Çanakkale'de yara alıp
                Haydarpaşa Hastanesi'nde yatarken..."
Güldü Kartallı Kâzım :

"— İyi ama," dedi,
"sen demin hakaret ettin devlete."
"— Ben mi?"
"— Sen.."
"— Yalan.
Ben devlete karşı gelmem."
"— Memuruna karşı geldin."
"— Ben biletçiyle çekiştim."
"— Şimendifer devletin, biletçi de devlet memuru."
Bu sefer Tatar yüzlü adam güldü :
"— Öyleyse ben de memur muyum,
Merinos Fabrikası'nda bekçiyim madem?"
"— Elbette
memursun..."
"— Hâşa.
Değilim.
Ne ben, ne biletçi.
Biletçiyle bekçiden memur mu olur!
Ben polisi bile memur saymam.
Komiser başka.
O memurdur..."

Bu bahis daha uzayacaktı.
Hareket kampanası çaldı fakat.
Koştular vagonlarına Tatar yüzlü adamla Kartallı Kâzım.
Tiren kalktı...

İzmit'in içinden geçiyor tiren;
çarşının ortasından.
Kaybetti ciddiyetini
tıramvaylaştı.
Çevirip başlarını bakmıyor ona
şehirliler, evler ve mağazalar.
Uyandıramadı rüyalarından
bütün gürültüsüne rağmen
fayton beygirlerini.

Ve tâ ki İzmit şehri arkada kalıp
bu mayıs ikindisinin içinde
girince toprağına tenha kırların
buldu eski ciddiyetini
buldu "hasret kavuşturanlığını" tiren.

510 numaralı üçüncü mevki vagonda
alnı pencerenin camına dayalı
kaybolmuş bir dünya geçiyordu
bir insan yüreğinden.
"Eski Yunanistanlıydı" Kiryos Trastellis.
Korent Kanalı üzerinde
karşısında Patras şehrinin
Mesolongi limanındandı.
Fidiyas, Omirus, Aristotalis umrunda değildi.
Denizi, sıcağı, kalabalığı seven bir insandı.
Ve hayran olunacak şey bu dünyada
İstakozlarla sekiz ayaklı ahtapotlardı Mihail Trastellis için.
Balıkçı gemilerinin başaltı ranzalarından
Mesolongi limanında tek katlı ev
ve arkadaşlardan ibaretti yüreğinde Yunanistan.
Yunanistan ne oldu?
Kiryos Dimitriyos Mihail Trastellis,
şimdi 1941 senesinde
Mayıs ayında
denizi, Yunanistan'ı ve evi içine koyup
mukavva bir bavulla nereye gidiyoruz?
Bu dünyada nasıl bir başına kalıverdin,
darmadağın oluverdin?
Arkadaşlar öldürüldüler.
Korent'te suların dibindedir balıkçı gemileri
sanki cam bir sandıkta insan cesetleri gibi yatıyorlar.
Bu sene Hitler'in subayları yiyecek istakozları.
Baban Atina'da
Sakız'da anan
kız kardeşin İskenderiye'de,

ve sen 510 numaralı üçüncü mevki vagondasın.

İzmit ovasını geçiyor tiren.
Kırlarda böyle baharda
                    böyle ikindi üzeri
gökyüzünün aydınlığı bir sevda şarkısı gibi yumuşarken,
ağaçların gölgeleri
                        rahat ve serin
                            toprakta başlarken uzamaya,
daha genç
            daha şehvetli
                        daha yeşil yaşarken
kuşları, boynuzlu hayvanları ve böcekleriyle otlar,
tembel ve bahtiyar
                sazan balıkları gibi kımıldanırken su birikintileri
bir saadetli hayıflanıştır insan yüreğinde
                                    bugünkü dünyada bulunmanın kederi.

Bakıyor pencereden Mihail Trastellis;
fakat bu toprak hiçbir şey söylemiyor ona.
Dilini bilmediğinden değil.
Böyle ikindiyin, böyle baharda
ne Rumca'dır, ne Türkçe
                            toprakçadır toprağın konuştuğu dil.
Fakat kederliydi Mihail,
kederliydi, toprağı dinleyip
                insanları ve dünyayı düşünemeyecek kadar.
Halbuki bu vagonda, bu ikindi üzeri
                    insanlarla bugünkü dünyadandı kederi.

İzmit ovasını geçiyor tiren.
510 numaralı üçüncü mevki vagon.
Birinci bölme.
Konuşuyor jandarmalarla mahkûmlar.
Mahkûm Melahat sordu Jandarma Haydar'a :
"— Çocukları sever misin?"

"— Sevilmez mi!
Allahtan büyük ne var, demişler
çocuk var, demiş.
Öyle ya
çocuk Allah korkusunu bilebilir mi?
Bilemez.
Kim kimden korkmazsa, o ondan büyüktür.
Senin çocuğun var mı abla?"
"— Var.
Annemin yanında bıraktım.
Üç yaşına yeni bastı.
Gelecek yıl getirteceğim."
"— Mapushaneye mi?"
"— Evet."
"— Olur.
Çocuk için hepsi bir.
Bir çocuk için, bir de kediler için,
ha mahpushane ha cenneti âlâ...
Babası nerde?"
"— O da hapis."
"— Ne iş yapardı?"
"— Tütünde çalışır.
Ben de tütünde çalışırım."
"— Deppoylarda mı?"
"— Evet."
"— Bilirim deppoyları.
Bir İbrahim vardı bizim köyde,
Samsun'a gidip tütüne girdi.
Üç yılda ince hastalıktan ölüverdi.
Sen kocanın olduğu yere mi gidiyorsun?"
"— Hayır.
O başka cezaevinde."
"— Allah acısın abla.
Ne denir?
Üzülme iyi olur."

Mahkûm Halil Jandarma Hasan'la konuşuyordu.
Jandarma Hasan sordu :
"— Hükümet vesikaya bağlar mı dersin ekmeği?"
"— Herhalde bağlar."
Düşündü Jandarma Hasan
sonra konuştu burnunu çekip :
"— Hem de bağlamalı."
"— Neden?"
"— Ekmeğe itaat lazım.
Millet unuttu ekmeğe itaat etmeyi.
Bir dilim kendi yer, bir dilim köpeğe atar şehirliler.
Ekmek vücuda hekimdir.
Yalnız köyde vergiler inse biraz.
Sonra kara sığır da ucuzlasa.
Bak bende tarla dilediğin kadar
ama burnunu öpecek kedim yok."

Höyükleri anlatıyordu Melahat'a Jandarma Haydar :
"— Bizim köye bir saat
Alevî köyü vardır.
Çalışkan adamlardır ama horoza taparlar.
Höyükler işte onların köyünde.
Kazıyorsun
dev suretinde taşlar çıkıyor içinden,
toprak çanaklar, altın geyikler.
Hükümet karışıyor bu işe şimdi.
Bulduğunu Ankara'ya
müzehaneye kaldırıyor.
Hiç müzehaneye gittin mi abla?"
Melahat güldü :
"— Gitmedim."
"— Ben gittim, İstanbul'da bir kere."
"— Askerî müzeye mi?"
"— Hayır
ötekine.

Görülecek şey.
Hep gâvur padişahlarının taştan suretleri.
O vakitler demir yokmuş anlaşılan
olsa, onlar da Atatürk'ünküler gibi demirden dökülürdü.
Ve de çoğu çıplak.
Karılar da var.
Kabirleri de orda.
Bir gün imiş onlar da yaşamışlar,
şimdi öyle taştan duruyorlar müzehanede."

Mahkûm Fuat'la çavuş muharebeden konuşuyordu.
Pencereden bakıyor Mahkûm Süleyman
Fikret'in bir şiirini okuyordu içinden :
"Yiyin efendiler, yiyin, bu hanı iştiha sizin..."

İzmit ovasını geçiyor tiren.
510 numaranın beşinci bölmesinde
uyuyordu halı-heybenin sahibi
Halim Ağa.
Kara sakalının
ve beyaz yün çoraplarının içine çekilmiş
rutubetli, sıcak ininde yatan bir hayvan gibi.
Birdenbire durdu tiren.
Halim Ağa baktı pencereden.
Vagonda lambalar yanmamışsa da
dışarda gece olmuştu.
Bir istasyon önündeydiler;
Halim Ağanın şimdiye dek görmediği
çok büyük bir istasyon.
İstasyonun yapısı karanlıktı
onun da lambalarını yakmamışlar.
Göz alabildiğine kalabalıktı.
Davullar çalınıyordu.
Alev alev yanan çıralar vardı adamların elinde.
Bağırışıp çığrışıyorlar.

Büyüyordu bir kat daha
alaca kızıllığında çıraların
davullar, istasyon ve karanlık.
Birdenbire başladı kar yağmaya.
Lapa lapa yağıyor.
Davullar daha sesli vuruldu.
Bayraklar açıldı
al değil
yeşil.
Bir adam çıkmıştı istasyonun damına.
Başında kalpak
belinde sırma kemerli eğri kılıç.
Seferberlikte İngiliz'i yenen gazeteci paşaydı bu.
Tanıdı Halim Ağa.
Halbuki bu geceye dek hiç görmemişti onu.
Daha dikkatli baktı,
az kalsın haykıracaktı.
Bakkaliye taciri Hacı Nuri Bey de yanındaydı Paşanın.
Eliyle damın üstünden işaret edip :
"— Gel buraya, hele gel gel," diyordu Halim Ağaya.
Halim Ağa gidip
etekledi Paşayı.
İkisi bir otomobildeydiler;
Çankırı valisinin otomobilinden büyük.
Yağmur yağıyordu.
Yağ gibi şosenin üzerinde kuş gibi uçuyordu araba.
Halim Ağa karşısında oturmuştu Paşanın.
Şoförün yanındaydı halı-heybesi.
Paşa, Halim Ağanın sakalına doğru eğilip :
"— Oldu çok şükür," dedi, "çabucak oldu bu iş.
Alaman'la birlik edip girdik muharebeye.
Elini tez tut.
Kimseye bir şey deme ve hatta Hacı Nuri Beye.
Ekmek vesikaya binecek
unun var mı?"
"— Var, Paşam."

"— Şeker depo ettin mi?"
"— Ettik, Paşam."
"— Gazyağı?"
"— Aldık.
Ve zeytin tanesi, bulgur, pirinç, nohut, fasulya
her şey tamam."
"— Çok âlâ.
Sen Hacı Nuri Beyden daha zengin olacaksın."
"— Sayenizde, Paşam."
"— Yarın herkes duyar, bugün sen bil, açma ağzını.
Şamı Şerif'te beraber kılarız ilk cuma namazını."
"— İnşallah, Paşam."
"— Hacı Nuri Beyden daha zengin olacaksın.
Hacı Nuri Beyden daha zengin
Hacı Nuri Beyden."
Paşayla çardağın altında oturuyordu,
bembeyaz ve ipek gibi ince Mısır hasırının üzerinde.
Paşaya sordu :
"— Hitler gâvuru Müslüman mı sahiden?"
"— Müslüman.
Gözümle gördüm hamamda yıkanırken;
gâvurlar hamamda setri avret etmezler;
sünnetlidir."

Bir kedi geçti Halim Ağanın bacakları arasından
uzun tüyleri tutuşmuş
kıpkızıl bir kedi.
Halim Ağa düştü peşine kedinin.
Kedi kaçar
o kovalar,
kedi kaçar
o kovalar.
Geldiler çarşı hamamının önüne kadar.
Kedi içeri girdi.
Çıktı dışarı kantarcının kızı Şerife.

Koltuğunda hamam bohçası,
iki yana sallanarak.
Al al olmuştu yuvarlak yanakları,
örtünün altında siyah saçları ıslak.
On beş yaşında var yok.
Halim Ağa doladı bileğine saçlarını Şerife'nin
Sırtüstü yatırdı kızı şeker çuvallarının üzerine.
Açtı gerdanını.
Isırdı sol yanağından.
Yanakta diş yerinden kan aktı ak gerdana doğru.
Paşa dokundu omzuna Halim Ağanın.
Valinin masasına oturmuş
pideli kebap yiyordu Paşa.
Halim Ağa :
"— Paşam," dedi,
"Allanın emri dörde kadar.
İzin ver
şeriatın hükmü yürüsün yine."
Paşa güldü :
"— O da olur Halim Ağa.
Daha vakti gelmedi.
Kıza imam nikâhı kıy."
"— Babası razı değil."
"— Karını boşa."
"— Tarlalarla iki dükkân gider."
"— Bak öyleyse çaresine..."
Mutfakta çamaşır yıkıyordu Halim Ağanın karısı.
Duymadı içeri girdiğini kocasının.
Çömelmiş.
Sırtı kapıdan tarafa dönük.
Kolları tahta teknede çalışırken
kalkıp iniyordu siyah entarisinin altında kürek kemikleri.
Halim Ağa karısına ve mutfağa baktı.
Damı uçmuştu mutfağın
yukarda yıldızlar görünüyordu.
Halim Ağa yürüdü ayaklarının ucuna basıp.

Ses çıkarmıyordu lastik iskarpinleri zaten.
İyice yaklaştı karısına.
Aldı sağ eline paltosunun altına gizlediği baltayı.
Baltanın ağzı yenmişti üç yerinden.
Kaldırıp indirdi kadının ensesine.
Kan çıkmadı.
Kelle yere düşmedi.
Bir deriyle bağlı kaldı boynun ucuna.
Orda sallanarak
                    baktı yüzüne Halim Ağanın :
"— Ağa, ne yaptın?" dedi,
                    "bir vurdun bir daha vur."
Halim Ağa biliyor,
Arabüzengi kitabından aklında kalmış,
bir kerre vurmak gerek.
Bir daha vurulursa dirilir.
Ve vurmadı bir daha.
Kelle dargın
                    çattı kumral kaşlarını
sonra ince esmer boyundan kopup
                                        düştü yere.
Kelle kopup düşerken
                    sıyrıldı derisi boynun
                                        söğüt dalının kabuğu soyulur gibi.
Orta mektep çocukları kelleyi top yaptılar,
başladılar askerlik şubesinin bahçesinde oynamaya.
Ve baltasıyla yoldan geçerken Ağa
yüzbaşının oğlu bir tekme vurup
                              attı bu insan başından topu
                                        kucağına Ağanın.
Ağa baktı kucağına düşene.
Bu, karısının kellesi değil,
Hazreti Ali'nin kesik başıydı.
Halim Ağa başladı ağlamaya.
Hem de dehşetli korkuyordu.
Paşa sordu.

"— Karımı öldürdüm, Paşam," dedi.
"— Zarar yok
o öldü, sen çok yaşa.
Tayyare bombardımanında öldü deriz,"
dedi Paşa.
"Sen hele bir İstanbul'a git şenlet gönlünü.
Gayrı Hacı Nuri Beyden itibarlısın.
Benim gazeteye de gel
kahve içeriz."
Halim Ağa üçüncü mevki bir vagon kiraladı.
Ama bölmesiz bir vagon.
Tek başına, nefsi için...
Kilimle döşedi her yanını vagonun.
Ve çoraplarını çıkarıp
iç donuyla uzandı orta yerine onun.
Mangalı yaktı.
Cezveyi sürdü.
Cezvede kahve köpürdü.
Karşısında Kantarcının kızı Şerife'yi gördü.
Sakalına o kadar yakındı ki beyaz kalın baldırlarıyla turunç memeleri
beline sarılmak için uzanırken
birdenbire durdu tiren.
Halı-heybenin sahibi
uçtu havada
kuyruksuz ve kanatsız
ta bulutların üstüne kadar.
Sonra apansız bir yıldıza çarpıp başını
düştü denize
kurşun gibi buldu dibi
ve uyandı silkinerek.
Sahiden durmuştu tiren.
Pencereye üşüşmüştü bölmedekiler. Telaşlıydılar.
Düdükler çalınıyor
sesler geliyordu.

Halim Ağa sızlayan başını tutup
sordu :
"— Ne olmuş, ne var?
Yer açın biz de bakalım."
Pencerede yer açılmadı.
Fakat anlattı Tatar yüzlü adam :
"— Sen uyurdun, zınk dedi birden durdu tiren.
Birbirimizin üstüne düştük.
İstasyon filan da yok.
Allahın kırı.
Biletçiler indi yere
bağrışıp koşuşurlar."
Halim Ağa daha fazla dinlemedi
yün çoraplarıyla fırlarken koridora :
"— Bana mâlum oldu, mâlum oldu bana
rüyasını gördüm," dedi.

Yerde
lokomotifin yanında duruyordu Makinist Alaeddin.
Yarışta beygirini birdenbire durdurup
yere inmiş
dizginleri tutuyormuş gibi bir hali vardı.
Lokomotif terliydi.
Islak sesler çıkarıp
soluk soluğa nefes alıyordu beyaz buhar bulutlarıyla.
Kömürcü İsmail sordu yukardan :
"— Usta, hangi vagon çekmiş imdat işaretini?"
"— Ne bileyim,
anlarız."
Vagonların önünde bağırıyor Şeftiren :
"— Baylar, telaş etmeyin,
Bayanlar, inmeyelim vagonlardan."
Şeftirene yaklaştı Alaeddin;
konuştular;
döndü.

Arkada kalan yolun üzerinde
bir şeyler taşıyan insanlar göründü.
Sordu kömürcü İsmail :
"— Herif ölmüş mü usta?"
"— Belli değil."
"— Niye atmış kendini?"
"— Bilmem."
"— Ne dersin usta,
sevda yüzünden mi?
İstedi kızı
vermediler.
Yahut karısı taktırıyordu."
"— Zannetmem."
"— Sevdadan değilse parasızlıktan.
Baktı ki çıkar yolu yok."
"— Belki."
"— Yahut, dehşetli bir kazık attı arkadaşlarından biri herife."
"— Kim bilir..."
"— Daha doğrusu usta,
adamcağız biletsizdi."
"— Mümkün."
"— Bak, aklıma bir şey daha geliyor :
Ecnebide oğlu, kardeşi filan vardı;
bombaladı tayyareler
öldü."
"— Vallahi bilmem ki İsmail."
"— İyi ya sen ne diyorsun usta?"
"— Benim dediğim vagonun sahanlık kapısı açık kalabilir,
adam farkına varmaz,
abanır
düşer..."
"— Usta, bu olmadı,"
"— Neden?"
"— Böyle şey olmaz da ondan."
"— Niçin olmasın?"

"— Niçin olmayacağını bilmem ama
olmaz."
Düşündü makinist Alaeddin;
tuhaf bir hüzünle gülümsedi :
"— Haklısın İsmail," dedi,
"doğru,
böyle şey olmaz.
Ölmeyi isteyecek kadar çıldırmak için
bugün bu dünyada öyle çok sebep var ki,
insanları öyle kolay yeniyorlar ki,
sahanlıkta kapının aralık kalışını,
sadece bir kazayı, aklın kabul etmiyor."
İsmail yalnız sonunu anladı bu uzun cümlenin,
ve yalnız sonunu tasdik etti :
"— Aklım kabul etmiyor usta.."

Ölüyü furgona bindirdiler.
Bu, elli yaşlarında bir adamdı.
Makinist Alaeddin çıktı lokomotife.
İşaret verdi Şeftiren
ve tiren hareket ettiği zaman
510 numaranın beşinci bölmesinde
halı-heybenin sahibi
çıkmayan rüyasının dargınlığıyla
kara sakallı bir nargile gibi
cıgara içiyordu.
Saat on sekizi otuz sekiz geçiyordu.

Birinci Kitabın Sonu

İKİNCİ KİTAP

I

Gülden güzel kokan Arnavutköy çileği
ve asma yaprağına sarılı barbunya ızgarasıyla gelir
Haydarpaşa Garı'nın büfesinde bahar.
Buna rağmen
Hasan Şevket
rakıyı bir tek dilim beyaz peynirle içiyordu
ve saat
on sekizi otuz sekiz geçiyordu.
Satrançlı örtüde elleri titriyordu Hasan Şevket'in,
gözleri kadehinde,
aklında Anatol Fırans'tan bir kitap ismi :
"Lö krim dö Silvester Bonar".
Düşündü :
"Çevirmeli Türkçeye."
Düşündü :
"Çevrilmiş mi acaba?
ne zaman?"
Bilmiyor :
tanınmış ediplerimizden oldu olalı
Türkçede kendi yazılarından başkasını okumadığından.
"Lö krim dö Silvester Bonar".
"Silvester Bonar'ın Suçu".
İsim güzel.
Suçu neydi fakat?
Kimdi Silvester Bonar?
Galiba o kitapta baş parmak boyunda bir adam var,
hatta baş parmaktan da küçük...
Silvester Bonar'la konuşur :
Galiba mum ışığında

ve galiba el yazması Latince bir kitabın
                    kırmızı meşin cildi üstüne çıkıp.
Belki de başka bir romanda bu macera...

Hasan Şevket düşünüyor
                  gözleri kadehinde :
"Baş parmak boyundaki adam
                        vicdanımız yani
                                bizimle mum ışığında konuşan,
yahut da kadehimizle bir başımıza kaldığımız zaman.
İşte benim de baş parmak boyundaki adamım
(tıpkı benim gibi kumral ve bodur)
tırmanıp oturdu kadehimin kenarına.
Ayaklarını sallıyor.
Benim ellerim titremese bu kadar,
çatalın ucuyla itiversem onu,
düşüp kadehe boğulabilir içinde rakının.
Dişleri olağanüstü çürük,
sesi olağanüstü kalın
ve annesini ölmüş gören uykuda bir çocuk gibi içini çekerek :
Hasan Şevket, diyor,
            Hasan Şevket,
            sen mahvolmuş bir insansın.
Nasıl bu hale düştün?
Seni kimler bu hale soktu?
Ne zamandan beri bu haldesin?
Halbuki nasıl yol aldı bazıları.
Şimdi onlar eski bir hatıra gibi sıkıyorlar elini senin.
Namussuz bir merhametle bakıyorlar yüzüne.
Elbet
onlar çoktan unuttular, Hasan Şevket,
yanmış zeytinyağıyla sidik kokusunu
        Beyaz Rus ve Ermeni pansiyonlarının.
Şimdi nasıl küstah ve muzaffer dokunuyorlar kadınlara.
Onlar çoktan unuttular
kahredici hicabını yamalı donlarının.

Bütün nimetleriyle dünya onların artık.
Artık edebi tefrika yazmaya mecbur değiller
lise talebeleriyle genç subaylar için;
iki liraya tefrikası,
elli yaşında.
Ama neden, Hasan Şevket?
Ama niçin?
Senden akıllı mıydılar?
Hayır.
Bilgili mi?
Hayır.
Senden daha az mı müzevvir,
daha az mı yalancı,
daha az mı kendini beğenmiştiler?
Hayır, daha çok.
Ressam Mahmut bile beş bin lira aldı bir portreye.
Senden daha tembel,
daha sarhoş.
Kıskanıyor musun?
Belki.
İtiraf et.
Evet :
hepsinin gebermesini isteyecek kadar,
bir günde,
apansızın,
bir grip salgınıyla mesela.
Halbuki sen onlardan önce öleceksin.
Böbreğinin bir teki çoktan çürüdü.
Bahar geldi, Hasan Şevket,
dallara su yürüdü.
Kuş bile yuva yaptı,
kuş kadar olamadın..."

Kalabalıktı peron.
Tam 19'da Anadolu Sürat Katarı kalkacak.

Hasan Şevket kadehinin üzerinden baktı perona,
Nuri Cemil'i gördü :
camekânı tekerlekli seyyar kitapçının önünde durmuş,
bir şeyler okuyor.
"Bak, — dedi Hasan Şevket,
baş parmak boyundaki adamına, —
Nuri Cemil'e bak.
Yazlık ev tutmuş Suadiye'de.
Kazancı beş yüzden aşağı değil.
Belki Alaman Sefareti'nden de alıyor.
Hay yaşayasın Nuri Cemil,
hay yaşayasın.
Sen de çoktan unutmuşsundur
bir sefil,
bir umutsuz ve perişan gece yarısı,
tepemizde,
çok yukardaki yıldızlara karıştırıp yalnızlığımızı, Galatasaray'ı
dönünce orda
İş Bankası'nın eşiğinde sızdığımızı,
ben rakıdan
sen kokainden.
Sen kahrolası
sen topal..."

Nuri Cemil topaldı.
Nuri Cemil
Hasan Şevket'in
baş parmak boyundaki bir adamla sohbetinden habersiz
vahim bir ciddiyetle cıgarasını yaktı.
Kitabı kitapçıya bıraktı.
Yataklı vagona binmekte olan
Tahsin'e baktı.
Birdenbire pislik görmüş gibi buruşturdu yüzünü,
bilhassa,
nümayişle.

Tahsin,
(mebus ve doktor)
simsiyah bıyıkları
hâlâ etli kiraz dudaklarına düşen
ve ela gözlerin en renklisini taşıyan,
uzun boylu göbekli bir adam,
Nuri Cemil'in nümayişinden habersiz
yataklı vagona girdi.

Hasan Şevket
kadehini aldı
evirdi çevirdi
yaklaştırdı gözlerine.
Gerçekten de kendini bir dinleyen varmış gibi kenarında kadehin
konuştu :
"Farkında mısın, baş parmak boyundaki adamım,
Nuri Cemil çatlayacak,
Tahsin'i kıskanıyor.
Mendebur topal.
Gözü mebuslukta,
vekillikte belki.
Hem de ne yollardan bu işi kuruyor,
biliyorum.
Fıkralarını okuduğumdan değil,
onları okumaktan münezzehim çok şükür.
Mesela cıgara içişinden.
Her Alaman zaferinde kalbi
bir Prusya piyade alayının davulu gibi vuruyor.
Hitler'de benim affedemediğim şey :
satılabilmek imkânını verip Nuri Cemil gibilere,
müthiş arzular yüklemesidir yüreklerine onların.
Müthiş,
taşıyamayacakları kadar.
Zaten bundan dolayı belli ediyorlar,
böyle aptal,
hayâsızca.

Hayâsızın Öztürkçesi?
Çağataycadan uydururlar yine.
Bizim Türkçemizle 'utanmaz', 'sıkılmaz' desek?
Hayır,
'hayâsız'da çok daha çıplak,
daha yüzsüz bir şeyler var.
Ne yazık,
dimdik,
yumuşak
ve avuçlarımı hayâsızca dolduran
bir çift kadın memesini okşayamadım,
hepsi pörsük ve ölüydüler...
Baş parmak boyundaki adamım,
açık konuşalım seninle :
Satılabilir misin?
Hayır.
Ayda beş yüz verseler?
İmkânı yok.
Yedi yüz?
Tehlikesiz,
kırmadan haysiyetini?
Küçük, âlimane fıkralar,
tarafsız makaleler için?
Evet.
Mümkün.
Hayır.
Bu ajanlıktır.
Neden böyle korkunç kelimelerle düşünürsün?
Ama hakkın var.
Para müstekreh şeydir.
'Mülkiyet hırsızlıktır' demiş Prüdon.
'Sen bir küçük burjuva anarşistsin,' dedi bana
bizim komünist şuaradan biri.
Neden?
Hiç de anarşist değilim.
Para?

Para müstekreh şeydir.
Ya iktidar mevkii?
Mevkii iktidar?
Kumanda etmek, buyurmak imkânı?
Hem başka çare yoksa?
Hem belli artık
    Alamanlar kazanacaklar.
Hem zaten benim
    bazı insanlarla görülecek bir hesabım var sanıyorum.
Bazı insanlarla mı?
Hepsiyle, topyekûn.
Mesele kalmadı demek?
Acele etme,
kanaatım?
Kanaatın değişmez mi, baş parmak boyundaki adam?
Değişebilir.
Hasan Şevket,
        sen politikadan anlamazsın.
Anlamak o kadar güç mü?
Bir rezil yazıcıyken Nuri Cemil,
            şimdi....
Doğru.
O kadar güç değil.
Yalnız........"

Böylelikle Hasan Şevket
yavaş yavaş
farkına varmadan
kandırırken baş parmak boyundaki adamını,
baş parmak boyundaki adam
        dikildi birdenbire kenarında kadehin,
                    bağırdı avazı çıktığı kadar :
"Sen Nuri Cemil'den betersin deyyus,
                fâsik-i mahrum..."
Hasan Şevket kıpkırmızı oldu.
Kadehten içti bir yudum.

Sarsıldı kadeh.
Baş parmak boyundaki adam düştü kadehe.
Ve dişleri olağanüstü çürük,
sesi olağanüstü kalın,
boğuldu içinde rakının.
Hasan Şevket'in canı yandı, basılmış gibi nasırına.
Ve bir damla yaş aktı
sol yanağından...

Kalabalıktı peron.
Nuri Cemil
banliyö tireninde
birinci mevkiye girdi.
Kırmızı kadife vagon bomboştu.
Bu vagonlardan
iki üç tane vardır.
Hepsi ihtiyardır,
eski zamanlardan kalma,
(şükür ki memleketimde artık çabuk eskiyor zamanlar)
yenileri maroken taklidi, muşamba.
Memnundu Nuri Cemil
kadife vagona rastladığından.

Babasız
fakir
hastalıklı geçti Nuri Cemil'in çocukluğu.
Kendinde olmayan her şeyi kıskanarak
ve ancak
çocukların duyabildikleri
yanık acısı gibi maddî bir imrenme içinde
(fakir doğmuş değil
fakir düşmüş çocukların).
Belki biraz da bundandı
(sonraki yıllarından da dolayı)
bütün ömrünce nefreti fakir olandan
ve saygısı zengin olana :

karanlık bir saygı fakat,
korkak,
gizli,
belli edeceğinden kuşkulu
ve bazan
şahsen şahsına karşı yapılmış bir hakareti
geri çevirmek istiyormuş gibi öfkeyle dolu.

Yağmurlu bir bayram sabahıdır
en müthiş çocukluk hatırası Nuri Cemil'in.
Kapalıçarşı'dan aldıkları elbisenin boyası akmıştı
ve Göztepe'deki büyük konağın torunu
(sekiz yaşında tombul bir çocuk)
kabzası altın işlemeli minicik kılıcıyla
ve yaver üniformasıyla merdivenlerden inip
ağlatmıştı onu.
Şimdi biraz da bu yüzden memnundu Nuri Cemil
kadife vagona rastlayışından.
Çünkü böyle akşam aydınlığında artık
bu havı dökülmüş yumuşak kızıltının gömüldükçe içine
kederli bir zaferle koklayıp eski kadifelerin terini
daracık omuzlarında duyar
bir hünkâr yaverinin
som sırma püsküllü apoletlerini.

Kadife vagona kavuşmak için
on beş yıl boğuştu Nuri Cemil,
tıpkı kendine benzeyen insanlarla çevrili olarak :
kediye,
kirpiye,
tavuskuşuna
ve bozkırda başları önde dolaşan
bir çakal sürüsüne benzeyen insanların içinde.
Onlarda düşmanlık ikiyüzlüydü,
dostluk
hazırdı ihanete.

Hepsi Nuri Cemil gibi yalnız kendini haklı görüyordu,
                                        yalnız kendini cesur,
                                                    yalnız
                                                        kendini bahtsız...
Ve tıpkı onun gibi,
          hepsi teker teker,
dehalarının inkâr olunduğuna emindiler
göze gözükmeyen
            lanetli kuvvetlerle dolu bir dünyada.
Ve hepsi Nuri Cemil gibi
            kafalarının gücünü satarak geçiniyor
ve birbirlerinin yüreğini, etini,
                                          haysiyetini yiyordular.
İnsanın
   kendine benzeyen insanlarla boğuşması zor şeydir,
bir öğle sıcağında
         bir bataklık manzarası gibi hazin.
Belki bu hüznü duydu Nuri Cemil,
              duymadı belki.
Fakat boğuştu on beş yıl
                  arkadaşsız
                      yorgun
                          sarhoş ve uykusuz.
Kerhaneye gidecek parası bile yoktu bazan.
Bazan konuşurdu kendi kendine
           bilhassa eski şarkıları dinlerken,
(eski şarkıları dinlerken
  çocuklaşırdı çocukluğunda olmadığı kadar) :
"— Bir hayli kitap yazdık,
     bin beş yüz satıldı bazıları.
     Bunları okuyanın yarısı kadındı hiç olmazsa,
     bu kadınların yarısı gençtir,
     bu gençlerin yarısı güzel,
     bu güzellerin içinde elbette bir tane vardır ki
                                                   beni sevebilir.
     O nerde?"

Büyük sarhoşluklarında Nuri Cemil
tıramvayda kadınlara sataşırdı,
bağıra bağıra,
bilhassa erkekli kadınlara,
yahut kederden boğularak
bir başka dünya düşünürdü.
Hüzünlü sarhoş dünyasında onun
insanların üstünde kendisi vardı,
yapayalnız,
insanlara hâkim,
insanlardan uzak,
kibirli, zulmedici, kötümser.
Ve o dünyada da tıpkı bugünkü gibi insanlar ölürler,
kendisi ölmez.
Bir sızılmayan sarhoşluk ki yoktur sonu.
Yaşar yıldızlarla beraber
duymadan büyük karanlığın korkusunu.

Hiçbir kitabı sonuna kadar okumadı Nuri Cemil.
Ve hiçbir kitap için "Okumadım" demedi.

Ferdiyetçi, liberal, demokrattı Nuri Cemil
935'e kadar.
"Ferdin mutlak hürriyetinde"ydi ümit
fırlayabilmek için yukarı.
935'e kadar
hükümete muhalifti Nuri Cemil
demokrat değil diye.
935'te bir bahar ikindisiydi,
Nuri Cemil bir derginin yazı odasında,
(polis müdürlüğü, şantaj ve Entelijans Servisle ilgili bir derginin,
ve Nuri Cemil bunu hayal meyal seziyordu)
935'te bir bahar ikindisiydi,
Nuri Cemil odanın çatlak camına baktı :
parlıyordu cam,

ve camın üstünde tıraşı uzun, aç bir adam
yüzünde bir kırbaç yeri gibi camın çatlağı,
bu kendisiydi.
935'te bir bahar ikindisiydi,
Turancı gençler odayı bastılar.
Nuri Cemil dayak yiyecekti az daha,
"Aşırı demokrat" diye.
Halbuki yemek yemek istiyordu çatlak camın üstündeki,
öyle acıkmıştı ki karnı...
Bir yerlere erişmek için boğuşmak on beş yıl,
sonra yıkılmak böyle güneşli bir bahar ikindisinde...
Nuri Cemil yeni bir hamle için kuvveti buldu kendisinde,
(bu onun tarifidir)
eski bir şapka gibi bıraktı demokratlığı,
(bu tarif de onun)
ve Rıfat Beyle oğullarının emrine girdi.
Onlar gazete patronlarıydı.
En çok satıyordular.
Yirmi dört saatte bir ilim şöhreti yaratıyordular.
Ve gaz ve değirmen işleri, Krupp fabrikası ve en çok veren büyük
elçiliklerle ilgiliydiler.
Bunu biliyordu Nuri Cemil
(fakat bu tarif onun değil).

Şimdi Nuri Cemil'in
(bir gece eşiğinde sızdığı)
İş Bankası'nda hesabı carisi var.
Şimdi evlidir.
Daha az sarhoş,
daha çok meşhur.
Şimdi bizde en âlim düşmanıdır demokrasinin.
Ve Birinci Şube taharrilerinden Üsküdarlı Mümtaz'la beraber
Marksizme her Allahın günü otuz yıl ceza giydirecekler.
Ve muhaliftir hükümete :
totaliter cepheye girmediğinden.

Kalabalıktı peron.
Nuri Cemil baktı kadife vagonun penceresinden :
bir nefer duruyordu altında pencerenin
                                        Ahmet Onbaşı.
Bir fıkra mevzuu geldi Nuri Cemil'in aklına :
"Harp meydanı bir demirci ocağıdır,
 Milletler çelikleşmek için geçmeli ordan..."
                                                  diye yazacaktı.
Halbuki kendisi bu ocaktan geçmemiş
                                        ve geçmeyecekti.
Çünkü — güldü — topaldı çok şükür.

Karşıda
yataklı vagondan indi Tahsin :
                        ela gözlerin en renklisini taşıyan
                                              mebus doktor.
Nuri Cemil
Ahmet Onbaşının
                  (Balkan Harbi'nde giden
                          Seferberlikte giden
                                Yunan Harbi'nde giden Ahmet Onbaşının)
                                              tepesinden gördü onu.
Silindi birdenbire gülümsemesi.
"Neden güldüğümü anladı Tahsin,
                        bütün dünya anlayacak..."
Ve bir rüya hızıyla ancak,
düşünmekle düşünmemek arasında,
mantıklı ve mantıksız,
                  korku düştü içine.
Bir suç deliliymiş gibi topal bacağına baktı...
Ve sanki onu gizlemek isteyerek
hışımla üstüne basıp kalktı.
Hıncı nefsineydi şimdi.
Pencerenin önünde durdu.
Kendini Tahsin'e ve bütün dünyaya göstermek istiyordu.
Eğildi.

Ahmet Onbaşının omzuna vurdu :
"— Benden bir cıgara yak asker." Ahmet
Onbaşı şaşmadı bu ikrama.
Yorgun.
Baktı
        penceredeki adama.
Aldı cıgarayı :
"— Sağ ol beyim," dedi.
Nuri Cemil
yanaklarından çenesine iki çizgi
                yüzü yeşil
                        oturdu kırmızı kadifelere.
Birdenbire bezgin,
usanmış,
yumdu gözlerini.

Garın büfesinde Hasan Şevket
hep aynı masada, hep aynı dilim beyaz peynir :
                        heder olmuş bir mehtap âlemi gibi tabakta duran.
Eh,
rakı altıncı kadeh.
Hep aynı dilim beyaz peynir.
Dünyaya bir kerre gelinir.
Bir yol olsa dümdüz,
bir yol olsa uçsuz bucaksız,
        kavaklar iki yanda.
Genç olsan, ama olmadığın gibi, ama dehşetli genç, koşsan alabildiğine
geçse dünyalar uçaraktan.
Eh,
yedinci kadeh.
Hep aynı dilim beyaz peynir.
Bu sesler nereden gelir?
Bu sesler nereye gider?
Bir kerre bir yerde bir mehtap oldu heder.
Bir idi bir dahi gelmez.

Tabakta el sürülmemiş dururken beyaz peynirin tadı
şimendifer garında seyretmek hayatı.
Hasan Şevket
yedinci kadehini hep aynı dilim beyaz peynirle içiyordu
ve garın saatı
on sekizi kırk sekiz geçiyordu.

Uyuyordu Nuri Cemil
sapsarı alnının ortasında bir tahtakurusuyla...
Vagonda çıt yok.
Kan kokusu gibi bir şey.
Kilitli bir kasap dükkânından bir manzara,
bir kokulu rüya memleketi eski kırmızı kadifeler.
Uyuyordu Nuri Cemil
ufacık
küçücük
uyuyor.

Bir dostu geldi masasına Hasan Şevket'in,
nasıl, ne zaman tanışıldığı,
son defa nerde, ne konuşulduğu,
hatta adı bile hatırlanamayan dostlardan biri.
Hasan Şevket'in aklında yalnız bir şey kalmıştı ondan :
rugan iskarpinlerinde baş parmaklarının fırlak kemikleri.
Hasan Şevket'in dostu
anlatıyordu :
"— Ben Allah diyorum,
siz tabiat deyiniz.
Bir müntekim
bir mânevi kuvvet var, beyim.
Ah ü enin ile kuruldu Avrupa
ah ü enin ile yıkılıyor.
Harcı göz yaşıyla yuğrulan yapıdan
hayır gelmez.
Zalim babanın evladı çeker.

Mesela, bizim İznik derebeylerinin
perişan
sürünüyor bugün çocukları,
kiminin parasıyla beraber aklını aldı Allah,
siz, tabiat deyiniz.
Ali Paşanın oğlu :
Bir çiftlikleri vardı beyim,
beygirle on saatta gidilirdi bir ucundan bir ucuna.
Bursa'da hamamlar.
Ali Paşa seksen pare köye hükmedermiş.
Paşalığı zorla almış derler Albülhamit'ten.
Bursa'da, bazı eski kebapçılarda filan
hâlâ fotoğrafları vardır :
yakasız mintan,
içi kurt postu kısa gocuk,
çizmeler,
yerli, şayak pantol,
fakat külot değil.
Dev gibi dayanmış av tüfengine,
açmış gözlerini insanı yiyecek gibi
duruyor.
Fakat bu heybet o fotoğraflarda kaldı yalnız.
Ali Paşaların emvali ve nam ü şanı gibi
onlar da yakında çekilir ortadan.
Küçük kızı daha Mütarekede fahişe olduydu.
Yunan zabitleriyle Beyoğlu'na düştü.
Dedim ya, bir oğlu yaşıyor şimdi,
son kalan konakta.
Konak belki kırk odalı
harabezar
her tarafı dökülüyor.
Bu harabezarda kukumav kuşu gibi tek başına herif,
sarsak
bütün vücudu titrer
bekliyor öyle bir koyun postu üzerinde.
Konu komşu önüne ekmek atmasalar
acından ölecek.

Bir maneviyat var,
ben Allah diyorum, beyim,
siz tabiat deyiniz."
Hasan Şevket sözünü kesti dostunun :
"— Ben ne Allah diyorum,
ne maneviyat
ne tabiat.
Ben hiçbir şey demiyorum.
Şu tabakta bir dilim beyaz peynir var
ben onu bile yemiyorum
yiyemiyorum yani...
İkinci dilime çıkışmıyor param.
Ne zalimdi, ne de derebeyiydi babam.
Avrupa'nın yıkılması da umrumda değil.
Biz de beraber yıkılalım
bir an evvel
biz de beraber.
Söyleyecek ne kadar güzel sözlerim vardı insanlara
bana hiçbirini söyletmediler.
Hep aynı bokun soyudur en kötünüz, en iyiniz.
Bir tek dilim peynirimi
size ikram ediyorum,
buyrun
yiyiniz..."

Ve Hasan Şevket sürdü peynir tabağını
dostunun önüne...

Peron.
Üniformalı bir başkomiser geçti perondan
büyük kapılara doğru
koşar adım
fakat dimdik.

Ne zaman bir yerde koşsa bir polis
pek önemli ihtimaller gelir akla.

Ve yalnız polislerin memurluk şerefi küçülmüş sayılmıyor
                                                    koşmakla, sıçramakla.

Bir teğmen
bir şeyler söyledi kulağına bir binbaşının.
Binbaşı yürüdü büyük kapılardan yana.
Olduğu yerde kaldı teğmen.
Yeni yağlanmış bir nagant namlusu gibi parlak.

Peronda çoğaldı birdenbire taharri memurları.
Şapkaları ve kulakları bir örnek.
O kadar belli olmamak istiyorlar ki
                                          derhal belli oluyorlar.

Şef istasyon, işletme müfettişiyle konuşuyor,
                                       telaşlı ikisi de.

Büyük kapının yanında duran insan
                                                geçti soldan sağa.

Kısa boylu, şişman.
Çıkardı şapkasını.
Ceketini ilikledi.
Kavuşturdu ellerini göbeğinin üzerinde.
Boynunu büktü.
Bekledi.

Ahmet Onbaşı
      (üç harpten gelen
              ve "Ha dayan hemşerim sonuna vardık"
                                        sözüyle meşhur olan Ahmet Onbaşı)
      önündeydi hâlâ banliyö treninin
      ve Nuri Cemil'in cıgarasını bitirmemişti hâlâ.
Yorgunluğunu bir ihtiyar arkadaş gibi dinlendire dinlendire
kestane rengi gözlerini eğlendire eğlendire
                                      bakıyordu olup bitenlere.

Ve Ahmet Onbaşı ki görebilir
tel örgülerin ötesinde donmuş duran karanlığın kıvıltısını
seziyordu bir şeylerin döndüğünü ortalıkta.

Birdenbire bir telaş oldu kalabalıkta.
Büyük kapıdan başlayarak
tıpaları çekilen şişeler gibi insanlar
şapkalarını çıkarıp
eğildiler.
Hazindi manzara.
Büyük kapıdan en önde bir adam girdi gara.
Sanki kapıdan girmedi de
eğilen çıplak başlara
geniş mermer bir merdivenden indi.
Halbuki yüzüne bakılınca yakından
terbiyeli bir insana benziyor.
Kibirsiz,
belki cesur,
hatta iradesiz bir insan.
Burnu yuvarlak
ve fazla içtiğinden
kırmızıydı biraz.
Yanaklar buruşuk
etli
bembeyaz.
Ve sonra sabırlı, ihtiyar şimal kadınlarının
renksiz gözleri.
Sessiz yürüyordu.
Ve dinliyordu nazik bir ilgisizlikle
aşağıdan yukardakine :
kendine doğru fısıldanan sözleri.

"Telaşe bu yüzdenmiş," diye düşündü Ahmet Onbaşı,
"Mayeti kalabalık,
Bu da kim ki acep?
Herhal büyüklerden."

Güldü kendi kendine,
tuhaf bir şey gelmişti aklına :
"Hey cahil köylü,
bizim ordan Ali görse bunu
nahiye müdürü beller.
Halbuysa herif validen büyük,
mebus da değil.
Mebusdan hızlıdır vali.
Bu, vekillerden olacak.
İyi, güzel etekliyorlar.
Bana sorsan
insanoğlu secdeden gayri yerde
böyle eğilmemeli.
Fakat askerlik etmemiş, belli.
Etmişse de yedek subaymış herhal.
Komutan teftişte böyle mi yürür?
Bu yedeklerin tokadı bile nafiledir.
Askerlik dedin miydi
yürüyüş : bir,
tokat : iki,
yiğitlik : üç
sert olacak.
Harp edilmeden de yiğitlik mümkün.
Bu seferkisi tamamdır artık.
Ha dayan hemşerim sonuna vardık."
Ahmet Onbaşı yine güldü içinden.
Fakat birdenbire yüz adım mesafede
üç demir iki yıldız gördü.
Ansızın peyda oluvermiş
ve gelene doğru gidiyordu.
Ahmet Onbaşının
kırılan bir cam gibi tuz buz oldu içinde gülümsemesi.
Derhal esas vaziyeti aldı.
Selam durdu.
Ve dahilî hizmet nizamnamesine uyarak
hiçbir şey düşünmedi artık.

Uğurlanan "büyüklerden" insan
biraz ilersinde yataklı vagonun
etrafındakilerin ortasında
aynı nazik ilgisizliğin içindeydi.

Burhan Özedar
büyüklerden insana bir şeyler anlatıyor.
Burhan Özedar
güvenle oturtmuş gövdesini
açık, uzun, kalın bacaklarının üzerine.
Tüylü ellerinin hareketleri rahat ve ağır.
Sol gözünü kırpıyordu arasıra,
fakat hiçbir şey yoktu bu kırpışta kurnazlığa dair,
bir hastalık belki.
Burhan Özedar
1300 tarihlerinde Sıvas şehrinde doğdu.
Kemankeşzade diye anılırdı
soyadı çıkmadan önce.
Rahmetli babası kervancı Osman Ağadır :
Karahisar'da toprak.
Sıvas'ta iki mağaza
150 katır.
Burhan 1320'de rüştiyeyi bitirdi.
Seferberlik'te katırları askere aldılar.
Üç kerre bedel verdi : 330'dan 34'e kadar.
Babası yetmiş yaşında öldü.
Mütareke-İstanbul.
Burhan'ın 25 altını vardır
ve Rumların elindedir
Anadolu'nun cıgara kâatları.
Yaşasın Millîciler :
Büyük Millet Meclisi'ne istida verdi Burhan.
Cıgara kâatları ay yıldızlıdır artık.
Sermaye yine Rumlardan,
Burhan ortak.

İlk partinin sevkiyatı :
1337.
İlk apartıman :
                1340.
Sıvaslı Ahmet Paşa Camii'ni tamir :
                                        1341.
(Bu Sıvaslı paşa bilmem hangi padişahın devrinde
                        bilmem hangi palangayı almıştı Nemselilerden.)
1342'de Burhan
        on yataklı hastane pavyonu yaptırdı.
Aynı yıl ikinci apartıman.
Demiryolu inşaatı :
                    925'ten 34'e 800 kilometre.
35'te filim çevirmek fikri
                        Sıvaslı Ahmet Paşaya dair.
36'da demir soba fabrikası.
Aynı yılın içinde
                ilk forması neşredildi Sıvaslı Ahmet Paşa tarihinin.
37'de maden arattı Erzurum dağlarında.
Şimendifer vagonu atölyesi — 1938.
39'da oğlu Berlin'den dönüyor
                        inşaat mühendisi olarak.
Ertesi yıl kadınlar Sıvas'a gönderildi :
                        Sıvas uzak
                                    ve emin yerdir.
Burhan içki içmez.
Harama uçkur çözmedi bir kerre bile.
Kendi giderse de ev halkı baloya gitmezler.
Kızı Amerikan Koleji'nde okumuştur.
Bereden başka şapka giymez fakat.
Burhan Özedar
        Amerikan dolarıyla milyonerdir.
Ve bu yıl
    yeniden yazılan vasiyetnamede
                        servetinin yarısı evlad ü ayaline kalacak
                                            yarısı emrü hayre.

Eski vasiyetnamede halbuki
(1931'de yazılan)
servetinin dörtte üçüydü emrü hayre kalan.
Bazan onun
en yakınlarını bile şaşırtacak kadar çıplak
ve yalansız zamanları vardı.
Böyle zamanlarında sol gözünü daha sık sık
ve ağlayacakmış da bunu önlemek istiyormuş gibi kırpardı.
Bir sabah
başmühendisinin odasına girip
damdan düşer gibi başladı söze :
"— Ben vasiyetnamemi değiştirdim.
Hesap vermeye mecbur değilim size.
Bu benim şahsî işim.
Bu işte hiç kimse benden hesap isteyemez,
Cenabı Haktan gayri.
Ama insanlar bir tuhaf,
yahut ben bir tuhafım.
Bir şey tıkandı şurama,
söylemesem beni boğacak.
Büyük parayı alnının teriyle kazanamazsın.
Başkalarını bilmem,
benimkinin temelinde alın terim yok.
İlk zamanlar bu daha ayan beyan malumdu bana.
Sonra unutmaya başladım yavaş yavaş,
yahut unutmak istedik.
Dünya bu,
insan yürür, yükselir, çıkar yokuşu,
gayrı öyle olur ki
ilk hareket noktasına bir daha dönüp bakmaz.
Bizi yedi kat yerin dibinden alıp sırtında götürürken zümrüdü an-
ka kuşu
budumuzdan et kesip veririz.
Sonra Kafdağı'na ulaştık mıydı
kuş unutulur
biz buraya say-i zatîmizle çıktık, deriz.

Say-i zatî : budumuzdan kestiğimiz et?
Halbuki kuş onu bile yemedi
dayandı aç bi-ilaç seni yükseltmek için.
Verdi sana et parçanı gerisin geriye.
İşte böyle, beyim.
Ha, dün bana iki usta tesviyeci geldi,
size gönderdim.
Sıkı bir imtihan edip alın.
Ha, sonra atölyede iş saatlarını
beşer dakka, beşer dakka uzatın biraz.
Haydi, şimdilik hoşça kalın."

Ve o gün akşama kadar
sol gözü açılıp kapandı Burhan'ın
arasız
ıslak.

Anadolu Sürat Katarı'na bindiler :
uğurlanan büyüklerden insan,
iki yıldız üç demir,
Tahsin (Mebus-Doktor)
ve Burhan Özedar.
Uğurlayanlar başlarını biraz daha eğdi.
Ve karşıda Ahmet Onbaşı
hâlâ esas vaziyetteydi.
Fakat düşünüyordu artık :
"Ha dayan hemşerim sonuna vardık"....

Garın saatı on sekizi elli sekiz geçiyordu.
Tam saatın altında bir kadın var.
(Ne güzel, ne çirkin)
güzelleşiyor.
(Ne genç, ne ihtiyar)
gençleşiyor.
(Gözleri dalgın)
gözleri dalgın

fakat bu dalgınlıkta etin mukaddes isteği.
(Dudakları kısılmış)
aralandı dudakları.
(Müthiş bir şeye karar vermişe benziyor).
Deminden beri furgona eşya yükleyip
şimdi terini silen
genç hamala bakmaktadır.
Delikanlının belden yukarsı çıplak.
Demin sıyırıp attı gömleğini.
Kolları esmer, adaleli, kalın.
Geniş göğsü kıl içinde.
Dudakları etli.
Burnu şahane.
Ağır denkleri kucaklarken
ağır denkleri kucaklayıp kaldırırken havaya
kaldırırken havaya
dar kalçalarıyla sinirli, uzun bacakları nasıl da yaylanıp geriliyordu.
Bu hamalla bir kerre yatmak
ve bağıra bağıra
bir, on,
yüz,
bin çocuk doğurmak ondan :
esmer, kumral, kızıl, sarı.

Garın saatı on dokuzdu.
Kalktı Anadolu Sürat Katarı.

II

Akşam oldu yüce dağlar.
Uzaklar seçilmiyor,
gönüldür geçilmiyor.
Akşam oldu yakamadım gazimi.
Gök dağlar morardı, gel.
Akşam oldu gün battı.
Akşam oldu yine garip olana.
Akşam oldu neyleyim?
Akşam oldu yine bastı kareler.
Akşamın vakti geçti.

Anadolu Sürat Katarı aktı geçti...

Ay doğar aşmak ister,
yare kavuşmak ister.
Ay doğar ayan ayan.
Ay doğar çini mini.
Ay doğar ayazlanır,
ortalık beyazlanır.

Beyazlandı ortalık.
Koşuyor ayın altında Anadolu Sürat Katarı :
ışıklar maskelenmiş,
dışardan bakılınca
mavi bir cam gibi karanlık.
Halbuki bir turunç şerbeti rengindedir içerisi yemekli vagonun.
Birinci masada büyüklerden insan oturuyordu,
iki yıldız üç demir yanında onun
ve karşıda Tahsin'le Burhan.

Burhan'dı konuşan :
"— Köylüye bir örnek elbise giydirmeli
ucuz
sağlam.
Herifler evvela, çıplak.
Ben bir proje hazırladım
sizin
yani devletin kumaş fabrikalarına...
Kafaları bu işe yatmazsa müşavir beylerle müdür beylerinizin,
devlet kapısında pireyi deve yaparlar,
ihale edin bana,
bunu da üzerime alırım ben.
Fakat sıkı bir kanun isterim.
Bizim çıplaklar dangalaktır
zorla giydirilmeli."

Tahsin'in
(Mebus-Doktor)
şarap şişesine uzandı eli.
Narin uzun şişede Kavaklıdere şarabı.
Ankara'da bir Macar çıkarıyordu bunu.
Ren şaraplarına benzer.
Rengi açık sarı, ama çok açık altın sarısıdır,
erimiş pırlanta gibi bir şey.
İçimi hafif
ince
ve sekle dömi sek arasıdır.
Şarabı kristal bardağa döktü Tahsin,
ve berrak bir havada
bir şafak başlangıcı seyreder gibi bardağa baktı.
Ve yumuşak sesinde alaycı bir eda :
"— Burhan Beyim," dedi,
"bu elbise işine çoktan başlandı sanıyorum,
Sümerbank
yani bizim
yani devletimizin bir bankası tarafından."

"— Sümerbank'ınkiler metelik etmez.
Alıp giymiyor köylü.
Hem, benim dediğim..."
"— Anlıyorum, Burhan Beyim
üniforma gibi bir şey istiyorsunuz."
"— Evet.
Üniforma gibi sağlam ve zorla giyilecek."

Üç demir iki yıldız karıştı söze
(altmış yaşlarındaydı, kısa boylu
ve incecik sesini kalınlaştırmak isteyen bir insandı) :
"— Bir noktaya dikkat buyrulsun efendiler :
elbiseler verilmiş bazı odacılara
gördüm,
tefriki mümkün değil bir subayımızla bir odacının
elli adımdan.
Böyle bir hataya düşmemeli bu sefer."

Tahsin bardaktan içti bir yudum :
"— Bizim İnhisarlar daha bu ayar şarap çıkaramıyor,
çıkaracak fakat.
Hatta Şato İkem şarabından daha incesini çıkaracağız.
(Burhan'a döndü) :
Sümerbank'ın elbiseleri belki mükemmel değildir henüz,
fakat olacak.
Ama köylüye hep bir örnek
zorla elbise giydirmek
bu olmaz."
Burhan Özedar sol gözünü kırpmadan sordu :
"— Neden?
Şapkayı zorla giymedik mi?"
"— Orda zorlamak inkılaptı,
burda zorlamak irticadır.
Ve her nedense iş adamlarımızda
bir güvensizlik var devletçiliğimize.
Halbuki devlet size destek oluyor."

"— Biz de ona oluyoruz."
Tahsin cevaba hazırlanırken
büyüklerden insan konuştu yavaşça :
"— Mesele kalmadı demek."
Bir şeylere küsmüş gibi söylemişti bunu.
Yüreğine bir mahzunluk düştü Tahsin'in,
bir başka insan geldi aklına :
ölmüştü.
Bir başka sofra :
dağılmıştı.
Düşündü Tahsin :
"Muzaffer bir insandı ölen :
nefsinden başka hiç kimseye güvenmeyen
muzaffer ve muazzam bir kumarbaz.
Alaycıydı, kavgacıydı, kurnaz ve hükmediciydi.
Ben gelmiş olduğum yere onun eliyle gelmiş olmama rağmen
(o kadar ağır pençeliydi ki)
kaç kerre ölmesini istedim.
Sanıyordum ki zindanım yıkılacak
sofrası yıkılırsa.
Öldü.
Yıkıldı sofrası.
Fakat misafirleri onun yanına gömdüler
kendilerinde muzaffer olan ne varsa.
Ben ne kadar ihtiyarlamış olduğumu
onun öldüğü gün anladım."

Tabağına mantarlı file-minyondan aldı Tahsin.
Ve kızarmış ekmeğin üzerindeki eti keserken
büyüklerden insana bakıp düşündü :
"Bu niçin onun gibi değil.
Arkadaştılar.
İşe beraber başladılar.
Bu onun yerini bile alamadı.
Nasıl ıstırap çekiyor, anlıyorum.
Hepimize, bütün dünyaya küskün.

Ne iyiliği dokunsun istiyor artık kimseye, ne kötülüğü.
Ne korkunç şey bu ilgisizliği.
Simsiyah bir kurt kımıldanıyor
                    bu pembe beyaz, tombul gövdenin içinde.
Ve bunun acısı kendine yalnız.
                              Bize ne?
Fakat neden muzaffer olamadı?
Neyi eksik bu adamın?
Belki kâfi derecede hergele değil."

Ansızın yirmi beş yıl önceki bir geceyi gördü Tahsin :
"Bir erkek bir kadını kucaklıyor.
 Sırtüstü, yüzükoyun, tüylü bir halının üzerindeler.
 Kadının çıplak omuzları esmer,
                                        eti sıcak.
 Gaz lambası söndü.
 Kadın bir kerre balık gibi döndü
 sonra teslim olurken yükseldi kulağına erkeğin
                                        bir solukta nefretle fısıldadı :
                                                                  HERGELE...
 Kadının kalbi erkeğin altında ayrı, ikinci bir vücut gibi atıyordu.
 Ve bitişik odada
                         kadının kocası
                                             ölüm döşeğinde hasta yatıyordu.
 Hergele bendim.
 En yakın dostumdu ölüm döşeğinde yatan.
 Üç gün sonra öldü zaten.
 Ama şimdi bütün bunlar neden?
 Akıl ermez bu melun hafızanın işine..."
Tahsin'in buruştu yüzü :
mantarlı file-minyonun salçası kaçmıştı çürük dişine.

Üç demir iki yıldıza sordu Burhan Özedar :
"— Sıvaslı Ahmet Paşa tarihini okudunuz mu, paşam?
    Bizim Sıvaslı Ahmet Paşa için yazdırılmıştır?"
"— Okumadım."

"— Bir nüsha takdim ederim.
Fakat Ahmet Paşayı tanırsınız, değil mi, paşam?"
Birasının köpüğüyle meşguldü üç demir iki yıldız,
boş bulundu :
"— Hayır, tanımam, hangi Ahmet Paşa bu?
Bizim sınıfta bir Ahmet Sıvas vardı,
yüzbaşıyken şehit düştü Balkan Harbinde..."

Şaşırdı Burhan.
Kocaman gövdesi ufaldı, büzüldü.
Yuvarlak burnunu kaşıdı büyüklerden insan.
O çocukluğundan beri böyle yapardı başkasının hesabına utandığı zaman.
Tahsin'in siyah bıyıkları güldü :
"— Bu Sıvaslı paşa eski Osmanlılardan olacak," dedi,
"Yavuz devrinde filan..."
Birdenbire doğruldu Burhan :
"— Hangi Yavuz devri, Tahsin Bey?
Kanunî Sultan Süleyman'ın en yiğit askerlerinden.
Devşirme değil, cetbecet Türk,
özüm gibi halis Sıvaslı,
aslan gibi kumandan."
Üç demir iki yıldız konuştu bu sefer kesin olarak, ipince
sesini kalınlaştırmaya lüzum görmeden :
"— Tanımıyorum.
Harp tarihimizde adı geçmez böyle bir komutanın."
Üç demir iki yıldıza bakıp düşündü Tahsin :
"Neden işi alaya döküp
geri çekilmiyor.
Cesareti askerce de ondan mı?"

Dudakları kanıyormuş gibi konuşuyordu Burhan :
"— Bugün çocuklara okutulan tarihler gibiymiş
yeni harp tarihlerimiz de, paşam.
Fatihleri, Selimleri, Süleymanları bile inkâr edeceğiz.
Çocukların haberi yok koskoca Osmanlı İmparatorluğu'ndan.

Padişah dendi mi umacı sanıyorlar.
Bana öyle geliyor ki yıkacağımız kadar yıktık,
burda durmalıyız,
yeter artık.
Demokratlıkta İngilizden ileri gitmeye lüzum yok,
anane kuvvetine bakın heriflerde.
Biz mevlut okumayı unuttuk.
İnkılapsa yaptık, kâfi.
Biraz da maziye sarılıp kökleşelim.
Çocuklarımızın rüyasına
şahane heybetiyle girmeli Yavuz Sultan Selim."
Heyecanlandı üç demir iki yıldız :
"— Bu fikirlerinize iştirak ederim,
haklısınız..."
Konuştu büyüklerden insan :
"— Mesele kalmadı demek..."

Tahsin düşündü :
"— Başka bir devre giriyoruz,
yorulduk..."
Yine çöktü içine o deminki mahzunluk.
Kaşıkladı kompostosunu
ve gözlerini kırpıştırıp
ilerdeki masaya baktı :
orda üç kişiydiler :
Mösyö Düval
Cazibe Hanım
Osman Necip.
Tahsin'in ahbabıydı üçü de.
Osman Necip büyük aydınlardandı.
Tahsin'in kendine baktığını gördü.
Gülümsedi belli belirsiz.
Esner gibi uzattı kolunu sonra,
maden suyu şişesini aldı Cazibe'nin önünden
ve kaldırıp şişeyi yumuşak salıntılarla
döktü suyu bardağına bayanın.

Osman Necip kolları ve bacakları çok uzun bir adamdı.
Her yerde, her zaman
        insan berrak ve derin bir suyun içinde görürdü Osman Necip'i :
orda tembel bir deniz mahluku gibi
                                    rehavetli ve ağır
                                                    kımıldanır.
O kadar uzar ve yumuşardı ki hareketleri bazan
siz seyrederken onu
kansız
        soğuk
                iğrenç bir şeylerin sarıldığını duyardınız etinize.
Onu bir parça daha hızlı
                bir parça daha insanca kımıldatmak için
                                                                kamçılamak.
Osman Necip çalıştığı yere geldiği günler
(az gelir, nadiren çalışırdı)
            düşerdi gölgesi yapının içine
                                    kemiksiz ve kederli.
Ve kendi kendini odasına kilitlerdi Osman Necip.
Koltuğunda arka üstü devrilip
                            uzun bacaklarını masanın kristaline koyardı.
İmzalı fotoğraflar vardı duvarlarda :
            Gökalp
                Talat Paşa
                            Atatürk ve İnönü.
Necip öyle olduğu yerde saatlarca kımıldanmadan
gözleri yarı açık
        duvarları seyrederdi.
Hocasıydı Ziya Gökalp.
Dürkhaym'ın adını ilkönce ondan duydu.
Talat Paşanın emriyle aldı tahsisatı mestureden ilk yardımı.
Mustafa Kemal'di yükselten onu,
ve İnönü'ydü elinden tutan.
Osman Necip hepsine karşı saygılı ve kibar
fakat içinin içinden hepsiyle alay etti.
Gökalp lüzumundan fazla hantaldı Osman Necip'e göre,

Talat Paşa lüzumundan fazla kabadayı ve cahil,
lüzumundan fazla hareketliydi Mustafa Kemal
ve İnönü lüzumundan fazla inatçı ve perhizsever.
Ve dördü de
            (Osman Necip böyle düşünürdü)
          büyük bir ciddiyetle bir şeylere gerçekten inanmış
                                    ve dövüşmüşlerdi.
Halbuki bu dünyada hiçbir şey yoktu
                          (Osman Necip için)
                            gerçekten
                                ciddiyetle inanılmaya değer.
Kızmak, kıskanmak, inat etmek ve dövüşmek,
gülmek kahkahalarla ve ağlamak hıçkıra hıçkıra
                              (Osman Necip'e göre)
                                  boş ve gülünç şey.
Gürültüsüz, rehavetle
zahmetsiz gelen para
            zahmetsiz gelip giden kadın,
                  otomobil, kalorifer
                  ve alay ettiğini göstermeden gülen gözler
                               (Osman Necip için)
                           altmış senelik ömre yeter.
Gerisi laf ü güzaf,
        (Osman Necip böyle düşünürdü).
Dünyaya bir defa geleceğiz
           ölümü istediğimiz kadar düşünmeyelim
                               öleceğiz.

Osman Necip'in karısı durmadan aldattı onu.
Osman Necip bunu bilir.
Âşıklar evin sofrasında resmen otururlar.
Ve akşam yemeğinden sonra Osman Necip rehavetle içerken purosunu
artık ihtiyarlayan karısı
              (fakat bacakları hâlâ harikulade güzeldir)
           küçük salonda âşığıyla kavga eder.

Ve güler alaycı gözleri Osman Necip'in,
güler,
gülüşlerini belirtmeden.
Osman Necip'in metresleri vardır.
Her yıl eskisi gider
her yıl Avrupa'dan yenisi gelir.
Bu işte bilhassa İsviçre mamulatı kullanır Osman Necip.
Onlar güzel, sıhhatli ve ihtirassız oluyorlar,
kolayca kurulan bir saat gibi işlemesini biliyorlar.

Yemekli vagon ısınmıştı iyice
pencereler açılamadığından.
Ve havada ispirto
alafıranga yemek
pudra ve istim kokusu vardı.
Bir operet dekorundanmış gibiydiler küçük kırmızı abajurlar
sevinçli
sahte
lirik.
Fıransızca konuşuyorlardı Mösyö Düval'le Cazibe Hanım.
On dakikadan beri ufacık bir portakalı soyup
dinliyordu Osman Necip.
Zengin Osmanlılar
fildişi âletler kullanırlardı sırtlarını kaşımak için :
bunlar, başlarında el gibi bir şeyler olan
ince uzun sapları işlenmiş kaşıklardı.
O kaşıklara benziyordu Cazibe Hanım :
fildişi gibi sarı-beyaz;
kaşık sapı gibi ince uzun ve göğüssüz
ve küçük kafası o el gibi bir şeylerin tıpkısıydı.
Ressam Ömer Paşa kerimesiydi Cazibe Hanım.
1310'da doğdu :
Kandilli. Boğaziçi. İstanbul.
Bir yaşında Sultan sarayına götürüldü.
Babası resmini yaptı üç yaşında.
318'de piyanoya başladı.

On yaşında Fıransızca konuştu.
On beşinden yirmisine kadar :
"Kandilli yüzerken uykularda
mehtabı sürükledi sularda."
Evlendi. (331).
Kocası Hariciyede Müfit Beydir.
1332 — Viyana.
35'te İstanbul'a döndüler.
1336 — Paris.
38'de Ankara'yı ziyaret.
Aynı yıl Berlin.
Berlin'de dört sene.
926 — Tokyo.
Tokyo'da iki sene.
Ankara'yı ziyaret,
(1928).
929'da Roma'ya doğru.
Akdeniz,
Loyd Triyestino.
Müfit Bey yolda sekteden öldü.
İstanbul'a avdet.
Cenaze merasimi
(gözyaşları ve beyaz eldivenli polisler arasında.)
1930'un sonuna kadar
hatıralar.
31'in yıl başında evlendi
banka memurlarından Şefik Beyle.
Kocası kendinden küçüktür biraz.

Nihayet portakalı soyabildi Osman Necip.
Portakalı soymuş olmasından
kendinden
ve dünyadan memnundu.
Kemikli
uzun
ve hemen bükülecekmiş gibi yumuşak parmaklarının üzerinde

İsviçreli metresleri gibi uslu ve sarışın duruyordu çıplak portakal.
Gülümsedi Osman Necip belli belirsiz.
Nice'de Düşes do Rohan'ın bir öğle yemeğini anlatıyor
Mösyö Düval'e Cazibe Hanım.
Tek parmakla çalınan piyano sesleri gibi geliyor Osman Necip'e
yemek isimleri
ve kelimeler :
" . . . . Langust ala morney . . .
Şevröy ala sentüber . . .
. . . . setün bonör . . . .
. . . . delis . . . . koze . . . .
Sos grand vönör.
Şampayn roze . . . . ."

Terbiyeli
ve biraz mahzun
dinliyordu Mösyö Düval.
Kumral
güzel
iri bir adamdı.

III

Bembeyaz bir gece geçiyordu mavi camların dışından.
Ay vardı, deniz vardı dışarda
dışarda bir bahtiyarlıktı ayın altındaki toprak.
Farkında değildi bunun yemekli vagonda mavi camların içindekiler.

İki adam oturuyor en dipteki masada.
Elbiseleri siyah.
Biri sarışın, biri esmer.
Esmeri, Mösyö Düval'i gösterdi :
"— Şu Fıransızı....."

Dışarda ay vardı, deniz vardı, dışarda bir rüya yelkenlisi vardı denizin üzerinde.

"— ...tanıyor musunuz?"
"— Hangi Fıransız?"
"— Osman Necip'in masasındaki,
Mösyö Düval dö Tor.
Mülti milyonerdir.
Luvar nehri üzerinde nefis bir şatosu var,
halis Ortaçağ yapısı."
"— Şimdi Alamanlar yerleşmiştir içine."
"— Belki, ama ne çıkar.
Herif burdan telgırafla
sütünü taahhüt etti bir Alaman kolordusunun."
"— Sütü bizden mi alacak?"
"— Yok canım
Fıransa'daki çiftliklerinden."
"— Düşmanlarını sütle besliyor demek?"

"— Yok canım
para kazanıyor."

Dışarda bir bahtiyarlıktı ayın altındaki dünya.

"— Ne zamandan beri bizde bu herif?"
"— On beş senedir gelir gider.
Yakın ve orta şarkla iş yapan bir şirketin reisi.
Bizde çimento, pamuk ve barutla uğraştılar.
Elektrik çıkarmak istediler Sakarya'dan
ve merinos yetiştirmek Dalaman çiftliğinde.
Ankara'nın en büyük oteli onlarındır.
Fakat devlet baruta el koydu
inhisar.
Devlet aldı üzerine merinos işini
Bursa'da siyah damlı, sarı, uzun bir fabrikası var.
Sakarya'dan elektrik
hâlâ bir öntasarı.
Ve Ziraat Bankası'na geçti pamukları."
"— Ne kaldı bunlara?"
"— Çimento ve otel.
Müthiş para kırıyorlar.
Harp kapımızdadır.
Müstahkem hatlarda çimentonun
diplomaside otelin rolü büyük."

Dışarda ay vardı, deniz vardı, dışarda bir rüya yelkenlisi vardı denizin üzerinde :
insana yalnız büyük
şefkatli
güzel şeyler düşündüren.
Dışarda denizin kıyısında
kırların ve ağaçların dünyası.

"— Bu Mösyö Düval Osman Necip'in dostu mudur?"

"— Dostu yoktur Osman Necip'in,
sadece para alır Düval'in şirketinden."
"— Tahsin'le Düval tanışırlar mı?"
"— Bebek'teki villasının çimentosunu Düval'den aldı Tahsin
tek metelik vermeden
haraç."
Dışarda ayın altında
kıyısında denizin
yapraklar ve kuşlarla yüklüydü bir ağaç.

"— Biraz mahzun duruyor sizin Mösyö Düval."
"— Yine bir türlü doğmayan çocuğunu düşünüyordur.
Karısı kısır.
Herif dehşetli Katolik.
Karıyı boşayamıyor.
Hüzünlü bir şey olsa gerek
giderken bu dünyada milyonlar bırakıp
bir tek çocuk bırakamamak."

Bembeyaz bir gece geçiyordu mavi camların dışından.
Farkında değildi mavi camların içindekiler.

Bir tuhaf güldü siyah elbiselerin esmeri.
Sivri burnu kısıldı yukarı doğru.
Sordu arkadaşına :
"— Mösyö Düval'in masasında kaç kişi var?"
"— Üç."
"— Hayır, dört.
Düval, bir,
Cazibe, iki,
Osman Necip, üç.
Ve Şinasi Bey dört.
Fakat siz Şinasi Beyi göremezsiniz
çünkü vefat etmiştir kendileri.
Kendileri kendi elleriyle öldüler
bembeyaz şakaklarına bir kurşun sıkıp.

Altmış yaşındaydı ölen.
İhtiyar bir insanın intiharı
ihtiyar bir insanın ağlamasına benzer,
ikisi de kepazece yeisli bir şey.
Eski Şûrayı Devlet azasındandı Şinasi Bey.
Aynı zamanda eski süferadan.
Onu barut işinin idare meclisine aldı Düval
(yanlış bir hesapla
bizde yeni insanların geldiğini düşünmeden),
sonra barut inhisara geçti.
Şinasi Beyi başından attı Düval
(doğru bir hesapla
bizde yeni insanların geldiğini anlayarak.)
Fakat bu doğru hesap Şinasi Beye bir parça yanlış görünür.
Ve bir sabah
şafak
bummm.....
Şinasi Bey sizlere ömür.
Diyorlar ki odasına kapanıp merhum
ta be sabah o gece
Ayda operasını çalmış gramofonda."

Ay ışığında karanlık bir tiren geçiyordu,
karanlık bir tiren.
Yalnız lokomotifin tekerlekleri arasından düşen
ateş parçaları
kıvılcımlar.

Siyah elbiselerin sarışını sordu esmerine :
"— Şu bodur, şişman, kıllı adam kim?
Gözleri yağlı zeytin tanelerine benzeyen?
Ne kadar telaşla konuşuyor."
"— Gördüm.
Kasım Ahmedof.
Mülteci Azeri kardeşlerimizdendir.
Ne yalan söyleyeyim ama

henüz Berlin'den gelmiş bir Turancı bile olsam
kardeşim diyemem böyle adama."
"— Bu kadar rezil mi bu herif?"
"— Yok canım
kurnaz.
Yüksek finans ve endüstri bahislerini anlayacak kadar akıllı.
Ve dolandırıcı biraz.
Bundan yirmi iki yıl kadar önce
mitralyöz sesleriyle dolu bir gece
Kaptan Vasilyef'in şilebine atlayıp Batum'dan
Bolşeviklerden kaçıyor.
(Bolşevikler bazı meziyetleri takdir etmiyor anlaşılan).
Karadeniz'in ortasında ölüyor kaptan.
Çatal sakallı bir ihtiyar imiş zaten.
Ve İstanbul'a ulaştığında şilep
Batum'un biraz telaşlı ve bavulsuz yolcusu Ahmedof
cebinde bir senetle
geminin sahibi olarak
Galata rıhtımına basıyor ayak.
İstanbul'da işgal kuvvetleri vardı o zaman.
Bundan dolayı senet tasdik ediliyor
yüksek İngiliz komiserliği tarafından.
İki ay sonra şilep satıldı İtalyanlara
ve Ahmedof'la dumanlı bir pipo arasında bölüşüldü para."
"— Kepazelik."
"— Yok canım
bir transfer muamelesi.
Hem size bir şey daha söyleyeyim."
"— Söylemeyin, anladım.
Orda kaç kişi var?
Dört,
hayır beş, diyeceksiniz.
Kaptanın ölüsü beşincisi."
"— Çok anlayışlısınız.
Fakat gözleriniz iyi seçmiyor uzaktan.

Orda da bir ölü var
bir intihar eden
doğru.
Hatta eğilmiş Ahmedof'un viski bardağına.
Fakat iyice bakın
çatal sakallı ihtiyar bir kaptana benziyor mu?
Benzemez.
Genç, uzun boylu, kuru
matruş bir ölü bu.
Ölebilmek için gizlice üç denizden aşması lazım geldi :
bir okyanus
bir açıkdeniz
bir içdeniz.
Bir Amerikan petrol kumpanyasında mühendisti.
Şikago'da çalışıyordu büro işlerinde.
Gangıster olmayı belki düşünmüştür
fakat ölmeyi düşünmedi Boğaziçi'ndeki otele gelene kadar.
Ve matruş, uzun yüzünden
bir tıraş makinası gibi çizgisiz geçip gidecekti seneler
Gelibolu'da petrol keşfedilmeseydi eğer.
Ve resmen mühürlü vesikalarla
şişelerde mahsul nümunesiyle beraber
petrol kumpanyası bu keşfi alınca haber
İstanbul'a gönderdi onu.
Kasım Ahmedof'tu petrolü keşfeden.
Gizlice otomobille Gelibolu'ya gittiler.
(Petrol sırları devlet sırları gibidir).
Sondaj yapıldı,
bol ve temiz çıktı mahsul.
(Petrol işlerinde vakit kaybetmeye gelmez),
derhal telgırafı çekti mühendis :
"Üç yüz bin dolar yollayın. Nokta. Tamam."
Belki biraz sarhoştu çekerken telgırafı,
hatta sondaj yapılırken.
Fakat o yıllar içki yasaktı Amerika'da
ve Ahmedof Coni Valker'le doldurmuştu otomobili.

Hikâyemin sonu belli.
Ahmedof aldı üç yüz bin doları,
(yine lazım gelenlerle bölüşüldü yarı be yarı).
Mühendis sekiz yüz kilo petrol çıkarabildi ancak.
Çünkü Ahmedof her ne kadar
vaktiyle toprağı kazdırıp
içine bin kilo petrol döktürmüş idiyse de
herhalde sondajda çekilmiştir elli kilosu
ve yüz elli kilosunu toprak emmiş olacak."
"— Peki Mühendis?"
"— Dedim ya, malum :
Boğaziçi'nde bir otel.
Bir şafak.
Amerika elveda.
Bummmm....
Ne tuhaf şey
şafak zamanları
renkler ve pırıltılarla uyanışı aydınlığın
ölüme daha kolay çekiyor gidecek insanları."
"— Korkunç adam bu Ahmedof."
"— Evet, ama, dazlak kafası eskisi gibi işlemiyor artık.
Yanındaki genç kıza bakın.
Ne ince şey, değil mi?
Herhalde bir mandalina dilimi gibidir tadı.
Ama Ankara'ya artık onu boşuna götürüyor Ahmedof.
Ankara ihtiyarladı."

Gümrah bir erkek sesi güldü masalardan birinde.
Siyah elbiseler
sesten yana baktılar.
Hikmet Alpersoy'du gülen.
Yakışıklı, diri,
elli beş yaşlarında bir adam.
Geniş omuzları sarsılıyor
kahkahadan kırılıyordu yeşil gözleri.

Siyah elbiselerin sarışını dedi esmerine :
"— Ne sıhhatli şey.
Belli ki bir tek hastalık geçirmemiş."
"— Yok canım
müzmin belsoğukluğu vardır.
Ama bu belki hastalıktan sayılmaz."
"— Ne fena insansınız."
"— İyi insan olduğumu iddia ettim mi size?"
"— Kızmayın."
"— Âdetim değildir."

Karşıda Hikmet Alpersoy bir daha güldü.
Siyah elbiselerin sarışını dedi esmerine :
"— Gülmesi hoşuma gidiyor bu adamın.
Açık
geniş
rahat.
Herhalde aydınlık bir kalbi vardır."
"— Eh, pek de karanlık değil.
Elektrik ampulü gibidir insanın yüreği.
Cereyan alırsa ışık verir,
cereyansız ampul iyi olsun istediği kadar
ne ışıl ışıl yanar
ne kendini gösterebilir."
"— Alayı bırakın."
"— Etmiyorum ki."
"— Kim bu adam?"
"— Bay Hikmet Alpersoy.
Müteahhit.
Hatta fabrikatör.
Dehşetli zampara.
Fıransızların dediği gibi :
"Bön enfan bön vivör."
Seferberlikte Harbiye Nezareti'ndeydi,
fakat kızkardeşi Alaman zabitleriyle fazla ahbaplık ediyor diye
azledildi yerinden.

(Enver Paşa tarafından.
Enver Paşa sofuydu biraz
hele muhadderatı İslamiye bahsinde.)
Fakat Mütareke yetişti imdadına Hikmet Alpersoy'un :
Ve arkasından Anadolu Kurtuluş Hareketi
iki yılda yarım milyon liralık yaptı Hikmet'i."
"— Nasıl?"
"— Silah ve eski asker postalı kaçakçılığıyla.
Bunları Anadolu Hükümetine gönderiyordu Hikmet :
vatana hizmet.
Ucuz alıyor, pahalı satıyordu :
ticaret."
"— Ne çirkin konuşuyorsunuz."
"— Güzelleştirmez tahtakurusunu
adını değiştirmek onun.
Mamafi itiraf edeyim
bir parça ukalayım."
"— Hayır, tek taraflı."
"— Demek birçok taraf var.
Ben hangisindenim?"
"— Hikmet Alpersoy'u anlatıyordunuz."
"— Evet.
Anlatacak çok bir şey kalmadı fakat...
Fıransa ve İtalya'yla iş yaptı zaferden sonra Hikmet.
Ve nihayet Alamanya'da karar kıldı.
Yine Ankara'ya silah satıldı.
Fakat artık ne millî kaçakçılık
ne vatana hizmet,
kanun dairesinde
tek taraflı,
düpedüz ticaret.
Hikmet gayet güzel otomobil kullanır.
Küçük cici bir apartımanı Berlin'de
Paris'te garsonyeri vardır.
Hatta

kendi şevrolesiyle dolaştırdı Avrupa'da
                    İstanbul valilerinden birini.
Hikmet, zaman zaman
kederli dalgınlıklar geçirmesine rağmen
aynı cömertlikle harcar neşeyi ve parayı.
Fakat yazık
iki yıldır bir Yahudi kızı zaptetti bu müthiş zamparayı.
Yeşil gözleri ondan başka kadın görmüyor artık."
"— Enteresan adam."
"— Enteresandır.
Konserve fabrikasından bahsettim mi size?"
"— Hayır."
"— Beş altı yıl evvel
bir Bulgarla beraber
bir konserve fabrikası açtılar."
"— Ne olacak?"
"— Hiç...
Fakat bu gece ölüler basmış bu vagonu."
"— Yine mi başladınız?"
"— Sözümü kesmeyin
        size göstereyim onu."
"— Hikmet'in masasında oturuyor, değil mi?"
"— Evet
fakat masaya sokulamıyor."
"— Bu da kendi kendini mi öldürdü?"
"— Hayır
doktorlukça mesele bir intiharsa da
        bence düpedüz öldürülmüş sayılır."
"— Hoş adamsınız."
"— Teşekkür ederim."
"— Bu müntehir, yahut maktul
            genç mi, ihtiyar mı?"
"— Genç,
Fakat hakkınız var.
Bunu anlamak biraz güç.
Ölülerin uzaktan belli olmaz yaşı,

bacakları kırılmışsa hele
kaburga kemikleri birbirine geçmişse hele
hele dağılmışsa başı."
"— Yüksek bir yerden düştü demek?"
"— Öyle oldu.
Konserve fabrikasında çalışıyordu ölen,
Hikmet Alpersoy'la Bulgarın fabrikasında.
Yirmi beş kuruştu gündelik.
İş müddeti on dört saat."
"— Rezalet."
"— Yok canım
mesele-i fazla-ı kıymet."
"— Anlamadım."
"— Bunu Öztürkçe söylesem de anlamazsınız.
Biz hikâyemize gelelim.
Selim
(ölünün adı)
yirmi beş kuruşa on dört saat dayanamadı.
Elli kuruş ve on saat, dedi.
Öteki işçiler de aynı fikirdeydiler.
Derin, felsefî bir fikir değil elbet.
Fakat tehlikeli bir fikir.
Ve bundan dolayı Bulgarla Hikmet
hemen polise ihbar ettiler bu fikri.
Derhal tevkifat yaptı polis.
Müdüriyete on kişi götürüldü :
dört kadın, altı erkek
(elebaşılar)
ve Selim — komünist.
Halbuki komünist değildi Selim.
Düşünmemişti komünizmin ne olduğunu bile.
O sadece on sekiz yaşındaydı
ve yirmi beş kuruş yerine elli kuruş istiyordu
ve on dört saat yerine on saat.
Polis bu kanaatta değildi fakat.
Yatırdılar Selim'i yere.

Selim kalktığı zaman
basamıyordu döşemelere.
Yatırdılar Selim'i yere,
Selim kalktığı zaman
göremiyordu önünü artık.
Yatırdılar Selim'i yere,
Selim kalktı ve yığıldı.
Selim'in koltuklarına girip
karanlık bir odaya götürdüler.
Ve duvarda bir çiviye bağladılar saçlarından,
o suretle ki
döşemeye ancak ayak parmaklarının ucu dokunuyordu.
Bir tıramvay geçti sokaktan gıcırtılarla.
Yakın bir yerde yatsı ezanı okunuyordu.
Çözdüler Selim'i çividen,
yatırdılar Selim'i yere.
Ve Selim kalktığı zaman
bir pencere gördü uzaktan
çok uzaktan ama
perdesiz karanlık bir pencere.
Atıldı ona doğru.
Camlar kırıldı şangırdayarak.
İlkönce kayboldu bir insan başı
sonra kayboldu iki ayak."
"— Ne müthiş şey;
korkulu bir rüya gibi."
"— Şükredin ki rüyayı gören siz değilsiniz."
"— Fakat bütün bunları nasıl öğrendiniz, Faik Bey?
İsminiz Faik'ti, değil mi?"
Siyah elbiselerin esmeri güldü :
"— Evet, Faik bendeniz.
Bilgi meselesine gelince
biraz merak saikasıyla
biraz dedikoduseverlik
ve biraz da meslek icabı.
Polis Müdüriyeti doktorlarındandım.
Şimdi değilim.

Bir bozkır hastanesinin başhekimliğini aldık.
Ve bundan dolayı
        size bir şey daha söylersem
                bir meslek sırrını faş etmiş sayılmam artık.
Şu bizim sıradaki üçüncü masaya bakın.
Gördünüz mü?
Bir erkek, bir kadın.
Beyaz, mavi, sarı.
Ancak bu kadar biçimli olabilir
                genç Şimal ilahları."
"— Sahiden öyle.
Ama Türk değil bunlar."
"— Hayır
Alaman."
"— Sefaretten mi?"
"— Hayır."
"— Komisyoncu filan mı erkek?"
"— Hayır."
"— Bar artisti olmasınlar?"
"— Yok canım."
"— Seyyah?"
"— Değil."
"— Peki burda işleri ne?"
"— Masalarına dikkatle bakın, anlarsınız."
"— Orda bir ölüyü mü göreceğiz yine?"
"— Bir değil, bin
        iki bin
                üç bin ölüyü.
Fakat sayısı çoğaldıkça ölülerin
                facia-değerleri düşer.
Hele bir tayyare bombardımanında ölmüşlerse eğer."
"— Anlamıyorum."
"— Halbuki mesele gayet basit :
şu ölü çocuk, şu ölü kadın, şu ölü ihtiyar,
                el ele verip
        iki Şimal ilahının masasını kuşatanlar,

Roterdam bombardımanının mahsullerindendir.
Ve o mavi gözlü ak iki ilah
işaret verdiler ölüm kuşlarına
avlarını daha iyi seçmeleri için."
"— Şair gibi konuşuyorsunuz."
"— Evet.
Maalesef.
Ve bu bahse şiir girince kepazelik oluyor.
Hele bu çeşit şiir.
Ama ne yaparsınız,
insan dehşetli bir şeylerle doluyor,
müthiş iğreniyor bir şeylerden,
müthiş kızıyor bir şeylere,
gel gör ki bacağınızdan bağlısınız olduğunuz yere.
Kımıldanmak ne mümkün?
O zaman gelsin lakırdı
şairanelik
hem de sözde alaycı biraz
hafifçe liriko-romantik.
Hem de en kötü soyundan.
Bizim de masamızda bir ölü var beyim.
Ne müntehir, ne maktul, ne de bombardımanzede.
Durmadan konuşuyor
ve çekiyor bal gibi şarabı.
Her şeye rağmen
memnun kendi kendinden."
"— Ben mi?"
"— Hayır, ben..."

Ay ışığında
karanlık bir istasyona girdi
karanlık bir tiren.

Siyah elbiselerin sarışını baktı pencereden :
mavi camdan bakılınca bu karanlık istasyon
ışıksız insanlar
hazin ve telaşlıydılar bir kat daha.

Orda sanki fısıltılarla bir şeyler konuşuluyor :
                    ölüm için, ayrılık için, sabahsız geceler için.
Ve havada şıkır şıkır ay ışığı olduğu halde
yerde rayların pırıltısı yoktu :
ancak beş on adım görünüp kayboluyordular.
Yalnız iki direkte elektrik yanıyordu
arka yola çekilmiş açık yük vagonlarının üzerinde
(ve bunların mühimmat yüklü oldukları belliydi brandalarından.)
İstasyon yapısı ve müştemilatı
öyle yığınla simsiyah, karmakarışıktı ki
        yolcular vagonlarını ve birbirlerini kaybederek
                                        koşuşuyordu peronda.
Bir kadın çığlığı geldi yemekli vagona kadar :
"— Hatice
                kız
                    nerdesin?"

Siyah elbiselerin sarışını sordu esmerine :
"— Faik Bey, nereye gidiyoruz?"
"— Ben bir bozkıra gidiyorum
                                siz Eskişehir'e galiba."
"— Onu demek istemedim."
"— Malum.
    Kovadis Domino?"
"— Bir roman ismi değil mi, Doktor Faik Bey?"
"— Evet."
"— Şaka etmeyin."
"— Ne münasebet?"
"— Benim dediğim, Doktor Faik Bey,
    deminki sözleriniz,
    bu karanlık istasyon,
    içimde ansızın kırıldı bir şey,
    bir inkisarı hayal,
    bir tuhaf mahzunluk,
    sanki bu gece mutlaka ölecekmişim de,
    hayır

sanki hepimiz bu gece ölecekmişiz,
ben
siz
bütün bu insanlar
bu karanlık istasyon.
Yani bir taraftan
kendi kendimin acısı düştü içime,
fakat bir taraftan da bütün insanların acısı.
Böyle bir şey başıma ilk defa geliyor.
Yani ilk defa düşünüyorum.
Yani sahiden
gerçekten
elle tutulacak gibi düşünüyorum :
bu dünyada benden başka da insanların yaşadığını.
Laf diye değil
öyledir diye değil
adeta birdenbire derimin üzerinde duymak bunu
düşünmek
anlamak.
Ne dersiniz?"
"— Duydunuz : muhakkak,
düşündünüz : belki,
anladınız : zannetmem.
Ne olacak hem,
anlasanız da unutacaksınız.
Bir andı, geldi geçti,
yahut geçmek üzeredir.
Geçmese de alışılır.
Alışıldı mı, mesele yok.
Alışkanlık getirir eski yerine
hiçbir şey duymamış
düşünmemiş
anlamamış olmanın rahatlığını.
İlk seferkine göre belki miskin bir rahatlık,
rahatlık fakat."
"— Haklısınız Faik Bey.

Lakin..."
"— Lakin nereye gidiyoruz, değil mi?"
"— Evet, nereye gidiyoruz?
Dünya nereye gidiyor böyle?
İnsanlar nereye gidiyor?"
"— Bence bunu anlamak, Bay..."
"— Şekip Aytuna..."
"— Bence bunu anlamak için, Bay Şekip Aytuna...
Soyadınızı kendiniz mi seçtiniz?"
"— Hayır, bizim müdür."
"— Güzel seçmiş.
Bence bunu anlamak için
nerden gelip nerde olduğumuzu anlamak lazım."
"— Çok doğru..."
"— Çok doğru ama, siz
ben
anlayıp da ne yapacağız?"
"— Evet."
"— Evet."
"— Evet,
bir çıkmaz sokak
bir..."
"— Dikkat ettiniz mi, Bay Şekip Aytuna :
ben demin sizi dinlerken farkına vardım,
biz münevverler hep birbirimiz gibi konuşuyoruz,
aynı renkli cümlelerle
aynı eda.
Tuhaf değil mi?"
"— Bilmem..."
"— Acınız geçti mi, Bay Şekip Aytuna?"
"— Geçmek üzere."
"— Çok güzel.
Evli misiniz?"
"— Bekâr."
"— Bekârlık sultanlıktır."
"— Nişanlıyım, Doktor Faik Bey."

"— Tebrik ederim.
Şarap?"
"— Mersi, ben..."
"— Alkolle başınız hoş değil."
"— Evet
dokunuyor."
"— Her şeyin ifratı muzurdur zaten..."

IV

Ay ışığında lokomotifi buhar saçarak
        karanlık bir istasyondan çıktı Anadolu Sürat Katarı.

Yemekli Vagon.
Mutfak.
Aşçıbaşı konuşuyor Garson Mustafa'yla.
Aşçıbaşı Mahmut Aşer :
inkılapçı yeni büyük mutfağımızın "neo-klasik" tipiydi,
yani bir Amerikan filminde Singapur'a giden bir şilebin
                                        aşçıbaşısı gibiydi,
güler yüzlü, şişman
ve beyaz takkesi biraz derbeder
ve matruş :
"— Ankarapalas'a, yavrum,
    Ankarapalas'a Kaliforniya'dan elma gelirdi."
(Garson Mustafa
        dinliyordu.)
"— Yavrum, Kaliforniya memleketinden elma,
    tayyareyle Paris'e
                Paris'ten bize.
    Kaliforniya elmaları görmüşlüğün var mı?"
"— Yok."
"— Kaliforniya elmaları, yavrum,
                        iri, kırmızı olurlar,
    hem de bir boyda hepisi,
    tornadan çıkmış gibi bir örnek."
"— Bizimkilere tenezzül etmezdiniz demek?"
"— Hâşâ
        etmezdik.

Sokmazdı kapıdan
en seçme Amasya elmalarını bile Müsyü Fernan."
"— O da neci oluyor?"
"— Nasıl neci? Adını olsun duymadın mı?"
"— Duymadım."
"— Yazık öyleysem,
bir de garson diye gezersin, yavrum."
"— Gezemez olsam."
"— Neden?"
"— Hiç.
Sen herifi anlat.
Kim bu?"
"— Müsyü Fernan ustamızdı,
gâvur olmasa pirimiz diyesim gelir.
Paris'ten getirttiler,
aşçıların başvekili,
erkânıharp.
Ayda sekiz yüz alırdı Ankarapalas'tan,
yavrum, sekiz yüz kâat.
Helal olsun fakat,
adam derin,
sanatkâr.
Haftada bir, Fıransız Sefiri inerdi yanına
                    Kont di Şambürün,
                            mutfağa kadar."
"— Ne konuşurlardı?"
"— Zannıma kalırsa salçalardan.
Malumun ya alafıranga yemek :
                            salça demek.
Biz Ankarapalas'ta, yavrum, bir salça yapardık,
                    sos grand di vönür,
                        Türkiye'de başka yerde emsali yok.
Turuf denir bir çeşit mantar lazım buna,
                            kara bir mantar.
Toprağın dibinde yetişirmiş.

Fıransızlar domuzlara buldurtup çıkartıyor bunu.
Sırf bu işe alışkın terbiyeli domuzlar.
Bize turuf mantarı Paris'ten gelirdi, yavrum,
kutular içinde."
"— Burda yetişmiyor demek?"
"— Hâşâ
o cinsi yetişmiyor.
Konya'da uğraşılmış diye duyduk.
Hatta köpek kullanmışlar domuz yerine.
Nafile fakat,
turuf dediğin siyah olacak ya
Konya'nınki beyaz çıkıyor."
"— Müsyü Fernan Ankara'da mı hâlâ?"
"— Konturatosu bitti üç yıl önce
gitti.
Fakat biz yetiştik.
Çaldık elinden hünerini gâvurun.
Hatta Kastamonulu İbrahim
yeni bir salça icadetti yaban domuzu filetosuna.
Zaten bir kerre ucunu görsün
şıp diye kapıp öğrenir Türk milleti.
Akıllıyızdır.
Fakat itibar görmeyiz kendi milletimizden.
Şimdi yüz elli kâat veriyorlar
Ankarapalas'taki Türk ustaya.
Müsyü Fernan'dan neyi eksik?
gâvurluğu mu?"

"— Mustafa, kahve hazır..."

Garson Mustafa aldı kahveyi çıraktan
çıktı.
Verdi kahveyi.

"— Garson."

Hikmet Alpersoy'du Garson Mustafa'yı çağıran
(Hikmet Alpersoy
gümrah kahkahalı müteahhit, fabrikatör adam) :
"— Garson, üç şişe Kavaklıdere getir."
Mardanapal itiraz etti :
" – Üç şişe çoktur, beyim
yeter bir şişe."
"— Yetmez
üç şişe gelsin."
Mardanapal güldü
(ihtiyar bir kurbağa gibi gülüyordu) :
"— Bastı yaşın elliye, Hikmet Bey,
vazgeçmezsin huvardalıktan."

Dört kişiydiler masada.
Mardanapal mümessilidir yirmi yıldan beri bir Alaman firmasının.
Mardanapal Leh Yahudisiydi.
Büyük bir rahatlıkla satabildiğinden
elektrik malzemesiyle beraber
eksiltmelerde büyük ve küçük memurlarımızın vazife namusunu
Hitlerciler
eline bir "temiz kan şahadetnamesi" verip
eski yerinde bıraktılar onu.
Genç karısı bir harikadır Mardanapal'ın,
ince uzun bir çift bacak
ham incir gibi bir çift meme,
kocaman, karanlık, kadife gözler
ve pembe mermer gibi bir alın.

Şarapları getirdi Garson Mustafa.

Baktı Mardanapal
(tüylü kaşların altında akları patlak mahzun gözleri vardı),
baktı Mardanapal
"büyüklerden" insanın masasından tarafa :

"— Hikmet Bey," dedi,
"şu adama bir sualim var şimdi,
bir doğru cevap verse
yüz bin lira veririm."
"— Ne soracaksın?" "
"— Harbe giriliyor mu?"
"— O söylemez, sen Tahsin'e sor."
"— Tahsin de söylemez."
"— Bilmez de ondan."
"— Ben bilirim neyi söyler, neyi söylemez Tahsin.
Bilse de söylemez bunu."
Fehim konuştu :
"— Bu işi Türkiye'de yalnız bir kişi bilir.
Başkasının sözüne bakma."

Müddeimuaviniydi Fehim,
yakışıklı, genç
ve biraz peltek.
Fehim'in yüz elliliklerden babası Paris'te öldü.
Fehim'in karısı bir Kürt derebeyi soyunun kızıdır.
Karı koca üç senede bir apartıman
bir konak
ve nakten altmış beş bin lira yediler.
Hâlâ fakat evlerinde bir Fıransız "dam do kompani" vardır,
Fehim'in bir Ford arabası
üç bin lira kumar borcu
ve hâlâ unutulmayan beş yıllık bir şöhreti ki
bir gece Akıntıburnu'nda, gazinoda, rezalet çıkarıp
Dolmabahçe Sarayı'nda tokatlandığına dairdir.
Saraydakinin emriyle silahşorlardan en meşhuru atmıştı Fehim'e
tokadı.
Fehim ilkönce ürktü, kızdı, afalladı,
fakat saraydakinin ayakları dibinde, sonra,
yere kapanıp yüzükoyun
hıçkıra hıçkıra
çaresiz bir çocuk gibi ağladı.

Halbuki daha o gün
sabah
mahkeme salonunda
sırmalı, siyah cübbesinin içinde levent, yükselerek
ölümünü istemişti bir insanın.

Hikmet Alpersoy sordu :
"— Harbe giriliyor mu diye merakın neden, Mardanapal?"
"— Bir hesap meselesi, Hikmet Bey."
Fehim sordu :
"— Hitler'in kazanmasını istiyor musun, Mardanapal?
Kalbin ne diyor?"
Gümrah kahkahalarla güldü Hikmet Alpersoy :
"— Mardanapal Yahudi sayılmaz."
Mardanapal konuştu yumuşacık :
"— Pasaportum değil, beyim,
fakat Mardanapal Yahudidir.
Yahudiyim, çok şükür."
"— Hitler duymasın."
"— Duysun.
Ben onlara para kazandırıyorum."
"— Hitler'i eline verseler ne yaparsın, Mardanapal?"
"— Ortak alırım."
"— Kazıklamak için mi?"
"— Öldürmez miydin?"
"— Bu dünyada hangimiz ölmeyecek?"
"— Yahu hiç mi kızmıyorsun Alamanlara?"
Bunu soran Aziz Beydi.
Mardanapal güldü
cevap vermedi Aziz Beye.
Elleri pantolon ceplerindeydi Aziz Beyin.
Bu cepler yanlarda değil
öndeydiler,
çapraz, ağızları uzun ve eğri.
Aynı cepleri taşır Aziz Beyin smokin pantolonları bile.
(Çetelik devrinden kalmadır bunlar).

Çerkezdi Aziz Bey.
Orman bekçisiydi babası.
Fakat bugün Aziz Beyin
bir sömürge toprağı kadar ormanı var :
İstanbul'a odun ve kömür veren ormanlar.
Yaz günleri ormanın ortasında
ona, köşkün merdivenlerinde rastlarsan
Hindistan'da bir İngiliz valisidir :
bembeyaz kolonyal şapkasından
asaletli tebessümüne kadar.
Ve kış geceleri ormanda kurtlar dolaşıp ağaçlar ulurken
köşkün sofrasında misafir olmuşsan eğer
(on metredir uzunluğu bu sofranın)
masanın başında altın sarı ve kan kırmızı görürsün onu,
kızarmış av etlerine, şaraba ve dostlara ikram eder.
Ve bu havalide orman memurlarıyla jandarma komutanlarının karıları
(hemen hepsi çirkin kadınlardır)
bileklerinden dirseklerine kadar dizerler altın bilezikleri.
Yalnız bir nahiye müdürü kafa tuttu
ve üç gün sonra evi basılıp
dövüldü bayılıncaya dek.
Bazan ormanda, yerde, kırmızı meşe yapraklarının üzerinde
altında boğum boğum kalın, uzun dalların
başları bir kurşunla delinmiş cesetlere takılır ayağınız.
Bunlar odun kaçakçısı köylülerdir.
Aziz Bey ormanlarındaki işçilerin bilmez sayısını.
Zaten Aziz Bey hesap bilmez.
Muhasebe servisi alt kapağıdır cıgara paketinin.
Hısım ve akrabaları ki korucubaşıları ve silahşorlarıdır
çalarlar hayasızca Aziz Beyden.
Aziz Bey bilir
ses çıkarmaz.
Çünkü on misli daha, daha yüz misli çoğunu
cıgara paketi muhasebesi işçilerden çalar.
Bazan ormanda bir veremli kızdan konuşulur

bir zamanlar ağaçların altında hayalet gibi dolaşan bir kızdan.
Kız ölmüştür
en kırmızı gürgenlikte mermer bir mezar
ve ağaçlarla ağaçlar dolusu miras bırakıp Aziz Beye.
Fakat
balık suya
Aziz Bey ağaçlara doymaz.
Daha çok ağaç, daha çok ağaç,
hiçbir insanın sahip olmadığı
ve hiçbir kuşun göremediği kadar.

Aziz Bey sordu :
"— Niye güldün, Mardanapal?
Yine ben sana hayırlı bir haber vereyim :
Alamanlarla anlaşacağız
görürsün.
Sevindin mi, Mardanapal?"
"— Sevinelim hep beraber, Aziz Bey.
Tamamlanır yarı kalan işin."
"— Vay, bunu da mı duydun?"
"— Biz her şeyi duyarız,
Yahudiyiz.
Alaman şirketi bir milyon veriyor, değil mi?
Güzel para.
Bizimkiler iş bilir.
Bütün vilayeti iki senede alırsınız
ortak olurlarsa senin ağaçlara.
Set ün bön afer, doğrusu
değer.
Anlaşalım, Aziz Bey,
sevinelim hep beraber."

Bir şeyler hazırlanıyordu mavi camların dışında
farkında değildi mavi camların içindekiler.
Dışarda ay kızarıyordu,
çevresinde ince beyaz bir duman.

İçerde beşinci masada üç kadın ve bir erkektiler.
Tombul ve gençti erkek.
Kadınlar ihtiyar ve boyalıydı.
Ve çenelerinin altında sarkıyordu etleri
beyaz
ve harap.
Kadınlardan üçüncüsü
(dişleri takma olanı)
uzattı yüzüklerle dolu biçare elini
(altında masanın)
ve soktu erkeğin pantolon cebine.

Dışarda gecenin doğusunda bulutlar kabarıyor
ve yağmuru, yıldırımı, rüzgârı taşıyarak
simsiyah, kırmızı, ıslak
yürüyorlar batıya.
Ve bu alçalıp yaklaşan bulutlara doğru
adeta yükselen toprağın üzerinde
koşuyor telgıraf direkleri ve karanlık bir tiren :
Anadolu Sürat Katarı.

Yemişlerini çoktan yiyip kahvelerini içmişti yemekli vagon.
Aşçıbaşı Mahmut Aşer
metrdotel ve garson
camlı bölmenin gerisinde
kendi masalarında birleştiler.
Oldukları yerden vagon boydan boya görünüyordu.
Orda konuşuyordu insanlar
fakat ses gelmediğinden
açılıp kapanıyordu ağızları
balıklarınki gibi ümitsiz.

Dışarda bir şimşek çaktı gecenin doğusunda.
Dışarda bir çocuk çömeldi olduğu yere
ve kulaklarını ıslak elleriyle kapayıp saydı :
"Bir, iki, üç, dört, beş, altı, yedi."

Gök gürledi.
Herhalde yakın bir yerlere düştü yıldırım.

İçerde, yemekli vagonda, çok ihtiyar bir erkek
hesaplar yapıyor üzerinde pembe bir kâadın
bu dünyaya yakın
ve bakıyor bir başına
bu dünyadan uzak
mavi camlarda yağmurun yağışına.
Damlalar sicim gibi iniyorlar
yağmur kamçılıyor camları.
Fırtınada karanlık bir tiren götürüyor adamları.

Garson Mustafa sildi masalarını koluyla
sarı yapraklı bir defter çıkarıp cebinden koydu
açtı yavaşça birinci yaprağını.
Sordu Aşçıbaşı Mahmut Aşer :
"— Neyin nesi oluyor, yavrum, bu defter?"
"— Burda bir destan yazılı, Mahmut Usta."
"— Böyle işlere merakın var öyleysem?"
"— Var."
"— Benim de vardır.
Kim yazmış bunu?"
"— Mahpus bir adam."
"— Tamam.
Hapisane destanı severim, yavrum."
"— Bu öylesi değil."
"— Yazık,
hapisane destanları yanıktır.
Zaten sesin de, sevdanın da yanığı güzel.
Herif söyleyecek, sen acıyacaksın.
Yürekte acımak olacak
insanlık yani, yavrum.
Acınacak bir şey yok mu bunda?"
"— Hem var, hem yok.
Bu Köroğlu Destanı gibi bir şey."

"— Onu da severim.
Haydi bismillah
başla bakalım.."

Dışarda son kertesindeydi fırtına.
Rayların ve yağmurun sesini,
saatlerce uzaklara götürüyordu rüzgâr,
ve kilometrelerce mesafeden uğultular getiriyordu.
Artık yalnız gecenin doğusunda değil
çakıyordu şimşek her tarafında karanlığın.
Ve adeta ölçülü aralarla düşüyordu yıldırımlar...

Mustafa destanını okumaya başladı :
"Onlar ki toprakta karınca
suda balık
havada kuş kadar
çokturlar,
korkak
cesur
cahil
hakîm
ve çocukturlar
ve kahreden
yaratan ki onlardır,
destanımızda yalnız onların maceraları vardır.

Onlar ki uyup hainin iğvasına
sancaklarını elden yere düşürürler
ve düşmanı meydanda koyup
kaçarlar evlerine
ve onlar ki bir nice mürtede hançer üşürürler
ve yeşil bir ağaç gibi gülen
ve merasimsiz ağlayan
ve ana avrat küfreden ki onlardır
destanımızda yalnız onların maceraları vardır.

Demir
kömür
ve şeker
ve kırmızı bakır
ve mensucat
ve sevda ve zulüm ve hayat
ve bilcümle sanayi kollarının
ve gökyüzü
ve sahra
ve mavi okyanus
ve kederli nehir yollarının
sürülmüş toprağın ve şehirlerin bahtı
bir şafak vakti değişmiş olur,
bir şafak vakti, karanlığın kenarından
onlar ağır ellerini toprağa basıp
doğruldukları zaman.

En âlim aynalara
en renkli şekilleri aksettiren onlardır.
Asırda onlar yendi, onlar yenildi.
Çok sözler edildi onlara dair
ve onlar için :
'zincirlerinden başka kaybedecek şeyleri yoktur'
denildi."

Sustu Mustafa.
Mahmut şaşırmıştı biraz :
"— Tuhaf bir destan," dedi,
"tuhaf bir destan yazmış bu mahpus adam.
Bir şeyler karıştırır.
Fakat, yavrum, senin sesin yanık
makamlı da okuyorsun
insana dokunuyor.
Bitti mi?"
"— Hayır, bu başı daha."
"— Peşrev gibi bir şey öyleysem.

Biz sonuna bakalım."

Mustafa destana devam etti :
"— YIL 918 VE 19
VE HİKÂYEİ KARAYILAN".
Mahmut sordu :
"— Hikâyenin adı mı bu?"
"— Evet.
Okuyorum."
"— De bakalım."
"— Ateşi ve ihaneti gördük
ve yanan gözlerimizle durduk
bu dünyanın üzerinde.
İstanbul 918 Teşrinlerinde,
İzmir 919 Mayısında,
ve Manisa, Menemen, Aydın, Akhisar
Mayıs ortasından
Haziran ortalarına kadar
(yani, tütün kırma mevsimi
yani, arpalar biçilip
buğdaya başlanırken)
yuvarlandılar...
Adana
Antep
Urfa
Maraş :
düşmüş
dövüşüyordu.....

. . . .
. . . .
. . . .

Antepliler silahşor olur.
Uçan turnayı gözünden
kaçan tavşanı art ayağından vururlar.

Ve Arap kısrağının üstünde
taze yeşil selvi gibi ince uzun dururlar.

Antep sıcak
          Antep çetin yerdir.
Antepliler silahşor olur
Antepliler yiğit kişilerdir.

Karayılan
     Karayılan olmazdan önce
Antep köylüklerinde ırgattı.
Belki rahatsızdı, belki rahattı
(bunu düşünmeye vakit bırakmıyordular)
yaşıyordu bir tarla sıçanı gibi
ve korkaktı bir tarla sıçanı kadar.
"Yiğitlik" atla, silahla, toprakla olur
onun atı, silahı, toprağı yoktu.
Boynu yine böyle çöp gibi ince
                    ve böyle kocaman kafalıydı
                                        Karayılan
                                           Karayılan olmazdan önce...

Gâvurlar Antep'e girince
Antepliler onu
          korkusunu saklayan
                         bir fıstık ağacından
                                   alıp indirdiler.
Altına bir at çekip
          eline bir mavzer
                         verdiler.

Antep çetin yerdir.
Kırmızı kayalarda
               yeşil kertenkeleler.
Sıcak bulutlar dolaşır havada
                         ileri geri...

Gâvur tutmuştu tepeleri
gâvurun topu vardı.
Antepliler düz ovada
sıkışmışlardı.
Gâvur şarapnel döküyordu,
toprağı kökünden söküyordu.
Gâvur tutmuştu tepeleri
akan Antep'in kanıydı.

Düz ovada bir gül fidanıydı
Karayılan'ın
Karayılan olmazdan önceki siperi.
Bu fidan öyle küçük
korkusu ve kafası öyle büyüktü ki onun
namluya tek fişek sürmeden
yatıyordu yüzükoyun...

Antep sıcak
Antep çetin yerdir.
Antepliler silahşor olur.
Antepliler yiğit kişilerdir.
Fakat gâvurun topu vardı.
Ve ne çare kader
düz ovayı Antepliler
gâvura bırakacaklardı.

Karayılan olmazdan önce
umrunda değildi Karayılan'ın
kıyamete dek gâvura verseler Antep'i.
Çünkü onu düşünmeye alıştırmadılar.
Yaşadı toprakta bir tarla sıçanı gibi
ve korkaktı bir tarla sıçanı kadar.

Siperi bir gül fidanıydı onun
gül fidanı dibinde yatıyordu ki yüzükoyun

ak bir taşın ardından
kara bir yılan
çıkardı kafasını.
Derisi ışıl ışıl
gözleri ateşten al
dili çataldı.
Birden bir kurşun gelip
kafasını aldı.
Hayvan devrildi kaldı.

Karayılan
Karayılan olmazdan önce
kara yılanın encamını görünce
haykırdı avaz avaz
ömrünün ilk düşüncesini :
"İbret al, deli gönlüm,
demir sandıkta saklansan bulur seni,
ak taş ardında kara yılanı bulan ölüm..."

Ve bir tarla sıçanı gibi yaşayıp
bir tarla sıçanı kadar korkak olan
fırlayıp atlayınca ileri
bir dehşet aldı Anteplileri
seğirttiler peşince.
Gâvuru tepelerde yediler.
Ve bir tarla sıçanı gibi yaşayıp
bir tarla sıçanı kadar korkak olana :
"Karayılan" dediler...

Ve biz bunu böylece duyduk.
Ve çetesinin başında yıllarca namı yürüyen
Karayılan'ı
ve Anteplileri
ve Antep'i
aynen duyup işittiğimiz gibi
destanımızın birinci babına koyduk..."

"— Yavrum, yaşasın Karayılan
aşkolsun Antepliler.
Bak bunu iyi yazmış, beğendim."

Daha bir hayli şeyler söyleyecekti Mahmut Aşer
fakat seslendiler içerden :
"— Garson."
Hikmet Alpersoy'du çağıran
gümrah kahkahalı adam
konserve fabrikatörü
ve silah taciri.
"— Maden suyu getir bana.
Galiba sahte sizin Kavaklıdere şarapları,
okudu midemin canına...."
"— Hayır, beyim,
şaraplarımız..."
"— Kes.
Çabuk maden suyu getir."
Dudakları titredi Garson Mustafa'nın,
kızardı esmer elmacık kemikleri,
kendini zor tuttu küfretmemek için.
Zaten bir yıldır
hapisanedekini ziyaret ettiği günden beri
kirli, ıslak bir ten fanilası gibi taşıyordu garsonluğu sırtında.
Tellerin ve demirlerin arkasında görmüştü içerdekini.
Çocuk yüzlü bir adamdı.
Garsonluğunu öğrenince sözlerinden Mustafa'nın
acır gibi
üzülür gibi
hatta biraz ayıplar gibi bir şey geçmişti gözlerinden.
Belki yoktu böyle bir şey
ve o anda belki
bir demirin gölgesiydi düşen gözlerine hapistekinin.
Ne olursa olsun fakat
garsonluk saygıdeğer bir meslek değildi artık Mustafa'ya göre,
uşaklık gibi bir iş.

Metrdotele kızgın bir sesle söylendi Mustafa :
"— Şurdaki bay, şarabı beğenmemiş,
nazik midesi bozulmuş pezevengin.
Maden suyu istiyor.
Götür."
Metrdotel
yataklı vagonlar üniforması içinde kibirli bir adam
birçok şeye birden o kadar şaşırdı ki
götürdü maden suyunu.
Fakat giderken :
"— Mustafa, ben gelmeden," dedi, "okuma şunu..."

Dışarda ıslak bir toprak gibiydi karanlık.
Anadolu Sürat Katarı yağmur ve rüzgârla itilerek
inanılmaz bir süratle akıyordu rayların üzerinde.

Döndü Metrdotel.
Mustafa devam etti destanına :
"— 1920 YILI VE HİKÂYEİ ARHAVELİ İSMAİL...
Ateşi ve ihaneti gördük.
Düşman ordusu yine başladı yürümeye.
Akhisar, Karacabey
Bursa ve Bursa'nın şarkında Aksu
çarpışarak çekildik.
920'nin
29 Ağustosu
Uşak düştü.
Yaralı
ve dehşetli kızgın
fakat toprağımızdan emin
Dumlupınar sırtlarındayız.
Nazilli düştü....

Ateşi ve ihaneti gördük.
Dayandık
dayanmaktayız.

1920 Şubat, Nisan, Mayıs,
Bolu, Düzce, Gevye, Adapazarı :
içimizde Hilafet ordusu
                    Anzavur isyanları.

Ve aynı sıradan
3 Birinciteşrin Konya.
Sabah.
Beş yüz asker kaçağı ve yeşil bayrağıyla Delibaş
                                        girdi şehre.
Alaeddin Tepesinde üç gün üç gece hüküm sürdüler.
Ve Manavgat istikametlerinde kaçıp
                                ölümlerine giderken
terkilerinde kesilmiş kafalar götürdüler...

Ve 29 Birincikânun Kütahya.
Dört top
      ve bin sekiz yüz atlı bir ihanet
                              yani Çerkez Ethem,
bir gece vakti
kilim ve halı yüklü katırları
koyun ve sığır sürülerini önüne katıp
                                    düşmana geçti.
Yürekleri karanlık
kemerleri ve kamçıları gümüşlüydü
atları ve kendileri semizdiler...

Ateşi ve ihaneti gördük.
Ruhumuz fırtınalı, etimiz mütehammil.
Sevgisiz ve ihtirassız çıplak devler değil
inanılmaz zaafları, korkunç kuvvetleriyle
silahları ve beygirleriyle insanlardı dayanan.
Beygirler çirkindiler
                        bakımsızdılar
hasta bir fundalıktan yüksek değillerdi.
Fakat bozkırda kişneyip köpürmeden

sabırlı ve doludizgin koşmasını biliyorlardı.
İnsanlar uzun asker kaputluydu,
                                        yalnayaktı insanlar...
İnsanların başında kalpak
                                      yüreklerinde keder
                                      yüreklerinde müthiş bir ümit vardı...

İnsanlar devrilmişti, kedersiz ve ümitsizdiler.
İnsanlar etlerinde kurşun yaralarıyla
köy odalarında unutulmuştular.
Ve orda sargı
                  deri
                        ve asker postalları halinde
yan yana, sırtüstü yatıyorlardı.
Koparılmış gibiydi parmakları saplandığı yerden
                                                        eğrilip bükülmüştü
ve avuçlarında toprak ve kan vardı...

Ve asker kaçakları
korkuları, mavzerleri, çıplak ölü ayaklarıyla
karanlıkta köylerin üstünden geçiyorlardı.
Acıkmıştılar
merhametsizdiler
bedbahttılar.
Şosenin ıssız beyazlığına inip
nal sesleri ve yıldızlarla gelen atlıyı çeviriyor
ve Bolu dağında ekmek bulamadıkları için
                                   deviriyorlardı uçurumlara
şayak, cıgara kâadı, tuz ve sabun yüklü yaylıları...

Ve çok uzak
        çok uzaklardaki İstanbul limanında
gecenin bu geç vakitlerinde
kaçak silah ve asker ceketi yükleyen laz takaları
    hürriyet ve ümit
        su ve rüzgârdılar.

Onlar suda ve rüzgârda ilk deniz yolculuğundan beri vardılar.
Tekneleri kestane ağacındandı
üç tondan on tona kadardılar
ve latin yelkenlerin altında
fındık ve tütün getirip
şeker ve zeytinyağı götürürlerdi.
Şimdi büyük sırlarını götürüyorlardı.
Şimdi denizde bir insan sesinin
ve demirli şileplerin kederini
ve Kabataş açıklarında sallanan
saman kayıklarının fenerlerini
peşlerinde bırakıp
ve karanlık suda düşman taretlerin önünden akıp
küçük
kurnaz
ve mağrur
gidiyorlardı Karadeniz'e.
Dümende ve başaltlarında insanları vardı ki
bunlar
uzun eğri burunlu
ve konuşmayı şehvetle seven insanlardı ki
sırtı lacivert hamsilerin ve mısır ekmeğinin
zaferi için
hiç kimseden hiçbir şey beklemeksizin
bir şarkı söyler gibi ölebilirdiler....

. . . .
. . . .

Karanlıkta kurşunî derisi kırmızıya boyanan
baltabaş gemi
düşman torpitosudur.
Ve dalgaların üstünde sallanarak
alev alev
yanan
Şaban Reisin beş tonluk takası...

Kerempe Feneri'nin yirmi mil açığında
gecenin karanlığında
dalgalar minare boyundaydılar
ve başları bembeyaz parçalanıp dağılıyordu...

Rüzgâr :
        Yıldız-poyraz.
Esirlerini bordasına alıp
                kayboldu düşman torpitosu.
Şaban Reisin teknesi
        ateşten direğiyle gömüldü suya.

Arhaveli İsmail
    bu ölen teknedendi.
Ve şimdi
Kerempe Feneri'nin açığında
batan teknenin kayığında
emanetiyle tek başınadır,
fakat yalnız değil :
        rüzgârın
                bulutların
                        ve dalgaların kalabalığı
İsmail'in etrafında hep bir ağızdan konuşuyordu.

Arhaveli İsmail
        kendi kendine sordu :
"— Emanetimizle varabilecek miyiz?"
Kendine cevap verdi :
"—Varmamış olmaz."
Gece Tophane rıhtımında
kamacı ustası Bekir Usta ona :
"— Evladım İsmail," dedi,
  "hiç kimseye değil," dedi,
            "bu sana emanettir."

Ve Kerempe Feneri'nde
düşman projektörü dolaşınca takanın yelkenlerinde
İsmail, reisinden izin isteyip,
"— Şaban Reis," deyip,
"emaneti yerine götürmeliyiz," deyip
atladı takanın patalyasına,
açıldı...
Allah büyük
ama kayık küçük, demiş Yahudi.
İsmail bodoslamadan bir sağnak yedi,
bir sağnak daha,
peşinden üç kardeşler.
Ve denizi bıçak atmak kadar iyi bilmeseydi eğer
alabora olacaktı.

Rüzgâr tam kerte yıldıza dönüyor.
Ta karşıda bir kırmızı damla ışık görünüyor :
Sıvastopol'a giden bir geminin
sancak feneri.
Elleri kanayarak
İsmail çekiyor kürekleri.
İsmail rahattır.
Kavgadan
ve emanetinden başka her şeyin haricinde.
İsmail, unsurunun içinde.
Emanet :
bir ağır makinalı tüfektir.
Ve İsmail'in gözü tutmazsa liman reislerini
ta Ankara'ya kadar gidip
onu kendi eliyle teslim edecektir.

Rüzgâr bocalıyor.
Belki karayel gösterecek.
En azdan on beş mil uzaktır en yakın sahil.

Fakat İsmail
ellerine güvenir.
O eller ekmeği, küreklerin sapını, dümenin yekesini
ve Kemeraltı'nda Fotika'nın memesini
aynı emniyetle tutarlar.

Rüzgâr karayel göstermedi.
Yüz kerte birden atlayıp rüzgâr
bir anda bütün ipleri bıçakla kesilmiş gibi
düştü.

İsmail bunu beklemiyordu.
Dalgalar bir müddet daha
yuvarlandılar teknenin altında
sonra deniz dümdüz
ve simsiyah
durdu.
İsmail şaşırıp bıraktı kürekleri.
Ne korkunçtur düşmek kavganın haricine.
Bir ürperme geldi İsmail'in içine.
Ve bir balık gibi ürkerek
bir sandal
bir çift kürek
ve durgun
ölü bir deniz şeklinde gördü yalnızlığı.
Ve birdenbire
öyle kahrolup duydu ki insansızlığı
elleri yıldılar :
yüklendiler küreklere.
Kürekler kırıldılar.

Sular tekneyi açığa sürüklüyor.
Artık hiçbir şey mümkün değil.
Kaldı ölü bir denizin ortasında
kanayan elleri ve emanetiyle İsmail.
İlkönce küfretti.

Sonra elham okumak geldi içinden.
Sonra güldü
eğilip okşadı mübarek emaneti.
Sonra,
sonra malum olmadı insanlara
Arhaveli İsmail'in akıbeti....."

Aşçıbaşı Mahmut Aşer
kocaman yumruklarının tersiyle ovuşturdu gözlerini,
sesi doluydu :
"— Ben bu İsmail'i tanırım, yavrum."
Güldü Metrdotel :
"— Amma da yaptın, usta,
sahiden İsmail diye bir adam yok,
böyle bir insan yaşamamış.
Bu dinlediğin masal......"
Mahmut Aşer adeta kızdı bu itiraza :
"— Yavrum, masal olur mu?
Hâşâ!..
Destan denildi, duymadın mı?
Köroğlu da mı yaşamamış?
Tahir'le Zühre de mi yalan?
Hem ben tanırım dedim sana Arhaveli İsmail'i.
Fakat yirmi yıldır gördüğüm yoktu.
Ölmüş daha o zaman
yazık
erkek çocuktu."
Sustu Mahmut Aşer.
Yemekli vagondakilere
cam bölmenin arkasındakilere bakıyordu Garson Mustafa :
öfkesi yükseliyordu yüreğinden boğazına doğru.
Konuştu tekrar Mahmut Aşer,
sanki konuştu kendi kendine :
"— Doğrusun, yavrum,
hikâye oldu Arhaveli İsmail.
Eski zamanlar bütün hikâye oldu gayrı.

O günler ayrı, bu günler ayrı.
O günün adamları, yavrum, bir başka çeşit
bir başka çeşit, yavrum, bugünün adamları.
Mustafa bana bak,
harplerden de yazıyor mu bu?"
"— Yazıyor."
"— İnönü Harbini de anlatıyor öyleysem?"
"— Anlatıyor."
"— Ben bulundum orada...
Sonra o harbe Birinci İnönü dediler."
Garson Mustafa hayretle sordu :
"— Sen de muharebe ettin demek?"
"— Ettik elbette.
İnönü meydanı, yavrum,
rüzgâr,
soğuklar insanı arı gibi haşlıyor.
Zemheriler bitti diyelim
hamseyn ya başladı, ya başlıyor.
Muharebe beş gün beş gece sürdü.
Kan gövdeyi götürdü.
Ve nihayetinde
gâvurlar karın üstünde
top arabaları, sandıklar dolusu konyak,
altı kamyon bıraktılar.
Sonra kaçarlarken, yavrum,
biz mi kaçtık, onlar mı, pek belli olmadı ya,
fakat onlar kaçarlarken
köyleri, köprüleri yaktılar."

Aşçıbaşı Mahmut Aşer
inkılapçı yeni büyük mutfağımızın "neo-klasik" tipi
birdenbire göründü Mustafa'nın gözüne büsbütün bambaşka bir
adam gibi,
burnunun biçimine kadar hatta.
Ve beyaz takkesi kayboldu.
Sonra Mustafa'ya Metrdotel :

"— Kimden aldın bu yazıları?"
"— Kardeşimden."
"— Bu şiirleri yazan mahpusu kardeşin tanıyor mu?"
"— Arkadaşıdır.
Bir gün ben bile gittim ziyaretine."
"— Kimin? Hapisteki şairin mi?"
"— Evet."
"— Kardeşin ne iş yapar senin?"
"— Amele...."

Fırtınada karanlık bir tiren götürüyor adamları.
Yağmur kamçılıyor mavi camları,
damlalar sicim gibi iniyorlar.
Mustafa devam etti destanına :
"— Birinci İnönü,
sonra ikincisi.
23 Mart 921 günü
düşmanın Bursa ve Uşak grupları üstümüze yürüyor.
Onlardaki topçu ve piyade
bizden üç kere fazla,
bizim atlımız çok.
Atların makanizması
hartucu
namlusu yoktur
ve kılıç
çıplak, ucuz bir demirdir.
26 Mart.
Akşam.
Sağ cenah ilerimize yanaştılar.
27 Mart :
bütün cephelerde temas.
28, 29, 30 :
kavgaya devam.
Ve Martın 31'inci gecesinde
(ay ışığı var mıydı? bilmiyorum)
İnönü karanlığı sesler ve kıvılcımlarla doluydu.

Ve ertesi gün
　　　　　　1 Nisan
　　　　　　　Metristepe aydınlanıyor.
Saat altı otuz :
Bozöyük yanıyor.
Düşman muharebe meydanını silahlarımıza terketmiştir.
Sonra 8 Nisandan 11 Nisana kadar :
Dumlupınar.
Sonra Haziran.
Bir yaz gecesi.
Dünyada yalnız pırıltılar
　　　　　　　　　　ve böceklerin sesi.
Sakarya'yı üç yerinden
　　　　　　　　　　sallarla geçiyoruz.
Basarak aldık
　　　　　　　Adapazarı'nı.
Ve dolaşıp Sapanca Gölünün sazlıklarını
yanaştık İzmit'in şarkında çuha fabrikasına.
Düşman
kısmen gemilere binerek
　　　　　　　　　　　denizden
ve kısmen
　　　　　　Karamürsel üzerinden
　　　　　　　　　　　　　　　Bursa'ya çekilip
boşalttı İzmit şehrini gece yarısı.

Sonra 23 Ağustos.
Sakarya melhame-i kübrası ki
devamı 13 Eylül gününe kadardır.
Bizim kırk bin piyademiz
　　　　　　　dört bin beş yüz atlımız,
düşmanın seksen sekiz bin piyadesi
　　　　　　üç yüz topu vardır.
Harp meydanının şimal yanı
　　　　　　　　　Sakarya
　　　　　　　　　　　　ve dağlardır.

Keskin
ve dik yamaçlarıyla,
kireçli toprakları
ve kayalarında tek başlarına birbirinden uzak
haşin
ve münzevi çam ağaçlarıyla
Abdüsselam Dağı,
Gökler Dağı,
dağlar.
Ve Sakarya'dan bu havalide
yalnız çatal tırnaklı karacalar su içmektedir.
Ankara suyunun döküldüğü yerden
Eskişehir şimali garbisine kadar
Sakarya mecrası uçurumlar içinden geçmektedir.
Cenupta
ve cenubu şarkîde
yapraksız ve hazin
geniş ve uzun
ve insana bıraktığı hiçbir şeye acımadan
ölmek arzusu veren
Cihanbeyli Ovası :
çöl......
Bu çölün
bu dağların
bu nehrin ve bizim önümüzde
yirmi iki gün ve gece fasılasız dövüşüp
düşman ordusu ricata mecbur kaldı.

Buna rağmen
sene : 1922
ve on beş vilayet ve sancak
ve dokuz büyük şehir
düşman elindedir...
İnanılmaz şeyler düşmandadır ki
bunların arasında :
yedi göl, on bir nehir

ve köklerinde baltamızın yarası
ve yangınlarıyla bizim olan
yüz kere yüz bin dönüm orman,
bir tersane, iki silah fabrikası,
ve on dokuz körfez ve liman ki
belki birçoğunun
rıhtımı
mendireği
kırmızı yeşil fenerleri yoktur
ve belki sularında
ateş kayıklarının ışıltısından başka ışık yanmadı,
fakat onlar
tahta iskeleleri ve kederli balıkçılarıyla bizimdiler.
Sonra üç deniz
altı kol tiren hattı,
sonra göz alabildiğine yol :
sılaya gittiğimiz
gurbette göründüğümüz
ve neden
ve niçin olduğunu sormadan
çöle, Çanakkale'ye
ölüme gittiğimiz yol,
ve sonra toprak
ve o toprağın insanları :
Uşak tezgâhlarının halı dokuyanları,
kılaptan işlemeli eyerleriyle meşhur
Manisalı saraçlar,
yol kenarlarında ve istasyonlarda açlar,
ve kurnaz
cesur
ağırbaşlı ve çapkın
ve kütleleriyle delikanlı
İstanbul
ve İzmir işçileri,
ve zahire ve kantariye tacirleriyle eşraf ve âyan,
kıl çadırlı Yürükleri Aydın'ın

ve sonra ırgat
ortakçı
maraba,
davarlı ve davarsız
yarım meşin çizmeli
ve ham çarıklı köylüler.
On beş vilayet ve sancak
ve dokuz büyük şehir
düşman elindedir..."

V

Anadolu Sürat Katarı yaklaşıyordu Sapanca'ya.
Siyah elbiselerin sarışını
siyah elbiselerin esmerine dedi ki :
"— Deminden beri bakıyorum, Faik Bey,
    aşçı, Metrdotel ve garson
                    şurda camın arkasında bir şeyler okuyorlar. "
"— İyice bakmamışsınız.
    Garson okuyor, dinliyor ötekiler."
"— Evet.
    Ne okuyorlar acaba?"
"— O garson ne okuyabilir? diye düşünüyorsunuz.
    Garson ve okumak.
    Aşçıbaşı ve okunan bir şeyi dinlemek
                              tuhafınıza gidiyor."
"— Doğru.
    Karagöz'e benzemiyor okudukları şey."
"— Niye Karagöz geldi aklınıza?"
"— Bilmem.
    Fakat başka bir şey de olabilir."
"— Ahmet Haşim'in şiirleri niye olmasın?"
"— İmkânı yok.
    Hayır.
    Aşçıbaşı anlayamaz Haşim'i."
"— Haklısınız, Bay Şekip Aytuna,
    aşçıbaşıya anlatacak
                         açık
                              korkunç
                                        cesur
                haklı ve umutlu bir tek sözü yoktur Ahmet Haşim'in."

"— Şiir bunlardan mı ibaret yalnız, Doktor Bey?"
"— Şiir dünyadan ibaret.
Ve bugünkü dünyada yalnız bu dediklerim anlatılmaya değer."
"— Ne garip fikirleriniz var."
"— Gariptirler,
hatta bir bakıma komik,
hatta bir bakıma mürai, züppe ve alçak
sadece bol bol gevezelik edip
dövüşmedikleri, dövüşemedikleri için..."

Yağmur dinmişti dışarda
rüzgâr aynı hızla esiyordu fakat.
Zifiri karanlıkta belirdi Sapanca Gölünün pırıltısı.
Anadolu Sürat Katarı yavaşlıyor.
Geçiliyor yanından sırılsıklam, simsiyah ağaçların.
Ve yavaşlayan tirenin azaldıkça gürültüsü
rüzgârın uğultusunda yeni bir ses duyulmaya başlıyor :
bu ses suyun
ve sazlıklarındır...

Tiren durdu.
Haykırışmalar oldu dışarda.
Yemekli vagonun mavi camlarına dışardan
bir şeylerle yüklü ıslak kadın ve çocuk elleri vurdu.
Baktı bu tırmanan mavi ellere yemekli vagondakiler.
Bir tek elma almadan fakat
kalktı Sapanca'dan Anadolu Sürat Katarı.
Yirmi biri elli yedi geçiyordu saat.

Ve 108 kilometre cenubunda Anadolu Sürat Katarının
giriyordu Bilecik İstasyonu'na bir başka tiren :
Haydarpaşa'dan 15:45'te kalkan katar.
Burda ne yağmur, ne rüzgâr
kar gibiydi ay ışığı.

Ve 510 numaralı üçüncü mevki vagonun
camları değil
maskelendiğinden ampulleri
koridorda bir açık pencereden
iki yolcu mehtabı seyrediyordu :
Nuri Öztürk
(Bakımevi kaleminde muhasebeci)
ve Kartallı Kâzım.

Bir dümdüz beyazlığın üzerinde sarsıntısız ve kolay
kızakla çekiliyormuş gibiydi ay.

Mahkûmların bölmesindeydi Üniversiteli.
Son harbin ekonomiko-sosyal sebeplerini anlatıyor mahkûm Halil.
Yuvarlak sayılar ve kupkuru kelimelerle konuştuğu halde
kavga ediyormuş gibi heyecanlı.
Ve miyop gözleri gözlüklerini yenmişti.
Ve ölen insan sayıları yıkılan şehir isimlerine rağmen
umutlu iki el gibi bu gözleri alnının üstünde duyuyordu Üniversiteli.
Fakat dehşetli umutsuzdu Çavuş.
Mırıldandı kendi kendine :
"— Âsi geldiler,
âsi geldiler Allaha.
Amma da olur şimdiki muharebe ha,
ana baba günü
vaveyla günü.
Vaveyla çalkanır böyle arzla semanın arasında.
Hayat meselesi."
Sonra mahkûm Süleyman'a döndü :
"— Süleyman Bey," dedi,
"Süleyman Bey,
Üveyk kuşu şöyle feryad edermiş ilânihaye :
keşke beni yaratmasaydın!
Bu dünyaya gelip ilk defa ölümü gördüğünden,
sonsuzluk yani.
Hay felek, hay felek,

devri âleme bak,
bir yükseliş devri
sonra bir alçalış devri geliyor muhakkak.
Dünyaya sahip olan bir rüzgâr.
Haydi bakalım toprağa kalboldun..."

Mahkûm Fuat
kendi İstanbul'u yüreğinde
                                        açık pencereden geceyi seyrediyordu.
Kızını düşünüyordu mahkûm Melahat :
"İki kat entarisi, dört çift çorabı var,
                                                patikleri eskidi,
                                                        kış gelirse yün atkısı yok."
Uyukluyordu Jandarma Haydar.
Mahkûm Halil'i dinliyordu Jandarma Hasan.

Gökyüzünde kızakla çekiliyormuş gibiydi ay,
yaklaşmayıp uzaklaşmayarak
                                        değirmi ve parlak
                                        hep aynı mesafede
                                        tirenle birlikte yürüyordu,
                                        tirenle birlikte yavaşladı,
                                        tirenle birlikte durdu Bilecik İstasyonu'nda.

Koridorda üç kerre derin nefes aldı Nuri Öztürk,
hazin bir şarkı söyler gibi konuştu :
"— Mâhitaba bakamam yâr gelir hatırıma."
Ay ışığıyla doluydu sarı kurt gözleri Kartallı Kâzım'ın.
Kartallı Kâzım konuştu :
"— Benim eski yıllar gelir hatırıma,
                                                Kuvâyi Milliye yılları."
Sustu ve devam etti hemen :
"— Kaç yıl geçti üzerinden,
    tıpkı böyle mehtaplı bir gece.
    Yine böyle bir gümüş kutunun içindesin
                                                ortalık öyle bir tuhaf aydınlık, öyle ıssız.

Ya çok seslidir
ya hiç ses vermez mehtaplı gece zaten.
Ben tek başıma yüzükoyun yatıyorum
arkasındayım filintamın,
kız gibi Osmanlı filintası.
Parlıyor arpacık
namlunun ucunda
yüz yıllık yoldaymış gibi uzak
bir damlacık.
O gün merkezden emir aldık :
Gebze'deki İngiliz yüzbaşısının tercümanı vurulacak.
Köylerde teşkilat kurmuş tercüman Mansur
satıyor bizimkileri...
İyi hesaplamışım herifin geçeceği yeri.
Söküldü karşıdan.
Beygirin üzerinde.
Beygir yüksek
İngiliz kadanası.
Kendi halinde yürüyor hayvan
ortasında demiryolunun
sallana sallana
ağır ağır.
Tercüman herhalde bırakmış dizginleri
onun da başı sallanıyor
belki de uyuyor üzerinde beygirin.
Yaklaştıkça büyüyor herif.
Zaten mehtapta heybetli görünür insan.
Aramızda kaldı kalmadı dört yüz adım,
namluyu kaldırdım biraz
Mansur'un sallanan başını nişanladım.
Soldaki yamaçtan düştü bir taş parçası.
Bir kuş uçtu sağımdaki ağaçtan,
ağaç çınar,
kuş ürkmüş olacak.

Kafam çevrildi kuşun uçtuğu yana
mehtapla yüz yüze geldik,
tıpkı işte bunun gibi kocaman
desdeğirmi
bembeyaz.
Gözümü aldı adeta.
Zaten bu yüzden
tekrar göz, gez, arpacık hedefi bulup ateşlediğim zaman
ilk kurşun Mansur'un başını delecek yerde
galiba omzuna girdi.
Herif "Hınk" dedi bir, kulağımın dibinde sesini duydum.
Beygirin başını çevirdi
dörtnal kaçıyor.
Yetiştirdim ikinci kurşunu.
Beygirin üstünde sola yıkıldı.
Üçüncü kurşun.
Düştü beygirden.
Fakat bir ayağı üzengiye takılmış
biraz sürüklendi peşinde kaçan hayvanın.
Sonra kurtuldu ki ayağı
Mansur yıkılıp kaldı olduğu yerde,
yamaca sardı beygir.
Kalktım.
Yürüdüm herife doğru.
Üzerinden kâatları alacağım,
casusların isimleri vardır.
Aramızda dört telgıraf direği yalnız,
ellişerden iki yüz metre eder.
Tercüman doğruldu apansızın
yana attı kendini
kaçıyor bayır aşağı.
Filintayı omuzladım.
Dördüncü kurşun.
Yıkıldı herif.
Başladım koşmaya.

Doğruldu yine.
Aramızda yüz adım.
Mansur yürüyor önümde sarhoş gibi sallanarak
                                                            kaçmıyor artık
                                                                            yürüyor.

Ben de koşmayı bıraktım.
Deniz kıyısına indik.
Orda boş bir fabrika vardır.
Bir de beyaz bir ev,
tahta iskelesi iner denizin içine kadar.
Baktım ki herif suya giriyor.
Kâatlar ıslanacak.
Beşinci kurşunu yaktım.
Suya düşüp kalktı önde giden.
Ve ben tazelerken şarjörü
bir ışık yandı evde,
        bir pencere açıldı,
                    galiba bir kadın baktı dışarıya.
Boğazlanıyormuş gibi bağırdı tercüman.
Pencere kapandı.
Işık söndü.
Tercüman atıldı tahta iskeleye.
Art ayakları kırılmış bir hayvan gibi sürünüp tırmanıyor.
Hâlâ gitmez gözümden.
Hay anasını.
Ay da denize düşmüş :
dağılıp toplanıyor
                        toplanıp dağılıyor.
Velhasıl
uzatmayalım
Mansur'un işini bıçakla bitirdik.
Kâatlar kan içindeydi,
fakat kan kapatmıyor yazıyı...."

Sustu birdenbire Kartallı Kâzım
sonra devam etti hemen :

"— Herif namussuzun biriydi,
muhakkak.
Düşmana satılmıştı,
orası öyle.
Kaç tane din kardeşinin başını yedi,
biliyorum.
Ama ne de olsa
mehtapta herif beygirin üzerinde uyumuş geliyordu.
Demek istediğim
öyle günlerde bile böyle bir adamı bile bu çeşit öldürüp
ortalık duruldukta yıllarca sonra mehtaba baktığın vakit
üzüntü çekmemek için
ya insanda yürek dediğin taştan olacak
yahut da dehşetli namuslu olacak yüreğin.
Bizimkisi taştan değil çok şükür,
fakat namuslu.
Ne malum? dersen :
dövüştük pir aşkına
yaralandık birkaç kere
ve saire.
Ve kavga bittiği zaman
ne çiftlik aldım, ne apartıman.
Kavgadan önce Kartal'da bahçıvandık
kavgadan sonra Kartal'da bahçıvan.
Yalnız işte ara sıra
yerli yersiz böyle anlatırız..."

Nuri Öztürk :
"— Anlatmazsın övünürsün mamafi böbür böbür,"
diyecekti az daha.
Esasen Kuvâyi Milliye hikâyeleri
asabını bozardı Nuri Öztürk'ün :
Anadolu'ya zamanında geçmediğinden....

510 numaralı üçüncü mevki vagon.
Alaca karanlığında uykusundaydı beşinci bölme.

Yalnız Sakaryalı Şakir'di uyumayan
(sirozlu hasta),
çöp gibi boynunun üzerinde
(bir mantık yanlışlığı olarak)
dimdik duruyordu başı.
Karnının üstüne koymuştu ellerini.
Bu yamru yumru eller
düşünüp konuşabilseydi eğer :
"— Şakir
her dakka artıyor karnındaki su,
düştü yüreğine ölüm uykusu
göz yummak ne mümkün?" diyebilirdiler.
Demediler fakat.
Çünkü artık düşünmeye tenezzül etmiyor Şakir.
Ve duymuyor artık :
yaylı bir karyolada ölmenin hasretini bile.

510 numaralı üçüncü mevki vagon.
Koridor.
Koridorda iki yolcu mehtabı seyrediyor.
Gökyüzünde sarsıldı bir kerre
sonra kızakla çekiliyormuş gibi rahat ve kolay
yürümeye başladı ay.
Bilecik İstasyonu'nu arkada bıraktı tiren.
Ve 90 bu kadar kilometre şimalinde bu tirenin
bir başka katar
Anadolu Sürat Katarı
koşuyordu rüzgârlı karanlıkta cenuba doğru.

Boşalmıştı yemekli vagon yarı yarıya.
Garson Mustafa daha bir hayli okumuştu destandan :
"HİKÂYEİ İMALATI HARBİYE FABRİKASI"
"HİKÂYEİ HASAN",
"HİKÂYEİ ÜÇ İNSAN"
ve
" HİKÂYEİ MUSTAFA SUPHİ VE ARKADAŞLARI".
Metrdotelin kaşları çatılmıştı bilhassa bu son hikâyede

ve kararmıştı içinde üniformasının.
"— Yavrum, Mustafa," dedi Aşçıbaşı Mahmut Aşer,
"yoruldun.
Gerisini birazdan okuruz, biz bize kalınca...."

Ve Mustafa soktu sarı yapraklı defterini cebine.

22'yi 36 geçiyordu saat.
Büyüklerden insan
kalktı masadan.
Yanındakiler de kalktılar.
"— Ben yatmaya gidiyorum, müsaadenizle,
siz rahatsız olmayın."
Düşündü Tahsin
(Mebus-Doktor) :
"— Zekâ bu kadar erken uyur mu?"

22'yi 36 geçiyordu saat :
Mösyö Düval konuşuyordu Cazibe Hanımla :
"— Sizin köylülerinizden memnunum,
kanaatkâr ve sabırlı insanlar.
Tüccarlarınız da fena değil,
memurlarınız zararsız,
beğenmiyorum fabrikatörlerinizi fakat.
Size her şeyden önce ziraat lazım.
Sonra devletçiliği de bırakmalısınız..."

22'yi 36 geçiyordu saat.
İzmirli tacirlerden Emin Ulvi Açıkalın'ın aklında
yüz bin sandık kadar üzüm ve incirin hesabı var.

Geğirdi Kasım Ahmedof
ve tadı bir mandalina dilimine benzeyen kızın
titredi dudakları.

Hikmet Alpersoy :
"— 350.000," diye bitirdi sözünü.
Mardanapal :
"— 400.000'e çık, yalnız bir mesele var,"
diye başladı sözüne.
C. M. Muavini Fehim :
"— Mardanapal'dan 500 lira borç isteyebilirim,"
diye düşündü.

22'yi 36 geçiyordu saat.
Ve Anadolu Sürat Katarında
bir delikanlı duruyordu sahanlığında birinci mevkiin.
Tıp Fakültesi'nde talebeydi.
Eskiden bir köy ağasıydı ki babası
sahibi olmuştu son on beş yıl içinde
üç çiftliğin ve iki çeltik fabrikasının.
Duruyordu kederle sahanlıkta tıp talebesi.
Altay dağlarını düşünmüyordu,
o dağlara ki bir gün yalın kılınç gitmek niyetindedir
yedi tuğ taşıyan atlılarla
ve başında demir miğferi.
Şimdi yüreğindeki keder
yine macerasız geçen bu tiren yolculuğundandır.
Halbuki tirenlere ne kadar güzel kadınlar biner.

22'yi 36 geçiyordu saat.
Anadolu Sürat Katarında
iki kadın konuşuyordu ikinci mevkide bölmelerin birinde.
Elli yaşındaydılar.
Elli yıl elle tutulacak gibi belliydi
ikisinin de üzerinde.
Soldaki bir profesör karısıydı.
Geniş, uzun yüzü ağlamaktan kızarmış,
şapkasını çıkarmış
buruşuk elleriyle ak saçlı şakaklarını tutuyordu.
Durmadan konuşuyordu sağdaki kadın :

"— Herifin bu kadar kahrını çektin, kardeş.
Boyunca iki evlat yetiştirdin.
Ne demeye boşanacaksın?
Bakmaya mecbur sana.
Baksın.
Şimdi gidip elinle tutsan bile
boşanayım deme sakın...
Boşanmak onun canına minnet.
Herifi rezil et bir temiz fakat,
sonra dön, keyfine bak, köşene kurul."

22'yi 36 geçiyordu saat.
Aynı bölmedeydi Nimet Hanım.
Genç bir kadın.
Bir vekâlette memurdur.
Güzel değil,
başka bir şey,
bir acayip sıcaklık.
Güzel olmadığı için güzel.
Yakınları ona mutlaka "canım" derler.
Bir mektup okuyordu.
Çok uzaklardakine yazmıştı bu mektubu
Ankara'dan atacaktı postaya,
belki de atmayacaktı,
hayır, atacaktı muhakkak.
Şöyle başlıyordu mektup :
"Orhan,
sana dün aşağılık bir mektup yazıyordum,
vazgeçtim.
Ama şimdi ne diye söylüyorum bunu?
Kim bilir?
Kancıklığım zahir.
Halbuki ben onu yazabilseydim sonuna kadar
sen bir hayli sinirlenecek
sevinecek
iştahlanacak
falan filan olacaktın.

Şu kadar ifşa edeyim :
seni istedim dün
dün dehşetli canım çekti seni.
Ve bütün münasebetsizliğine rağmen
horozluğunu özledim.
Bu fizik açlık bende yoktu.
Bir krizdi geldi geçti.
Ama kaç para eder,
ben eminim ki artık
bu krizler daima sen yanımda olmayınca tutacak.
Bu fizik açlık bende yoktu.
Ve tahammül edemem böyle bir şeyin başlamasına.
Bu olmamalı, sevgilim.
Etimi yenmesi lazım kafamın.
Ama insanda öyle mahrem bir an oluyor ki
kafasız bir vücutla kalıyor insan.
Tek bir arzusu var işte o zaman.
Ama bu herhangi bir erkeğe ait sanma.
Hayır, daha o kadar olmadım.
Ben seni istedim sadece.
Ama ne türlü istemek
nasıl merhamete layık,
ne korkunç,
nasıl âciz ve yapyalnız bir şey.
Fakat gülünç değil.
Ve korkum burdan başlıyor.
Benim için dua et, sevgilim,
madem ki yanımda yoksun.
Dün hırsımdan bir bardağı kırdım elimde.
Ne boktan, isterik bir hal.
Niye bu kadar uzaksın?
Fakat gelme sakın,
zaten gelemezsin,
istemiyorum
olduğun yerde sittin sene kal..."

Mektubu zarfına koydu Nimet Hanım.
Başını dayadı cama.
Baktı boyalı camdan dışarı.
Bir köyün yanından geçiyordu Anadolu Sürat Katarı.
Ve saat 22'yi 36 geçiyordu.
Bir kadın yatıyordu köyde
üst katında kerpiç bir evin
yalın kat bir döşekte bir karanlık odada.
Dinledi tirenin gürültüsünü Hatice Kadın.
Sanki evin içinden gelip geçti tiren.
Abraş öküz böğürdü aşağıda.
Döşekte soldan sağa döndü Hatice Kadının kocası.
Düşündü Hatice Kadın
kurnaz
bahtiyar :
"— Kocam bu harman sonu kızını alacak Çopur Ekrem'in.
İmam nikâhı kıyacaklar.
Kız diri karıdır, Osmanlı karı.
Taze gelinlik eder Kasıma kadar
sonra işe koşarız."
Hatice Kadının yorgun bacakları
gevşedi yorganın altında saadetle.
Ve düşündü Hatice Kadın :
"— Çapada bu kadar yorulmam gayrı."
Ve sevincinden çatlayacakmış gibi çarptı kalbi,
kolsuz kalmış
sızlayan kollarından ebediyen kurtulmuş gibi.

22'yi 36 geçiyordu saat.
Hatice Kadının köyünden on kilometre içerde
kahveleri henüz kapanmamıştı kasabanın;
birisinde gramofon çalıyordu, radyo birisinde.
Ve sobacı Hakkı Usta
az evvel indirdiği kepenklerin gerisinde
bir teneke boru kesiyordu,
elmas yontar gibi dikkatli ve titizdi.

Gidiyordu peşince aklından geçenlerin.
Hakkı Ustanın aklından geçenler
gözüküp kayboluyor yumuşak yüzünde.
Dört yıl önce karısını boşadı usta.
Kadın vardı kunduracı Rıfat'a.
Fakat şimdi usta tekrar istiyordu eski karısını.
Bir ay önce rüyasında göründü kadın
divaneye döndü usta.
Nihayet kadınla sözleştiler.
Bu gece yatağında urganla boğup kunduracı Rıfat'ı
kuyuya atacaklar
ve çekip gidecek kendileri Balıkesir taraflarına.
Hakkı Usta baktı dükkânının raflarına, orda urganın
yanında bir çalar saat vardı,
ve 22'yi 36 geçiyordu.

Ve 22'yi 36 geçiyordu aynen
elli kilometre uzakta
Ferit Beyin kol saatı da.
Yeşilçam nahiye müdürü Ferit Bey
ve jandarma karakol kumandanı Seyfi Çavuş
Şerifler Köyü'ne yanaşmışlardı.
Cıgaraları gizliydi avuçlarının içinde.
Çömelmişlerdi.
Ağız dolusu nefes alıyorlar
köyü kokluyorlardı karanlığın arasından :
ne yanmış odun, ne sıcak tezek, ne de yaş toprak kokusu hatta
(halbuki yağmur yağmıştı bir saat önce
ve sırılsıklamdı toprak),
ne ışıklı bir pencere, ne yürüyen bir şey,
insanlar ve hayvanlar köyü bırakmışlardı sanki,
ve rüzgârdan başka ses yoktu.
Seyfi Çavuş
sol elinin şahadet parmağını çamura soktu
köküne kadar.
Konuştu Ferit Bey fısıldayarak :

"— Boşuna bekliyoruz
gelmeyecek."
"— Gelir,
çocuklar uyumamıştır da ondan."
"— Kaç çocuğu var?"
"— Üç."
Sustular.
Yarım saat kadar geçti.
Parmağı hâlâ çamura gömülüydü çavuşun.
Köylüydü Seyfi Çavuş
çömelip sabretmesini bilen bir soydandı.
Hatta böyle olduğu yerde daha saatlarca bekleyebilir
Ferit Beyle tek kelime konuşmadan
ve sonra rahatça kalkıp gidebilirdi.
Nahiye müdürü Ferit Bey konuştu :
"— Daha fazla bekleyemem.
Ben gideceğim, çavuş."
"— Sen bilirsin."
"— Peki sen?"
"— Ben burdayım.
Madem ki geldik."
Sustular.
Ferit Bey gitmedi.
Korkuyordu.
Geçti bir müddet daha.
Yine Ferit Bey sordu :
"— Demek senin karakola boyuna geliyor?"
"— Gelir.
Benden önceki çavuş alıştırmış.
Bir kerre bir gecede bütün karakol geçtik üzerinden,
bana mısın demedi.
Sabahleyin çoraplarımızı bile yamadı.
Adam başına beşer kuruş verdik."
Esmerdi Seyfi Çavuş
ve kemikli genç burnunun altında
kendinden emin ve kibirliydi ağzı.

Esmerdi Ferit Bey de,
külrengi bir elbise giymişti.

Bir köpek uludu köyün içinden,
fakat başka köpekler ona cevap vermediler,
uludu ve sustu.
Seyfi Çavuş çıkardı parmağını çamurdan
ve doğrulmaksızın :
"— Geliyor," dedi.
Ferit Bey hızla kalktı ayağa
ve ne yaptığını düşünmeden
düzeltti kıravatını.
Emine'ydi gelen.
Kalındı ve uzun boyluydu.
Telaşsız
çekinmeksizin
geliyordu karanlığı iteleyerek.
İyice yaklaşmasını bekledi Seyfi Çavuş
sonra doğruldu, kalktı.
Ferit Bey sıkılarak
kadına baktı.
Yalnız gözleri çıplaktı.
Çıplaktı herhalde ayakları da,
fakat Ferit Bey biliyordu ki
köylü kadınlarda ayak çıplaklığının
çıplaklıkla ilgisi yoktur.
Bir keçe vardı koltuğunda Emine'nin,
rüzgârda çırpınarak
uçları dövüyordu sağrısını.
Kadınla konuşmadılar.
Seyfi Çavuş yürüdü Ferit Beyi kolundan çekip.
Emine yürüdü peşlerinden
on beş adım aralıkla
ve koltuğunda keçesi.
Yürüdüler bir çeyrek kadar
alınlarında rüzgârlı, ıslak bir ilkbahar gecesi.

Ve çamlığa ulaştıklarında
(burcu burcu kokuyordu heybetli çamlar)
                                        Seyfi Çavuş bir düzlükte durdu
ve yüksek sesle Ferit Beye sordu :
"— Önce sen istiyorsan?
        Ben çekileyim."
Ferit Bey kekeledi :
"— Ben
        ben hiçbir şey istemiyorum."
Güldü Seyfi Çavuş :
"— İpekli döşek mi lazımdı beyimize?
                Öyleyse sen uzaklaş bakalım..."
Uzaklaştı Ferit Bey
                kayboldu karanlıkta.
Ve ancak
ve ancak o zaman
                Seyfi Çavuş baktı arkasına.
Kalın ve dimdik duruyordu kadın.
El etti çavuş.
Yaklaştı Emine,
eğildi öne doğru.
Ve çocuğuna döşek seriyormuş gibi
                    koltuğundaki keçeyi ıslak toprağa yaydı
ve uzanıp sırtüstü üzerine keçenin
baktı yukarıya, başucunda duran çavuşa...

Yirmi dakka sonra çamlıktan çıktılar :
önde Seyfi Çavuşla nahiye müdürü
arkada Emine.
Yürüdüler biraz.
Dönemeçte sola saptı kadın
                        tuttu Şerifler Köyü'nün yolunu
                                                koltuğunda keçesi.
Erkekler farkına bile varmadılar bu ayrılığın.
Yürüdüler nahiyeye doğru
alınlarında rüzgârlı ıslak bir ilkbahar gecesi.

Bir tiren gürültüsü geldi uzaktan.
"— Sürat Katarı," dedi Ferit Bey.
"Şimdi içinde olsaydık
yemekli vagonda
rahat..."
Seyfi Çavuş mırıldandı :
"— Demek ki 24'ü geçiyor saat..."

VI

Anadolu Sürat Katarında yemekli vagonda 24'ü 10 geçiyordu saat.
Yemekli vagonda üç kişiydiler :
Garson Mustafa, Metrdotel ve Aşçıbaşı Mahmut Aşer.
Oturmuşlardı birinci masaya,
oraya büyüklerden insan oturmuştu bir saat önce.
Masaların beyaz örtüleri kaldırılmıştı.
Kırmızı abajurlar sönmüştü,
şimdi sadece eski kumaş parçalarıydılar.
Terkedilmiş bir meyhane kokuyordu.
Ve Garson Mustafa
destanı okuyordu :
"— 922 SENESİ AĞUSTOS AYI
ve
HİKÂYEİ KADINLARIMIZ
ve
ALTI AĞUSTOS EMRİ
ve
HİKÂYEİ BİR ALETLE BİR İNSAN..."
Sordu Aşçıbaşı Mahmut Aşer :
"— Burda mı kaldıktı, yavrum?"
"— Evet.
Hikâyei Mustafa Suphi ve Arkadaşları'nı okuduk en son,
sonra burası geliyor."
"— Peki öyleysem, oku."
"— Okuyorum :
"Ayın altında kağnılar gidiyordu.
Kağnılar gidiyordu Akşehir üstünden Afyon'a doğru.
Toprak öyle bitip tükenmez
dağlar öyle uzakta

sanki gidenler hiçbir zaman
hiçbir menzile erişmeyecekti.
Kağnılar yürüyordu yekpare meşeden tekerlekleriyle,
ve onlar
ayın altında dönen ilk tekerlekti.
Ayın altında öküzler
başka ve çok küçük bir dünyadan gelmişler gibi
ufacık
kısacıktılar
ve pırıltılar vardı hasta kırık boynuzlarında,
ve ayakları altından akan
toprak
toprak
ve topraktı.
Gece aydınlık ve sıcak
ve kağnılarda tahta yataklarında
koyu mavi humbaralar çırılçıplaktı.
Ve kadınlar
birbirlerinden gizleyerek
bakıyorlardı ayın altında
geçmiş kafilelerden kalan öküz ve tekerlek ölülerine...
Ve kadınlar
bizim kadınlarımız :
korkunç ve mübarek elleri
ince küçük çeneleri, kocaman gözleriyle
anamız, avradımız, yârimiz,
ve sanki hiç yaşamamış gibi ölen
ve soframızdaki yeri
öküzümüzden sonra gelen,
ve dağlara kaçırıp uğrunda hapis yattığımız,
ve ekinde, tütünde, odunda ve pazardaki,
ve karasabana koşulan
ve ağıllarda
ışıltısında yere saplı bıçakların
oynak ağır kalçaları ve zilleriyle bizim olan
kadınlar
bizim kadınlarımız

şimdi ayın altında
kağnıların ve hartuçların peşinde
harman yerine kehribar başaklı sap çeker gibi
aynı yürek ferahlığı
aynı yorgun alışkanlık içindeydiler.
Ve on beşlik şarapnelin çeliğinde
ince boyunlu çocuklar uyuyordu.
Ve ayın altında kağnılar
yürüyordu Akşehir üstünden Afyon'a doğru.

Altı Ağustos emri verilmiştir.
Birinci ve İkinci Ordu, kıtaları, kağnıları, süvari alaylarıyla
yer değiştiriyordu, yer değiştirecek.
98.956 tüfek
325 top
5 tayyare
2.800 küsur mitralyöz
2.500 küsur kılıç
ve 186.326 tane pırıl pırıl insan yüreği
ve bunun iki misli kulak, kol, ayak ve göz
kımıldanıyordu gecenin içinde.
Gecenin içinde toprak.
Gecenin içinde rüzgâr.
Hatıralara bağlı, hatıraların haricinde
gecenin içinde :
İnsanlar, aletler ve hayvanlar
demirleri, tahtaları ve etleriyle birbirlerine sokulup
korkunç
ve sessiz emniyetlerini
birbirlerine sokulmakta bulup
kocaman yorgun ayakları
topraklı elleriyle yürüyorlardı.
Ve onların arasında
Birinci Ordu İkinci Nakliye Taburundan
İstanbullu Şoför Ahmet
ve onun kamyoneti vardı.

Bir acayip mahluktu üç numrolu kamyonet :
ihtiyar
          cesur
                    inatçı ve şirret.
Kırılıp dağlarda kalan sol arka makası yerine
şasinin altına, dingilin üzerine
budaklı bir gürgen kütüğü sarmış olmasına rağmen
ve kalp ağrılarıyla
ve on kilometrede bir
karanlığa yaslanıp durduğu halde,
ve vantilatöründe dört kanattan ikisi noksan iken
şahsının vakarlı kudretini resmen biliyordu,
6 Ağustos emrinde ondan ve arkadaşlarından
"... ihzar ve teşkil edilmiş bulunan
"ve cem'an 300 ton kabiliyetinde kabul olunan
"yüz kadar seri otomobil...." diye bahsediliyordu.
İhzar ve teşkil olunanlar
            bu meyanda Ahmet'in kamyoneti
insanların, silahların ve kağnıların yanından geçip
Afyon - Ahırdağları ve imtidadına doğru iniyorlardı.

Ahmet'in kafasında uzak bir şehir ve bir şarkı vardı.
Bu şarkı nihaventtir.
Ve beyaz tenteli sandalları
                                        siyah mavnaları
                                                    güneşli karpuz kabuklarıyla
                                        bir deniz kıyısındadır şehir.

Vantilatörde adedi devir
                    düşüyor gibi.
Arkadaşlar ileri geçtiler.
Ay battı.
Manzara yıldızlardan ve dağlardan ibaret...

Sen Süleymaniyelisin oğlum Ahmet,
Çınar dibinde iki mars bir oyunla yenip bücürü,

kalk
sıra kahvelerin önünden yürü,
çeşmeyi geç,
mektep bahçesi, medreseler,
orda, Harbiye Nezareti'nin arka duvarında
siyah çarşaflı bir kadın
çömelip yere
darı serper güvercinlere.
Ve papelciler
şemsiye üstünde papaz açarlar.

Motor mızıkçılık ediyor,
bizi dağ başlarında bırakacak meret...

Ne diyorduk oğlum Ahmet?
Dökmeciler sağda kalır.
Derken, Uzun Çarşı'ya saparken
köşede, sol kolda seyyar kitapçı :
                Hikâyei Billur Köşk,
                altı cilt Tarihi Cevdet,
                ve Fenni Tabahat.
Tabahat mutfaktan gelirmiş,
yani yemek pişirmek.
Hani uskumru dolmasına da bayılırım pek.
Yaldızlı kuyruğundan tutup
bir salkım üzüm gibi yersin.

İlerde bir süvari kolu gidiyor,
                saptılar sola...

Uzun Çarşı'yı dikine inersin.
Sandalyacılar, tavla pulcuları, tesbihçiler,
ve sen İstanbullu
sen kendi ellerinin hünerine alışmış olduğundan
şaşarsın İstanbullulara :
ne kadar ince, ne çeşitli hünerleri var, dersin.

Rüstem Paşa Camii.
Urgancılar.
Urgancılar'da yüz parça yelkenli gemiyi
ve hesapsız katır kervanlarını donatacak kadar
urgan, halat ve dökme tunçtan çıngıraklar satılır.
Zindankapı, Babacafer.
Uzakta Balıkpazarı.
Kuruyemişçiler.
Yemiş İskelesi'ndeyiz :
        o, sandalları, mavnaları
            güneşli karpuz kabuklarıyla
                                    yüzüne hasret kaldığım deniz...

Sol arka lastik hava mı kaçırıyor ne?
İnip
baksam...

Yemiş İskelesi'nden dilenci vapuruna binip
Eyüp'te niyet kuyusuna gittikti.
Elleri yumuk yumuk,
bacakları biraz çarpıktı ama,
yeşil zeytin tanesi gibi gözler.
Kaşları hilal gibi çekikti.
Tam Kasımpaşa'ya yaklaştık, beyaz başörtüsü...

Lastik hava kaçırıyor.
Derdine deva bulmazsak eğer....
Dur bakalım Babacafer.

Üç numrolu kamyonet durdu.
Karanlık.
Kriko.
Pompa.
Eller.
Küfreden ve küfrettiğine kızan elleri
lastikte ve ihtiyar tekerlekte çalışırken

Ahmet hatırladı :
bir gece nüzüllü babaannesini
sedirden sedire taşırken
kadıncağız...

İç lastik boydan boya patladı.
Yedek?
Yok.
Dağlarda avaz avaz
imdat istemek?

Sen Süleymaniyelisin oğlum,
sana tek başına verilmiştir üç numrolu kamyonet.
Hem hani bir koyun varmış
kendi bacağından asılan bir koyun.
Süleymaniyeli Şoför Ahmet
soyun...

Soyundu.
Ceket, külot pantol, don, gömlek ve kalpak
ve kırmızı kuşak
Ahmet'i postallarının üstünde çırılçıplak bırakarak
dış lastiğin içine girdiler,
şişirdiler...

. . . .
. . . .
. . . .

Bu şarkı nihaventtir.
Deniz kıyısında bir şehir,
beyaz başörtüsü.
Saatta elli yapıyoruz.
Dayan ömrümün törpüsü,

dayan da dağlar anadan doğma görsün Şoför Ahmet'i,
dayan aslan...

Hiçbir zaman
böyle merhametli bir ümitle sevmedi
hiçbir insan
                hiçbir aleti..."

Güldü keyifle Aşçıbaşı Mahmut Aşer :
"— Pardon Şoför Ahmet'e, yavrum," dedi,
                "doğrusu pardon.
Açıkgöz millettir İstanbullular,
yiğitleri de, yavrum, yiğittir.
Şimdi Şoför Ahmet nerde kim bilir?
Belki şoförlük eder, Ankara'da, belediye otobüslerinde,
yahut Mudanya - Bursa yolunda kaptıkaçtılarda çalışır.
İster misin bizim tirende olsun?
                Üçüncü mevkide tabii..."

Garson Mustafa kötümser konuştu :
"— Ölmemişse eğer..."
Birdenbire ciddileşti Mahmut Aşer :
"— Allah rahmet eylesin.
Doğrusun.
Belki sonradan öldü,
belki de şehit düştü daha o zaman."
Tekrarladı Garson Mustafa :
"— Belki de şehit düştü daha o zaman
                üç numrolu kamyonetiyle beraber...
Bilir misin bir resim vardır, Mahmut Usta,
kahvelerde duvarlara asarlar :
Arabistan çölünde güneş batar,
vurulmuş bedevi Arap al kan içinde kumlarda yatar
                ve herifin ceylan gibi atı durur başucunda
                koklar ağlayarak sahibini..."
"— Bildim."

"— Bildin demek?
Usta, öyle sanıyorum ki ben,
Şoför Ahmet şehit düşmüşse daha o zaman
başucunda durup ağlayarak üç numrolu kamyoneti
dağlarda kuşa kurda karşı beklemiştir Ahmet'i..."
"— Doğrusun yavrum,
beklemiştir.
Lakin insanoğlunun tez dağılır cesedi,
şimdi o dağlara varsan
Şoför Ahmet'ten eser yoktur
lakin demiri, tekeri filan kalmıştır kamyonetin.
Kahbe felek bu..."
Hızla burnunu çekti Mahmut Aşer :
"— Neysem,
hele sen şunun sonunu oku."
Sordu Metrdotel :
"— Çok var mı daha?"
"— Yok.
Beş altı yaprak.
Başlıyorum."
Ve başladı Garson Mustafa :
"— HİKÂYEİ 26 AĞUSTOS GECESİNDE SAATLAR
İKİ OTUZDAN BEŞ OTUZA KADAR...
Saat iki otuz.
Kocatepe yanık ve ihtiyar bir bayırdır,
ne ağaç, ne kuş sesi
ne toprak kokusu vardır.
Gündüz güneşin
gece yıldızların altında kayalardır.
Ve şimdi gece olduğu için
ve dünya karanlıkta daha bizim
daha yakın
daha küçük kaldığı için
ve bu vakitlerde topraktan ve yürekten
evimize, aşkımıza ve kendimize dair
sesler geldiği için

kayalıklarda şayak kalpaklı nöbetçi
okşayarak gülümseyen bıyığını
seyrediyordu Kocatepe'den
dünyanın en yıldızlı karanlığını.
Düşman üç saatlık yerdedir.
Ve Hıdırlık Tepesi olmasa
Afyonkarahisar şehrinin ışıkları gözükecek.
Şimali garbide Güzelim Dağları,
ve dağlarda tek
tek
ateşler yanıyor.
Ovada Akarçay bir pırıltı halinde
ve şayak kalpaklı nöbetçinin hayalinde
şimdi yalnız suların yaptığı bir yolculuk var.
Akarçay belki bir akarsu
belki bir ırmak
belki küçücük bir nehirdir.
Akarçay Dereboğazı'nda değirmenleri çevirip
kılçıksız yılan balıklarıyla
Yedişehitler Kayası'nın gölgesine girip
çıkar,
ve kocaman çiçekleri eflatun
kırmızı
beyaz
ve sapları bir, bir buçuk adam boyundaki
haşhaşların arasından akar.
Ve Afyon önünde
Altıgözler Köprüsü'nün altından
gündoğuya dönerek
ve Konya tiren hattına rastlayıp yolda
Büyük Çobanlar Köyü'nü solda
ve Kızılkilise'yi sağda bırakıp
gider.

Düşündü birdenbire kayalıklardaki adam
kaynakları ve yolları düşman elinde kalan bütün nehirleri,

kim bilir onlar ne kadar büyük
                    ne kadar uzundular?
Birçoğunun adını bilmiyordu,
yalnız Yunan'dan önce ve Seferberlik'ten evvel
Selimşahlar Çiftliği'nde ırgatlık ederken Manisa'da
                                geçerdi Gediz'in sularını başı dönerek.

Dağlarda tek
            tek
                ateşler yanıyordu.
Ve yıldızlar öyle ışıltılı, öyle ferahtılar ki
şayak kalpaklı adam
nasıl ve ne zaman geleceğini bilmeden
öcalıcı, güzel, rahat günlere inanıyordu
ve gülen bıyıklarıyla duruyordu mavzerinin yanında.
Kocatepe'de, gözetleme yerinde.....

Saat üç buçuk.
Halimur - Ayvalı hattı üzerinde
                    manga mevziindedir.
İzmirli Ali Onbaşı
karanlıkta göz yordamıyla
sanki onları bir daha hiç görmeyecekmiş gibi
baktı manga efradına birer birer :
Sağda birinci nefer
                    sarışındı,
ikincisi esmer,
üçüncü kekemeydi,
fakat bölükte
            yoktu onun üstüne şarkı söyleyen.
Dördüncünün yine mutlak bulamaç istiyordu canı.
Beşinci vuracaktı amcasını vuranı
tezkere alıp Urfa'ya girdiği akşam.
Altıncı
inanılmayacak kadar büyük ayaklı bir adam
memlekette toprağını ve tek öküzünü

bir ihtiyar muhacir karısına bıraktığı için
kardeşleri onu mahkemeye verdiler
ve bölükte arkadaşların yerine nöbete kalktığı için
ona "Deli Erzurumlu" derdiler.
Yedinci Mehmet oğlu Osman'dı.
Çanakkale'de, İnönü'nde, Sakarya'da yaralandı,
ve gözünü kırpmadan
daha bir hayli yara alabilir
ve dimdik ayakta kalabilir.
Sekizinci
İbrahim
korkmayacaktı bu kadar
bembeyaz dişleri böyle tıkırdayıp
böyle birbirine vurmasalar.
Ve İzmirli Ali Onbaşı biliyordu ki
tavşan korktuğu için kaçmaz
kaçtığı için korkar.

Saat dört.
Ağzıkara - Söğütlüdere mıntıkası.
12'nci piyade fırkası.
Gözler karanlıkta, uzakta,
eller yakında, makanizmalar üzerinde,
herkes yerli yerinde.
Tabur imamı
mevzideki biricik silahsız adam
ölülerin adamı,
kıbleye doğru kırılmış bir söğüt dalı dikerek
durdu boyun büküp
el kavuşturup
sabah namazına.
İçi rahattır.
Cennet, ebedî bir istirahattır.
Ve yenilseler de, yenseler de a'dâyı
meydanı gazadan o kendi elleriyle verecektir
cenabı rabbülâlemîne şühedâyı.

Saat dört kırk beş.
Sandıklı civarı.
Köyler.
Sarkık siyah bıyıklı süvari
çınar dibinde beygirinin yanında duruyordu.
Çukurova beygiri
kuyruğunu karanlığa vuruyordu,
diz kapaklarında kan
kantarmasında köpük.
İkinci Süvari Fırkasından Dördüncü Bölük
atları, kılıçları ve insanlarıyla havayı kokluyor.
Geride, köylerde bir horoz öttü.
Ve sarkık siyah bıyıklı süvari
ellerinin tersiyle yüzünü örttü.
Karşı dağlar ardında, gâvur içinde kalan bir başka horoz vardır,
balta ibik, sütbeyaz bir Denizli horozu,
gâvurlar herhal onu çoktan kesip
çorbasını yapmışlardır...

Saat beşe on var.
Kırk dakika sonra şafak
sökecek.
"Korkma sönmez bu şafaklarda yüzen al sancak."

Tınaztepe'ye karşı Kömürtepe cenubunda
On Beşinci Piyade Fırkasından iki ihtiyat zabiti
ve onların genci, uzunu
Darülmuallimin mezunu
Nurettin Eşfak
mavzer tabancasının emniyetiyle oynayarak
konuşuyor :
"— Bizim İstiklal Marşında aksayan bir taraf var,
bilmem, nasıl anlatsam.
Âkif, inanmış adam.
Fakat onun ben
inandıklarının hepsine inanmıyorum.

Beni burda tutan şey
şehit olmak vecdi mi?
Sanmıyorum.
Mesela bakın :
'Gelecektir sana vaadettiği günler Hakkın.'
Hayır.
Gelecek günler için
gökten âyet inmedi bize.
Onu biz kendimiz
vaadettik kendimize.
Bir şarkı istiyorum
zaferden sonrasına dair...
'Kim bilir belki yarın...'"

Saat beşe beş var.
Dağlar
aydınlanıyor.
Bir yerlerde bir şeyler yanıyor.
Gün ağardı ağaracak.
Kokusu tütmeye başladı
Anadolu toprağı uyanıyor.
Ve bu anda kalbi bir şahin gibi göklere salıp
ve pırıltılar görüp
ve çok uzak
çok uzak bir yerlere çağıran sesler duyarak
bir müthiş ve mukaddes macerada
ön safta en ön sırada
şahlanıp ölesi geliyordu insanın.

Topçu evvel mülazımı Hasan'ın
yaşı yirmi birdi.
Kumral başını gökyüzüne çevirdi
kalktı ayağa.
Baktı, yıldızları ağaran muazzam karanlığa.
Şimdi bir hamlede o kadar büyük
öyle şöhretli işler yapmak istiyordu ki

bütün ömrünü ve hatırasını
ve yedi buçukluk bataryasını
ağlanacak kadar küçük buluyordu.

Yüzbaşı sordu :
"— Saat kaç?"
"— Beş."
"— Yarım saat sonra demek..."

98.956 tüfek
ve Şoför Ahmet'in üç numrolu kamyonetinden
yedi buçukluk şinayderlere, on beşlik obüslere kadar
bütün aletleriyle
ve vatan uğrunda
yani toprak ve hürriyet için ölebilmek kabiliyetleriyle
Birinci ve İkinci Ordular
baskına hazırdılar.

Alacakaranlıkta, bir çınar dibinde, beygirinin yanında duran
sarkık siyah bıyıklı süvari
kısa çizmeleriyle atladı atına.
Nurettin Eşfak
baktı saatına :
Beş otuz...
Ve başladı topçu ateşiyle
ve fecirle birlikte büyük taarruz...

Sonra.
Sonra düşmanın müstahkem cepheleri düştü,
bunlar
Karahisar cenubunda 50 ve şarkında 20-30 kilometreydiler.
Sonra.
Sonra düşman ordusu kuvayi külliyesini ihata ettik
Aslıhanlar civarında
30 Ağustosa kadar.

Sonra.
Sonra 30 Ağustosta düşman kuvayi külliyesi imha olundu.
Ve 31 Ağustos 1922 günü
ordularımız İzmir'e doğru yürürken,
serseri bir kurşunla vurulan
Deli Erzurumlu'ydu.
Devrildi,
kürek kemikleri arasında toprağı duydu.
Baktı yukarı
baktı karşıya.
Gözleri hayretle yandılar,
önünde sırtüstü, yan yana yatan postalları
her seferkinden daha kocamandılar.
Ve bu postallar daha bir hayli zaman
üzerlerinden atlayıp geçen arkadaşların arkasından
seyredip güneşli gökyüzünü
ihtiyar bir muhacir karısını düşündüler.
Sonra.
Sonra sarsılıp ayrıldılar birbirlerinden
ve Deli Erzurumlu ölürken kederinden
yüzlerini toprağa döndüler..."

Sustu Garson Mustafa.
Sordu Aşçıbaşı Mahmut Aşer :
"— Bitti mi?"
"— Bitti."
"— Sahiden bitti demek."
"— Sahiden bitti, usta.
Daha neyi bekliyordun ki yazsın?"
"— Bilmem.
Doğrusun, yavrum.
Daha neyi yazacaktı.
Gâvuru yendik, girdik İzmir'e.
Sonra.
Sonra Cumhuriyet oldu.
Ve lakin..."

Konuştu Metrdotel :
"— Dilinin altında bir şey var, Aşçıbaşı,
çekinme, söyle."
"— Kimden çekineceğim.
Yani, destan bitmesine bitti,
biraz acı bitti lakin.
Yüreğim üzüldü bayağı.
Şöyle ferah, şöyle yiğitçe koşarken
kapana tutulmuş gibi oluyor insanın ayağı."

Metrdotel bir tuhaf güldü.
Ses çıkarmadı Garson Mustafa.
Bilecik İstasyonu'na girdi tiren.
Ve yataklı vagonda, ikinci bölmede, üst katta
horluyordu Hikmet Alpersoy.
Güzel kahkahalı adamdan eser kalmamıştı uykuda.
Uyku ihtiyarlatmıştı onu
gözlerinin rengini örtüp
ışıksız bırakarak yüzünü.
Ve şimdi ipek pijamasının içinde
altmış yaşında bir sarhoştu horlayan.
Ve aynı bölmede, alt katta Burhan
sırtında pamuklu hırkası
(hiçbir zaman vazgeçmedi bu hırkadan)
oturmuştu yatağının kıyısına.
Sıvaslı Ahmet Paşa Tarihi'ni okuyordu.
Kafasında bir öntasar :
vagon atölyesini büyütmek.
Tiren Bilecik'te fazla durunca baktı pencereden Burhan,
pencerenin altında konuşuyordu tiren polisiyle Metrdotel :
iki masmavi adamdılar.

Bu sırada altmış kilometre kadar güneyinde Bilecik'in
çoktan geçmişti İnönü'nü
yaklaşıyordu Eskişehir'e
Haydarpaşa'dan 15:45'te kalkan katar.

510 numaralı üçüncü mevki vagon.
Koridor.
Koridora çıktı mahkûm Süleyman.
Karşılaştı Kartallı Kâzım'la.
İkisinden başka kimse yoktu.
Fısıldadı Kartallı Kâzım :
"— Merhaba, Süleyman."
"— Merhaba, köylüm."
"— Sahanlığa gel, Süleyman, rahatça konuşalım."
"— Burası daha iyi.
        Tanışmayan iki yolcuymuşuz gibi
                yan yana pencereden bakıyormuşuz gibi yaparız."
Ve öyle yaptılar.
Sordu Süleyman :
"— Sen nereye böyle, köylüm?"
"— Ankara'ya. Sonra Halil'in gittiği yere.
    O hapisanesine, ben oteline."
"— Öyle mi söylediler?"
"— Kimse bir şey söylemedi, ben düşündüm.
    Ne olur, ne olmaz.
    Hapisanenin duvarını bir de dışardan ölçeriz.
                                        Fena mı?"
"— İyi."
"— Bizim şairden ne haber, Süleyman?"
"— Onu bizden beş ay önce gönderdiler."
"— Biliyorum.
    D...'ye gitti.
    Yani mektup geliyor muydu?"
"— Geliyordu.
    Köylüm, onu da mı selametledin yoksa?"
"— Elbette
            yerine kadar.
    Fakat berbat bir şey D...'nin hapisanesi.
    Duvarları dehşetli yüksek.
    Ama aşılmayan duvar mı vardır?"

Süleyman güldü :
"— Peki, sen böyle tek başına
icabederse hani
hangisini ilkönce aşıracaksın?"
"— İlkönce Celâl'i."
"— Demek daha çok seviyorsun onu?"
"— Sevgi meselesi değil,
herif şair."
"— Halil de âlim."
Kartallı Kâzım düşündü cevap vermeden önce :
"— Doğru, o da ilk postalık olacak zaten.
Ama evvela Celâl.
Dedim ya şiir yazıyor,
şiir yazıyor, boru değil.
Senin şiir yazdığın var mı?
Yalnız yazılanı güldür güldür okursunuz.
Ben gördüm nasıl yapıldığını bu işin,
bahçıvanlıktan beter bir şey
turfanda sebze yetiştirmekten bile zor.
Şiir yazarken dikkat ettin mi Celâl'e,
her seferinde sanki herif on beş yaşında kız olmuş da
kıvrana kıvrana
kemikleri açılıp çatırdayarak
ağrılar içinde çocuk doğuruyor,
sanki her seferinde dünyayı yaratıyor yeniden."
Süleyman içerledi biraz :
"— Nerdeyse Celâl'e tapacaksın, be köylüm.
Zaten bizde halkın bir garip hayranlığı var şairlere
Namık Kemal'den beri.
Fakat senin muhabbetinde bir sebep daha görüyorum :
Seni de sokacaktı destana,
fakat sokmamış."
"— Sokmasın.
Daha iyisini, daha doğrusunu bulmuştur.
Yoksa bitirmiş mi destanı?"
"— Bitirdi."

"— Güzel oldu mu?"
"— Elbette.
İçerde bizde üç kopyası var.
Sana birini vereyim.
Yalnız sen hâlâ vazgeçmedin
köylüce, anarşistçe düşünmekten."
"— Ne gibi?"
"— Kendi kendine işlere kalkışıyorsun kimseye danışmadan.
Eğer düşündüğün şey lazım olursa
sen, ben değil,
bunun mesulleri söyler önce kimden başlanacağını."
Somurttu Kartallı Kâzım.
Acayip bir üzüntü geçti sarı kurt gözlerinden :
"— Peki, anladık.
Halil'le oraya gitmek de mi hata?
Eskişehir'de inip döneyim mi?"
"— Hayır, köylüm,
hatta benim hapisaneyi
Fuat'ınkini de bir yokla."
Bahtiyar, yayıldı dişsiz çocuk ağzı Kartallı Kâzım'ın,
bağırdı adeta :
"— Seni gidi, bulgur pilavı Süleyman, seni."
Süleyman telaşlandı :
"— Bağırma, köylüm."
Sonra sessizce güldü.

Bütün arkadaşlar bilirdi bulgur pilavı hikâyesini.
Sekiz yıl önceye ait bir hikâye :
Süleyman'a verilmişti konuşup anlaşmak işi Kartallı Kâzım'la.
Bulutsuz bir yaz günüydü.
Yorulmuştu ve dehşetli acıkmıştı Süleyman
Kâzım'ın bahçesine vardığı zaman.
Burda güneşin altında sebze bahçesi
yeşil fasulya sırıklarının sessizliğiydi göz alabildiğine.
Ve toprağın üzerinde ıslak su arklarıyla kırmızı domatesler.
Kâzım oturuyordu altında çardağın.

Uzakta, mısırların arasında eğilip kalkıyordu beyaz başörtülü bir
kadın.
Mavi bir duman tütüyordu çardağın arkasından.
Bol zeytinyağlı ve sirkeli diri yeşil bir salata
ve kızaran bir et kokusu vardı havada.
Çardakta bir saat kadar konuştular :
Süleyman ihtiyatlı ve kurnaz
Kâzım alaycı ve cesur.
Ve kızaran et kokusu havada devam etti
her dakka çoğaltarak Süleyman'ın açlığını.
Nihayet mavi gözlü, yalnayak bir kız çocuğu
bir tencere getirdi, iki tahta kaşık ve iki baş kuru soğan :
"Buyrun," dedi, açtı Kâzım tencerenin kapağını.
Öyle yavan bir bulgur pilavıydı ki karşısına çıkan
umutsuz bir yenilgiyle yüzünü buruşturdu Süleyman
ve darılmış gibi fısıldadı :
"—Teşekkür ederim, Kâzım Efendi, karnım tok."
Güldü sarı kurt gözleri Kartallı Kâzım'ın,
herhalde birçok sefer böyle gülmüştür
Hoca Nasreddin'in de gözleri.
Bulgur tenceresini Kâzım gönderdi geri.
Kızarmış et, salata ve irmik helvası getirdiler
ve iki şişe kırk dokuzluk.
Utanmış, fakat cesur
ve bütün hücumlara hazır
yemeğe başlarken Süleyman,
konuştu Kartallı Kâzım yavaşça :
"— Bizim köylünün çoğu bulgur yer malumunuz,
siz de fakir köylü için çalıştığınızdan..."
Süleyman kesti sözünü Kâzım'ın :
"— Haklısın, Kâzım Efendi," dedi.
"ama ben de haklıyım,
et kızartması yavan bulgurdan iyidir.
Fakat istersen şimdi bulguru da getir
yürütürüz helvadan önce..."
Ve öyle yaptı Süleyman

fakat bu kurtarmadı onu
o günden sonra "Bulgur pilavı Süleyman" diye anılmaktan.

Bütün arkadaşlar bilirdi bulgur pilavı hikâyesini.
Kartallı Kâzım tekrarladı :
"— Seni gidi bulgur pilavı Süleyman, seni."
Ses çıkarmadı Süleyman.
Tirenin penceresinden tükürdü gecenin içine.
Sonra eğilip konuştu
aşağıda
toprakta tirenle birlikte giden birine söylüyormuş gibi :
"— Allahla aramız nasıl, köylüm?"
Kâzım cevap verdi canı sıkılarak :
"— Bildiğin gibi."
Karşı taarruzundan memnundu Süleyman.
Kâzım devam etti :
"— Allahsız yaşayabiliyor insan,
    ama Allahlı da yaşayabiliyor.
    Benimki gibi olursa hele,
                suya sabuna dokunmayan
    politikayla uğraşmayan bir Allah.
    Muska gibi bir şey, Süleyman,
            rahmetli babamı hatırlamak gibi bir şey."
Süleyman güldü :
"— Görüşmeyeli bu işi çok düşünmüşsün
        kaçacak bir de kapı bulmuşsun köylü kurnazlığıyla."
Cevap vermedi Kâzım.
Her şeye rağmen
Allaha inanıyordu
ve düşmandı Bulgarlara.
O kadar ki
ne zaman alevden bir hikâye dinlese Bulgar devrimcilerine dair
derhal dünyaya küser
sonra hemen bulurdu tesellisini :
"Ya Balkan Harbi'nde hamile kadınlara yaptıkları yalandı bu
    milletin," diyerek,

"yahut da bu devrimciler Bulgarların başka bir kabilesinden olsa
gerek..."

Bir ayak sesi geldi.
Kâzım'la Süleyman döndüler, baktılar.
Koridora çıkmıştı Sakaryalı Şakir.
Ve bölme kapılarına tutuna tutuna,
ince bacakları üstünde su dolu karnını taşıyarak
yaklaştı Kâzım'la Süleyman'a.
Ağzının içinde ağlayan bir düdük varmış gibi konuştu :
"— Bilecik daha uzak mı?"

Ürktü Süleyman.
Güldü Kâzım.
Süleyman cevap verdi :
"— Bilecik'i çoktan geçtik."
Kâzım karıştı söze :
"— Uykuda mıydın?"
"— Uyumak ne mümkün, hemşerim.
Bilecik geldi geçti demek.
Şimdi nerelere indirirler bizi?
Ben şimdi ne edeceğim?
Nerelere gideceğim?..."

Artık gülmüyordu Kartallı Kâzım.

Tekrarlıyordu boyuna Şakir
elleriyle kupkuru kafasını yumruklayarak :
"— Ben şimdi ne edeceğim?
Tirenlerde öleceğiz.
Atarlar tiren yoluna bizi :
Kurda kuşa yem olacağız.
Ben şimdi ne edeceğim?
Ben şimdi ne edeceğim?"

Gözleri yerde susuyordu Süleyman.

Ve bir daha dönülmemek üzere geri
götürüyordu sarsıntılarla ayın içinde Şakir'i
(Artık bu bir daha olmaz, artık bu son,
ben şimdi ne edeceğim?
ben şimdi ne edeceğim?)
kederli tıkırtılarla 510 numaralı üçüncü mevki vagon...

VII

Gün ağarıyordu.
Muazzam
                    buzlu bir cam gibiydi gökyüzü.
Ve bozkır kupkuru ve kaskatıydı.
Kireç, kil ve kaya tuzu.
Ve geniş dalgalarla donmuş tepeler.
Hızla artan bir rüzgâr gibi aydınlık
                                        sürdü bozkırın üstüne bulutları
                                                                        kırmızı
                                                                                  mavi
                                                                                        sarı.
Her seferinde zaten
güneş batarken ve doğarken
gelirler bozkırın üstüne
başka dünyalar gibi bulutlar...

Güneş çabucak yükseldi yarım mızrak boyu,
bozkır ortaya çıktı büsbütün :
bir iklim yeni doğmuş bir seyyareden
aydaki vadilerin kederli susuzluğu,
ne bir dam
                                        ne bir tekerlek izi
                                        ne de o mutlu çağırışı insan eline uzanan bir yemişin,
hayvansız ve otsuz
sonsuz yalnızlığı hiçbir şey vermek istemeyişin.
Baktıkça bu küstah toprağa insan
kendi soyunun ilk kavga narasını duyuyordu yüreğinde,
bir kayanın altında kesmek onun yolunu
ve hep birlikte çığlıklarla üzerine saldırıp
                                                            bir mamutu yener gibi yenmek onu.

Yukarda dağıldı bulutlar.
Haydarpaşa'dan 15:45'te kalkan katar
ufacık fakat cesur bir oyuncak gibi geçiyor bozkırı.

Nihayet bir adam göründü.
Bir başına, üzerinde bir eşeğin.

Bir köy göründü nihayet
(ağaçsız ve penceresiz)
toprak ve tezekten ibaret.

Bir kız çocuğu çıktı yerin içinden.
Bakımsız, fakat sıhhatli bir kedi yavrusu gibi şirin ve pisti.
Boyundan büyük bir testiyi yüklenmişti.
Baktı tirenin arkasından.
Yuvarlacık burnuyla kokladı havayı.
Güldü.
Yanakları çukur çukur oldular.
Babası yoktu Zehra Kızın,
neden yoktu?
Belki bir yerlere gidip dönmemişti bir daha.
Belki de dönecekti.
Kim bilir
belki bugün ikindi üzeri
                    bozkırın içinden çıkagelir.

Anası içerde henüz uyanmamıştı Zehra Kızın.
Ama belkisi, kim biliri yok,
ama muhakkak
          o bir daha uyanmayacak.
Çarşafsız, simsiyah yorganın altında çırılçıplak yatıyor
                    arasında sevinçle sıçrayan pirelerin,
                                        kaskatı
                                              upuzun.
Ve bozkırda gülüyor beş yaşındaki Zehra Kız

ölünün koynundan çıktığı halde farkında olmayacak kadar
dünyadan habersiz,
ve dünyadan dehşetli haberli :
boyundan büyük testiyi taşıyacak
ve tirenin arkasından bahtiyar bakıp
ve koklayıp bozkırı
gülecek kadar.

Tiren yaklaşıyordu ki Etimesut'a
birdenbire telsiz istasyonunun antenleri
solda çıplak tepelerin arasından
(fırlıyormuş gibi yukarı, atlıyormuş gibi ileri)
telleri ve putrelleriyle yükseldiler.
Onlar bu kibirli, kısır toprağın ortasında
insan soyunun emeği, aklı ve ümidi gibi güzeldiler.

Etimesut'ta durdu tiren.
Etimesut bir numune köyüdür galiba.
Ve bundan dolayı
numune mekteplerinden kanaviçe örneklerine kadar
bütün numune örnek ve modeller gibi yalancı ve ölüydü.
Muharrir mahkûm Halil'in böyle düşünmesine rağmen
tesviyeci mahkûm Fuat beğendi Etimesut'u.

Kalktı tiren.
Sağda bozkır ağaçlanmıştı.
Akasyaydı çoğu.
Korkak, kuşkulu ve tereddütlüydüler.
Halbuki cesurdur akasyalar
ve kanaatkârlıkta geçtikleri halde develeri
bu toprakta tutunabilmek için
Ankara'da bir müteahhit kadar para yemişti herbiri.
Mahkûm Halil'in böyle düşünmesine rağmen
mahkûm Fuat memnundu akasyalardan.

Tiren Gazi İstasyonu'nda durdu.

Bir taksi gidiyordu asfaltın üzerinde Ankara'ya.
Üç hava gediklisi vardı takside
                    ve nar çiçeğinden bir kadın.
Kadın arasındaydı Pilot Yusuf'la Telsizci Vedat'ın,
şoförün yanındaydı Makinist Rahmi.
Yaşı on sekizdi Makinist Rahmi Çavuşun.
Genç ve hayret içinde bir fareye benziyordu sivri, esmer suratı.
Ve kurşunî-mavi üniformasında kıravatı
                                        yerine iyice yerleşmemişti henüz.
On sekiz yaşındaydı Makinist Rahmi Çavuş,
on sekiz yaş.
On sekiz yaşında yürek bir sapan taşı gibi fırlatılır
ve kafamız omuzlarımızın üstünde değil,
                                    nerelerde? nerdedir?
On sekiz yaşında hatırasız yatılır,
on sekiz yaşında pırıltılar ilerdedir :
bir yanı deniz derya
                    bir yanı yemyeşil ormanlık,
bir yanı gayya kuyusu
                    bir yanı bizimle başlayan dünya,
bir yanı günlük güneşlik
                    bir yanı rüya,
bir yanında sırtüstü yat, yıldızlara bak,
                    bir yanı dümdüz
                                göz alabildiğine koş,
bir yanı tozluk dumanlık
                    bir yanı bomboş,
habbeler kubbedir, pireler deve
                          bire bin katılır,
on sekiz yaşında hatıralar düşünülmez
                                        anlatılır.
Fakat Makinist Rahmi neyi anlatacaktı?
Hava Gedikli Okulu'na girmeden önce
                                bir hapisane bakkalında çıraktı.
Sefil torbaları ve zavallı tabakları hiçbir zaman ağzına kadar dolduramayıp

tahan pekmez, kuru fasulya ve kömür taşıdı bir buçuk yıl
taş dükkânla demir kapının arasında.
Makinist Rahmi neyi anlatacaktı?
İlkokulu aç karnına ve aktardan çalınan kalemlerle bitirdiğini mi,
yoksa babası (kara sakallı bir kadayıfçıydı) öldükten sonra
anasına kendi eliyle zampara getirdiğini mi?
Neyi anlatacaktı Makinist Rahmi?
Hapisane bakkalı Pehlivan Hüseyin'i mi?
Art ayakları üstüne kalkmış ihtiyar bir ayı gibi Hüseyin
dolaşırdı karanlık dükkânı homurdanarak.
Sesi bir kız çocuğununki gibi ince ve şirret olurdu
sevinirken ve küfrederken.
Ustasından dayak yerken Rahmi derhal çömelir
avuçlarıyla örterdi yüzünü
ve parmakları arasından
kurnaz ve masum gülümserdi, her nedense, bakkalın karısına.
Elli yaşında vardı yenge.
Simsiyah, sımsıkı başörtüsü.
Bacakları kupkuru, göğsü dümdüz.
Saçları ve dişleri takma.
Fakat inanılmayacak kadar mavi, hain ve edepsiz gözleriyle
belki de Rahmi'yi bir şeylere hazırlıyordu.
Rahmi öyle sanıyordu ki
artık bu dükkândan bir daha çıkamayacaktır :
(çırağının adam olmasını ister mi Bakkal Hüseyin?)
"Hep burda geçecek böyle yüz, böyle bin
hesaba gelmez yıllarım.
Hem de sonunda
şu karanlık köşeye
ceviz çuvallarının altına kazılacak mezarım..."

Neyi anlatacaktı Makinist Rahmi,
Hava Gedikli Okulu'na nasıl girdiğini mi?
Bir öğretmen yatıyordu hapiste.
Yüreğinde bir başka dünya olduğundan rahatı yoktu.
İçerde cezası, dışarda ahbabı çoktu.

Kulakları kocaman, boyu kısacık,
aptalca bir şey gibi gelirdi adama.
İnanılmaz ama
parasız yazardı mahkûmların istidasını.
Gardiyan Memet'i dışarda işe soktu.
Bir idamlığı aldı darağacından.
Can ciğer ahbabıydı müdürün.
Halbuki hafta geçmezdi ki hakkında çifte aylı bir zarf gelmesin.

Bir sünnetçi hapiste yatıp çıkmıştı.
Hırsız, nekre, kardiyak, dev gibi bir adam,
                                        bir gözü kör.
Aktörlüğe meraklı
          ve Halkevi'nde rejisör.

Rejisöre gönderdi Rahmi'yi öğretmen
                                    (Bakkal Hüseyin'den gizli),
Rahmi'yi şube reisine yolladı rejisör
                                    (reis dayısıydı)
ve Rahmi girdi Gedikli Okulu'na.
Bu iş 24 yumurtayla bir kilo zeytinyağına mal olmuştu ona
                                              ve bir de horoz,
                                                 halis Denizli
                                    (yalnız Bakkal Hüseyin'den değil
                                     komşuları Marangoz Ali'den de gizli).

Neyi anlatacaktı Makinist Rahmi Çavuş?
Ne bir tek atlayış, ne bir tek uçuş,
                    yeryüzündeydi işi
ve ilgilendirmez nar çiçeğine benzeyen bir kadını
                              hangarda motorların temizlenişi.

Rahmi Çavuş
                şoförün yanında arkaya dönmüş
                                          avuçlarıyla kapamıştı yüzünü,
                                          (kim bilir neden?)

ve parmakları arasından
masum ve kurnaz gülümsüyordu nar çiçeğinden kadına.
Kadının gözleri yengeninkiler gibi edepsizdiler
(fakat hain ve mavi değil
yumuşacık ve yeşil
ve sürmeleri içinden Rahmi'yi süzmüyorlardı
ve belki bundan dolayı Rahmi'nin yüreğinde
hafif bir diş ağrısı gibi bir sızı vardı
ve bir lokma keder)
kadının gözleri baygın bakıyordu Pilot Yusuf'a.
Küstah, tıknaz ve sarışındı Pilot Yusuf.
Ve sol kaşının üstündeki yara yeri
şımarık ve dargın bir çocuk edası veriyordu pembe beyaz yüzüne.
Nar çiçeğine benzeyen kadın
(otuzluk, otuz beşlik
ve onun nar çiçeğine benzeyişi
dudak boyasının ve ipekli emprimesinin işi zaten),
dokundu tombul parmağıyla Yusuf'un yara yerine.
Ve gözleri edepsizliklerini kaybetmeden
tuhaf bir ıstırapla
bir abla, hatta bir anne sesiyle sordu :
"— Bu neden oldu böyle?"
"— Bu mu?
Bu, hiç, yara yeri."
"— Çocukken daldan mı düştün?"
Güldü istihfafla Pilot Yusuf,
(kahverengi meşin bir ceket giymişti üniformasının üstüne
bilhassa en kalını ve en kabasından seçilmişti boyun atkısı) :
"— Daldan değil, iki bin metreden."
"— İki bin metreden mi?
Minareden ne kadar yüksek?
Vah gülüm.
Tayyareden, şey, uçaktan düştün demek?"
"— Pek de düştük sayılmaz,
kendimiz atladık."
Ve Pilot Yusuf

kadına merhametle gülümseyerek anlatıyordu artık :
"— Tecrübe uçuşundayım Eskişehir üzerinde,
Yüzbaşı Rıfat'la beraberiz.
Boyuna kumanda veriyor bana,
halbuki işten anlamaz,
bir aldırmadım, iki aldırmadım
nihayet kızdı kafam,
kaldırıp attım kendimi.
Paraşüt geç açıldı biraz.
Kaşımızdan yaralandık."
Sustu.
Ve çocuk dudaklarının ucuyla ilave etti hemen :
"— Bunlar ufak iş..."
Konuştu küsmüş gibi kadın :
"— Niye bu mesleğe girdin?
Ben seni bırakmazdım, eğer
(eğer annen olsaydım, diyecekti az daha),
karın, şey, nişanlın olsaydım."
Babasının (vapur kaptanıydı) sesiyle cevap verdi Yusuf :
"— Kadınlar karışmaz böyle işlere.
Hem bizim meslekten üstünü var mı?
Üstünü, şereflisi?
(Şimdi kendinindi sesi).
Harbe girelim de bir
o zaman anlarsın benim ne adam olduğumu.
Sonra, evet,
havalarının istiklalini kaybeden millet
(şimdi bir radyo hatibinin sesiyle konuşuyordu),
yok olmaya mahkûmdur..."
Kadın batırdı ateş kırmızı sivri tırnaklarını
Yusuf'un dizine :
"— Gülüm," dedi, "gülüm,
anlıyorum senin ne adam olduğunu, ben şimdi de anlıyorum
ama kuzum gülüm, muharebe olmasın."
Telsizci Vedat Çavuş da
(on dokuz yaşında, buğday benizli, ince uzun)
aynı fikirdeydi.

Korktuğundan değil
(belki korkardı hâlâ karanlıkta tek başına yatmaktan
ve hâlâ babasından korktuğu muhakkaktı,
harbetmekten korkmayı aklına bile getirmemişti fakat),
aynı fikirdeydi Vedat
açılması gecikir diye elektrikçi dükkânının.
Çünkü harp biter bitmez
askerlikten çıkıp
açacaktı dükkânını İzmir'de.
Babası memurdu Vedat Çavuşun,
ticaret yapmış, bağları da var.
Vedat'ı sırf haylazlığı yüzünden
terbiye olması için
gedikli okuluna attılar.
"— Doğru,
bir harbe girmeyelim," dedi.
"— Öyle ya," diye dargın konuştu Pilot Yusuf,
"babasının küflü altını çok.
Dükkân işi malum.
Ama harbe girilmezse biz pilotlar ne halt edelim, oğlum?
Biz nasıl gösterelim kendimizi?
Kaptıkaçtı şoförü gibi yolcu mu taşıyacağız?"
"— Uzun etme, parası bol sivil pilotluğun..."
"— Orası öyle ama,
yalnız para yeter mi be adama,
sivilliğe boş ver,
üniforma, oğlum, üniforma..."
"— Yusuf, gülüm,
ya bu genç yaşında ölürsen?"

Çavuşların üçü de hayretle baktılar yüzüne kadının.
Makinist Rahmi omuz silkti,
güldü Telsizci Vedat,
cevap verdi Pilot Yusuf :
"— Ne olacak?

(üçünün adına konuşuyordu),
hem yalnız harpte mi ölünür?
Daha bir hafta önce
Teğmen Ali'yle Başçavuş Hasan
yirmi metreden meydana saplanıp kömür oldular.
Sonra, bir ay önce, siste dağa çarpıp parçalandı Şahap'la Selim,
sonra ... saymakla tükenir mi?
Hem ölümse ölüm,
zaten ölümü göze almadan bu halt yenir mi?"
(Bunu, sırf böyle övünülür diye söylüyordu,
yoksa farkında değildi neyin göze alındığını,
yirmi yaşındaydı o
ölüm öyle manasız bir şeydi onun için.)

Makinist Rahmi karıştı söze,
(anlatacağı şeyden kibirli ve bahtiyardı
ve bilhassa bahtiyardı söze karıştığından) :
"— Bizim Raşit Çavuş,
makinist benim gibi,
ben yaşta,
belki bir yaş büyük,
Gelibolu'da bir kız seviyordu.
Kızı başkasına verdiler.
Raşit arlandı bundan.
Talim uçağına atladığı gibi
— sözde yasak, makinistler uçamazlar —
gerdek sabahı
çarptı kendini kanat, motor, damadın damına.
Ev mev, kız mız, Raşit falan
cayır cayır yandılar hep beraber..."

Pilot Yusuf yandan memesini sıktı kadının.
Ve mırıldandı bir şarkının ilk sözlerini :
"— Delisin, deli gönlüm...."
Sonra bağırdı sarhoş olmuş gibi birdenbire :
"— Ölümse, ölüm...."

Çiftlik kümeslerini geçmişti taksileri çoktan.
Etlik bağları gözüküyordu karşıda, solda.
Dipte, ilerde Ankara Kalesi.
Bu bahar sabahında, asfalt yolda,
serin bir su fısıltısı gibiydi lastiklerin sesi.
Yumuşak bir şarkı mırıldanıyordu motor.
Şoförün emrinde makina,
        (insanın emrinde hiçbir hayvanın olmadığı kadar)
makina bir cep saatı rahatlığıyla işliyor.
Üzerlerine doğru gelip tekerleklerin altından kaçan asfalta bakıyor
        şoför,
yürekte ışıklı halkalar genişliyor, genişliyor.

İpodrom'a yaklaştılar.

Şoför bir bahçe iskemlesinde oturur gibi oturmuştu.
Kırk yaşlarında vardı.
Matruştu.
Yakın arkadaşlarındandı hapisteki şairin
                (kim bilir
                Şoför Ahmet'in destandaki macerasını
                                belki de ondan almıştı şair).
Merakla dinliyordu gediklileri.
"Eski ordularda süvariler," diye düşünüyor,
                "şimdi tayyareciler.
  Onların da en süslüydü üniformaları
                                bunların da.
  Onlar da en delilerle en gençlerden seçilirdi
                                bunlar da öyle.
  Ölüme en yakın onlardı o zaman
                        şimdi bunlar."
Ve baktı dikiz aynasından Yusuf'un yüzüne :
sarışın ve küstah olan
        ve çizgilerine hayat
                        bütün haşmetiyle henüz dolan.
Baktı Yusuf'un yüzüne,

Telsizci Vedat'a baktı,
baktı yanında oturan Makinist Rahmi'ye.
Hepsinde, kırışıksız
                        alınlar ipekli kâat gibi dümdüz,
hepsinde açlığını bile bilmeyen
                                            aç bir yüz.
Yaşamışlar bir lokmacık henüz,
                              henüz bir lokmacık hatıraları var,
yükleri böyle hafif
                        ölüme böyle kolay gidiyorlar....

İpodrom'un yanından geçiliyor.
Ve yepyeni bir şehir karşıdadır :
                                            kibirli ve muzaffer
                                            inkâr ederek varoşlarını
                        bozkırın ortasında başıboş bir israfla peyda oluveren.

. . . .
. . . .

Geçiliyor stadyumun yanından :
burası hazır elbise gibi bir tuhaf yeni, bir tuhaf ütülü
ve şehre değil de
                  camekânda bir mankene giydirilmiş gibi duruyor.

Şoföre seslendi kadın :
"— Dur, beni burda bırak," dedi.
Kadının ustalığını beğendi gedikliler :
ne olur ne olmaz,
subaylar bile yaka silkiyor Merkez Komutanı Demir Ali'den.

VIII

Haydarpaşa'dan 15:45'te kalkan katar
girdi sessizce Ankara Garı'na.
Saat sekizi çeyrek geçiyordu
(beş dakika rötar).

Ankara Garı'na bahar :
İstasyon polisinde artan gizli bir telaşla,
üçüncü mevki bekleme salonunda köylü yapı işçileriyle
ve büfesinde göbekli bir marula benzeyen İstanbul hasretiyle gelir.
Ankara Garı temizdir, rahattır ve bilhassa yenidir.
Fakat mermerlerinin aydınlığına rağmen
anlatılması öyle zor (yahut öyle kolay) bir şey vardır ki rüzgârında
bağrışılmaz, koşuşulmaz, yüksek sesle gülüşülmez Ankara Garı'nda.
O kadar ki
kalkacak tirenlerini ses-büyütenlerle haykırdığı zaman
boş bulunursa insan
şaşırır, başka bir dünyadan sesleniyorlarmış gibi.

Mahkûmlar indi tirenden
bavulları ve jandarmalarıyla.
Kelepçeleri vurulmuştu yine.
Yürüdüler ilgi uyandırmadan,
(yahut uyanan ilgiler belirtilmedi).
Yalnız, bir kadın bir kadına :
"— Bunlar Alaman casusu," dedi,
(sarışındı Süleyman).

Mahkûmlar yola koyuldular jandarma merkezine doğru
(aktarma tirenlerini orda bekleyecekler).

Bir köylü hamal taşıyordu bavullarını.

Issızdı caddeler :
belki erken
                    belki geç
                                    belki ölü bir saat,
belki duvarların arkasına çekilmiş hayat.
Yığın yığın
                    kat kat
                              mermer
                                        beton
                                                  ve asfalt.
Ve heykel
                ve heykel
                              ve heykel,
insan yok fakat.
Ve sonra bozkır :
en beklenilmedik yerde
                              ve her şeye rağmen
                                                  şehrin içine kadar giren,
ve sonra derhal toprağın sonsuzluğu...

"— Süleyman," dedi mahkûm Halil,
                    "şehirle bozkırın kavgasına bak."
"— Görüyorum,
            henüz ayakta olsa da
                              bozkır yeniliyor."
Durdu tesviyeci mahkûm Fuat,
okşadı ince bıyıklarını kelepçenin demiriyle,
bir tezgâha bakar gibi şehre baktı :
"— Ben beğendim Ankara şehrini kardaşlar," dedi,
                              "aklım ermez ama yapı işine
                                    belli ki ter dökmüş bizim işçi milleti
                                                            temiz iş çıkarmışlar..."
Bakıyordu gökyüzüne mahkûm Melahat :

Gökyüzü masmavi
geniş
rahat.
Hop,
lastik top.
Çocukluğu geldi, kızı geldi aklına.
Topunu havaya fırlat kızım,
havaya fırlat.
Topu yok kızımın.
İstanbul'a mektup :
"Anne, lastik bir top al benim kıza,
koskocaman, kıpkırmızı olsun,
benim gümüş küpeleri sat."
Topunu havaya fırlat kızım,
havaya fırlat.
Nerde top oynayacak?
Gökyüzü gözükmez bizim sokakta.
Havada bulut,
sen bunu unut.
Havada yüzen tek bulutu gördü Melahat :
bir çocuk gömleği gibi küçük
şirin
ve beyazdı,
ve uçsuz bucaksız mavilikte gidiyordu gülümseyerek.

Karşı kaldırımdaydı Üniversiteli,
(bırakmamıştı peşini mahkûmların)
baktı Melahat'ın baktığı yere
bulutu ve gökyüzünü gördü,
hatırladı Tolstoy'un "Harp ve Sulh"ünü :
Toprağın kavgasını yüreğinden at,
bul ki gökyüzünü, ordadır bahtiyarlık,
kuşkusuz, sefaletsiz,
geniş,
yüksek,
rahat,
büyük sırrını orda çözer hayat...

Güldü.
Ve kaybetmeden muazzam ihtiyara saygısını :
"Toprakta yenilmek,
                    insanlardan kesmek ümidi,"
                                                  diye düşündü,
"hazım zamanlarının felsefesi yahut."

Ve o bunları düşünürken
yukarda sonsuz mavilikte bir çocuk gömleğine benzeyen bulut
        yarılır gibi bıçakla
        yırtıldı ortasından üç motorlu bir uçakla.

Baktı uçağa Üniversiteli
ve düşünceler kafasında atladı birbirinden :
"Teknik
 ter ve kan içinde kurtuluşu getiren
 teknik
 elektrik, motor, mazot
 pike yapıyor pilot
 kolan vururken Emirgân Korusu'nda ben
 çınar
 asma salıncak
 yar gelip yar gidip sallanacak
 pilot aklını oynatsa
 bir bomba atsa,
                mitralyöz ateşine tutsa yahut
 Londra, Belgrad, Roterdam.
 Tolstoy büyük adam
                         her şeye rağmen büyük,
 düşman askerleri ne güzel konuşturur
 Sıvastopol Harbi'ndeki hatıralarından almış bunu,
 Sıvastopol önünde yatan gemiler
 Harp ve Sulh'ün Fıransızca tercümesindeki not :
 'Ateş kes zamanlarında düşman orduların askerleri toplanırlardı
      bir araya
 ve anlamadıkları halde birbirlerinin dilini

kardeşçe gülüşürler
vururlardı omuzlarına birbirlerinin.
Harbi hazırlayanların ruhu yanında onlarınki ne kadar yüksek,
onlara, ayrı milletlerden gelmişler diye
onlara, insan ve kardeş değilsiniz
düşmansınız, diyenler...'
Ben Tolstoy kadar büyük bir yazıcı olabilirsem eğer.
'Sevgilim
elini ver,
öpecek değilim,
götüreceğim onu
yeni bir dünyayı işleyen ellerin arasına.'
Bu şiiri bitirip bir yerde bastırabilsem
Selma dehşetli sevinecek."

Bir köşeyi dönünce göründü Vilayet Jandarma Merkezi.
İki katlı, beton bir yapıydı bu.
Muzaffer olmuştu yine tahta evlerin ortasında :
ikinci elden Ankaralı müteahhitle
Macar kalfaların kübik üslubu.

Mahkûmlarla jandarmalar girdiler.

Melahat erler koğuşunun önünde sofada kaldı,
kelepçeler söküldü
nezarete kapatıldı ötekiler
bodruma
bavullarıyla beraber.
Çimento çıplak ve aydınlık.
Bavulların üstüne oturdular.
Süleyman :
"— Yorulmuşum be," dedi.
Dayadı başını duvara.
Ve kalın sesinde bir parça alay
ve bir hayli hasret,
başladı sevgili şarkısını mırıldanmaya :

"Hayatı gel içelim
gel içelim buseden kadehlerle."
Büyük bir ciddiyetle gazete okuyor Fuat.
Ve Halil hatırladığını farketmeden hatırlamaktadır :
Polis müdürlüklerinde odalar,
jandarma nezaretleri,
hapisaneler,
herbiri kopmuş bir yürek gibi vurup
akıllı kederinde
geçiyorlar kilometre taşları gibi durup
yolunun kenarında.
Hudut boyundaydı ilki jandarma nezaretinin,
bir asi denize ve mısır tarlalarına yakın,
bodrumundaydı hükümet konağının :
ıslak gemi enkazıyla dolu
penceresiz
simsiyah
derinde.
Ne kadar güçlükle Halil ceplerine bakabildiydi,
nasıl uzun tereddütlerle tutuştuydu alev :
bir kibrit yakabildiydi.
Hava bir öldürülmüşün cesedi gibi çıplak ve alildi
duruyordu aydınlanmadan
yerli yerinde.
Bağırdı, tekmeledi kapıyı Halil
ve çavuş bir mum getirip koyduydu.
Dışarda, güneşin altında saat sabahın dokuzuydu.
Halil bir insan kokusu duyduydu da,
yürüdüydü insana doğru, mumu elinde.

İnsan :
gözlerinin arkasında :
kapanık.
İnsan : siyah, uzak bir bıyık,

bir unutulmuş evde bir pencere gibi
camsız
karanlık
ve ayaktaydı parçalanmış bir omurganın üzerinde.
Korkuluyormuş gibi akıntıya kapılacağından
insanı bir çıpaya zincirlemişlerdi bacağından.
Halil'in selamını almadı insan
kaldı yine öyle hep bir başına
kendi gözlerinde.
Deli,
karasevda,
melankoli.
Üç gün üç gece deliyle başbaşa bıraktılar Halil'i.
Deli zincire bağlı,
Halil birbiri peşinden yaktığı mumlarla.
Sonra çıkarıldılar
atıldılar bir gemide ambara.
Yedi gün yedi gece yolculuk.
Ve İstanbul'da geçerlerken köprüden
(Halil deliyle aynı zincire bağlı
ve süngüler iki yanda)
peşlerine takıldı çoluk çocuk.
İlkönce tuhaf bir utanma duydu Halil
sonra büyük bir rahatlık.
Ve bu rahatlığı bir daha kaybetmedi artık.

Evinin her basılışında
aynı rahatlıkla açtı kapıyı.
Ve müdüriyette her kalkışında sopanın altından
(yanaklarında parçalanmış gözlüğü
ve tabanlarında ayıpladığı bir sızı)
yüreğinde fakat
hiçbir şey söylememiş
hiç kimseyi ele vermemiş olmanın rahatlığı,
aynı rahatlık...
Ve galiba üçüncü girişinde İstanbul Cezaevi'ne

aynı rahatlıkla yattı açlık grevine
                                        arkadaşlarla beraber,
ve tayınları yastık yaptılar
ayaklarında pıranga
ve ıslak çimentoya uzandılar yarı çıplak.

Ve şarkta
akrepleri, toprak koğuşları, karpuzlarıyla ünlü hapisanede
Halil'in üstüne uşaklarını saldırdı Kürt beyleri
ve beline inen odunla devrilmeden önce Halil
                                             aynı rahatlıkla yardı üçünün kafasını.

Ve Ankara'da, münferitte
— kitapsız, kalemsiz ve insansız —
gündüzleri bir avuç leblebiyi yere atıp sayarak
ve geceleri sayarak pencereden şehrin ışıklarını
                        aynı rahatlıkla tek mi çift mi oynadı kendi kendine.

Anlamak :
en büyük rahatlık.
Karşı konulmaz zoru sosyal zaruretlerin
ve kavga :
akıl,
      yürek,
                yumruk,
alabildiğine nefret,
                              kin,
alabildiğine merhamet,
                                        sevgi,
insan insanı sömürmesin diye
ve daha âdil bir dünya
                           daha güzel bir memleket için...

Fuat kapattı gazeteyi hışımla :
"— Vatan sevgisinden bahsediyor Nuri Cemil," dedi,
     "sıkılıp utanmadan
                        vatan sevgisinden bahsediyor!"

Keyifle konuştu Süleyman :
"— Hele şükür, senin de kızdığını gördüm be.
Ne sandın idi ya?
Bahseder.
Bir yandan vatanı satıp
bir yandan böyle bahsettiler.
Vatan sevgisi mi bu hergelelerde?
Hangi vatan sevgisi?
Sandalya, depo, fabrika, çiftlik, apartıman sevgisi.
Mülkünü, sermayesini al
sandalyasını çek altından,
heriflerde düşman toprağı olur vatan.
Bütün tarih boyunca bu böyle.
Fıransız İnkılabında
düşman ordulara rehber oldu asilzadeleri
Fıransa'yı ezmek
kırallığı kurtarmak için...
Ve Beyaz Rus ordularının iplerini çeken,
Vırangel'in, Kolçak'ın, Denikin'in,
Alaman, İngiliz, Japon kapitalistleriydi.
Ve bizde
Hânedânı Âli Osman
ve etrafındakiler
Londra bankaları ve Venizelos'la beraber
yürüdüler fethetmeye Türk milletinden Anadolu'yu.
Ve hatta
laf aramızda,
millî Çin lideri Çan-Kay-Şek,
Amerikan parası ve Japon silahlarıyla...."

Süleyman'ın sözünü kesti Fuat :
"— İnsanlığın Hali romanında Malro'nun
lokomotif ocaklarında bir yakılışı vardır işçi Çinlilerin..."

Devam etti Süleyman :
"— İberik yarımadasının 'en büyük vatanseveri' Franko

saldırdı Faslı Arapları ve Alaman uçaklarını
halkçı İspanyol vatanının üzerine.
Ve işte Verdun kahramanı Mareşal Peten,
Fıransız kasketlerinden ürkerek
Fıransa'yı düşmana teslim eden....
Vatan sevgisi mi bu hergelelerde?
Hangi vatan sevgisi?"

Halil güldü :
"— Yine coştun, Süleyman..."
"— Coştum ya,
elbette coşarım."

Fuat takıldı :
"— Şimdi bu coşkunlukla bir satranç partisine var mısın?"
"— Ona da varım.
Ama siz Halil'le oynayın önce
yeneni ben yeneyim."

Halil çıkardı bavuldan satranç takımını.
Tahtasını kendileri boyamışlar,
taşlarını kendileri oymuştular.

Oyun ilkönce sükûnetle başladı.
Şart koşmuştu Halil :
"Sürülen taş geri alınmayacak."
Altıncı hamlede Fuat bu şartı bozdu.
Halil kızdı.
Devam etti oyun.
Süleyman birlik oldu Fuat'la
Halil'i kızdırdı büsbütün.
Devam etti oyun.
İkide bir Fuat'a akıl öğretiyordu Süleyman.
Fuat kızdı bu sefer :
"— Sen karışma, şaşırıyorum."
Devam etti oyun.

Fuat'ın şahı bir başına kaldı tahtada.
"— Şimdi beni on hamlede mat edersen edersin, Halil,
edemedin mi pata."
"— On hamlede değil, on beş."
Süleyman atıldı :
"— Hayır, on iki..."
Üçü de bilmiyordu kaç hamlenin gerektiğini.
Bağırıp çağırıyorlar
kibirli bir inatla gürültü ediyorlardı.
Dışardan kapıya vuruldu :
"— Ne oluyor be?
Dövüşüyonuz mu?"
Sustular.
Gülerek baktılar birbirlerinin yüzüne.
Süleyman cevap verdi :
"— Dövüşmüyoruz, meraklanma, onbaşım,
konuşuyoruz."
"— Dövüşmeyin, dövüşmeyin.
Adam gibi konuşsanıza..."

Kapıdaki gitti.
Ve oyun patayla bitti.

Çıkardı gözlüklerini Halil,
çıplak iki çocuk gibi kaldı gözleri :
tertemizdiler
bir parça kederle gülümsüyor
ve üşüyordular.
Yumdu gözlerini Halil.
Kırmızı, yeşil halkalar döndü kapakların karanlığında
ve sonra durgunluk simsiyah geldi.
Açtı derhal gözlerini Halil,
gözlüklerini telaşla taktı.
Gözleri kavanozda iki balık gibi ürkmüştüler.
Baktı :
gitgide daha sıcak, gitgide daha net,

tekrar ışıkla ve renkle geldi eşyada ve insanlarda hareket.
Sordu Süleyman :
"— Nen var, Halil?"
"— Bir şeyim yok.
   Karanlık meselesi."
"— Anlamadım."
"— Karanlık kötü şey, Süleyman,
   yalnız karanlığı görmek
               karanlıktan başka bir şey görmemek kötü."
Süleyman güldü :
"— Kör olmak desene şuna.
   Bence de sakatlığın en müthişi bu."
Fuat karıştı söze :
"— Kolsuz, ayaksız kalmak, kör olmaktan iyidir."
Halil birdenbire bir şey hatırlamış gibi Fuat'a sordu :
"— Kavgan gözlerini istese vermez misin?"
"— Hiç düşünmemiştim.
   Mutlak icabederse ama onu da veririz.
   Bunu şimdi niye sordun?"

Süleyman kuşkuyla baktı Halil'e :
"— Yine gözlerin mi yoruldu?"
"— Hayır.
   (Fuat'a döndü Halil)
   Senden iki yaş gençtim, Fuat, bu işe girdiğim zaman.
   En olmaz şeyi düşünen,
   en ağır fedakârlığa hazır,
   dehşetli merhametli,
   müthiş merhametsiz,
   ve lirizme düşman
   ve bir hayli romantik,
   kusurları ve meziyetleriyle velhasıl
                           delikanlı bir münevverdik.
   Sen anlamazsın,
               şükür ki amelesin,
                           Süleyman anlar.

Halkın kokusunu ilk aldığı
kitleye ilk geldiği zaman
bir tuhaf tezattadır münevver delikanlılar
bir yandan topyekûn inkâr eder fert olarak kendini,
yine kendi kendiyle uğraşır öbür yandan.
Ben de kendi kendime sorardım :
— Her şeyini vermeye hazır mısın, Halil?
— Evet.
— Gözlerini?
— Evet.
Kör olduktan sonra da söylerim, yazarlar,
kör olduktan sonra da dövüşmek kabil..."

Fuat güldü :
"— Doğru düşünürmüşsün," dedi,
"ama bu durup dururken şeytanın bile gelmez aklına."
"— Münevverin aklına gelir."
Fuat sordu :
"— O zaman da gözlüklü müydün?"
Halil düşündü :
"— Yani yine gözlerin hasta mıydı, diyeceksin.
Gözlüklü değildim.
Fakat belki hastalık başlamıştı.
Bilmiyorum, Fuat...
Hâlâ bilmiyorum ya hastalığın adını.
Hâlâ teşhis koyamadılar.
Fakat mesele bunda değil..."

Kapının demiri çekildi dışardan.
Hep o yana baktılar.
İki jandarmayla Melahat açılan kapıda göründü.
"— Çocuklar, biz gidiyoruz."
(Ankara Hapisanesi'nde kalacaktı Melahat,
zaten ötekiler de ayrılacaklardı birazdan :
Süleyman doğuya, Fuat kuzey taraflarına,
Halil bir bozkır hapisanesine gidecekti).

"— Biraz dur, abla."

İpekli, kırmızı bir mendil verdi Fuat :
"— Gözünün yaşını silersin aklına geldikçe kocan.
Zaten bu onun yadigârıdır.
Sen sakla, daha iyi..."

Halil sordu :
"— On beş liran var, değil mi?
Şu beşi de al, yirmi olsun.
Her hafta mektup yaz, kuzum.
Oldukça rahattır Ankara Hapisanesi.
Yerleş, kızını da getirirsin yanına."

El sıkıştılar,
Melahat'ın gözleri yaşardı biraz.
Melahat güldü.
Melahat kayboldu.
Kapandı kapı.
Ve dışardan demiri tekrar sürüldü...

İkinci Kitabın Sonu

ÜÇÜNCÜ KİTAP

BİRİNCİ KISIM

I

Toprak göz alabildiğine
dümdüz
çırılçıplak
ve kırmızı biber gibi acı.
Batıda bir tek, uzun
                    kavak ağacı.

Bozkırda hâlâ dolaşıyorsa da
                    kokusu sararmış kekiklerin
gökçiçekler çoktan kurumuştu
ve gevenotları safi dikendiler.

Başköy'le Bakırlı'nın arası
                    sekiz saat çeker.

Nigâr sabah ezanından beri
                    kaçıyordu kocasının köyünden
                                        hovardasıyla.
Terlemiş memeleri.

Vakit öğleye yakın.
Isındı bıyamotları.
Toprakta uğultu.
Bozkırda cırlayak böcekleri ve çekirgeler
                    söylüyor en umutsuzunu şarkıların.
Altı aylık bebesi kucağında Nigâr'ın.

Bozkırın üstünde bulutlar bembeyaz, üst üste ve ağırdı,
belli belirsiz kımıldanıyordular.
Durdu Nigâr.
On adım önden giden
Mustafa'yı çağırdı.

Mustafa yıkmış kasketini ensesine,
bakıyor bulutların arasından geçen bir çaylağa.
Yırtıcı mahluk
germiş kanatlarını,
sessiz sedasız,
kâattan resim gibi,
bulutların arasından akıyor.

Bulutlarda bir avlanmaz kuş olmak...

Kuyunun başındaydı kavak.

Nigâr oturdu kuyunun taşına.
Peştemalının altında karnı
haindi ve yumuşak.

Bebek çıkardı kundaktan yumruklarını.
Kundakta düğmeler dikili
iki sıra
on ikişerden yirmi dört.
Bir tanesi cam.
Eğilse üstüne
içinde kendini bir elma kurdu kadar görür adam.

Vakit ikindiye yakın.
Çekirgeler ve cırlayak böcekleri
bozkırda hâlâ bitirmediler
şarkılarını.

Bir tilki geçti yolun alt ucundan

ve çovanların ardında kaybolmadan önce
dönüp baktı kuyunun taşında oturanlara.

Bebek ağır geliyordu Nigâr'a.
Kocasının dölü.
Ve Mustafa diyordu ki :
"— Köyde ölen çocuğun
hesabı mı var?
Ölü sayılmaz
altı aylık ölü."

Çaylak yırtıcıdır.
Tilki kurnaz.
Kuyu derin.
Bozkır uçsuz bucaksız
ve kırmızı biber gibi acı.

Devrildi cam düğmenin içinde
bir küçücük
kavak ağacı.
Nigâr'ın kucağından
bebek düştü kuyuya.
Yolcu yolunda gerek
bebek rahat uyuya...

Rahatlığında yalnız kalmadı bebek.
Mustafa ile Nigâr
mapusanede
aynı rahatlıkla uyuyordular.

Kalede jandarmalar ileri geri.
Fır fır ötüyor düdükleri.
Yıldızlar görünüyor bulutların ardından.
Mapusane çeşmesi bir başına avluda
yandan akıyor yandan.

"Mapusluk bir şey değil
                    ayrılık var bir yandan."

Altıncı koğuşta on dört kişiydiler.
Mustafa kapının dibinde.
Gözleri yumuşacık kapalı
                    ağzı açık.
Elini şarkı söyler gibi dayamış yanağına.
Hamamda kir çıkarır gibi çıkarıyordu hapiste yorgunluğunu.
Uykusu bahtiyardı
        ve memnundu hayattan.

Mustafa'nın solunda Hamza.
Hamza bir avuç döşeğinde bağdaş kurmuş oturuyor, ufacık.
"— Vur," dedi Hamza'ya, çiftliğinde çalıştığı Nuri Bey,
    "Dürzadelerin çobanını vur."

Nuri Bey ki jandarma çavuşuyla
                    ayak ayak üstüne atıp konuşur,
Dürzade saymaz da Nuri Beyi
çobanına kırdırırsa bacağını sarı ineğin,
elbette ki bu çoban
    yaylanın düzünde vurulur arkadan,
kızıl kanla dolar ak kepeneği...

Hamza çoktan unutmuştu çobanın yüzünü.
Kabirden çıkıp gelse bile tanıyamaz.
Nuri Bey tutmadı sözünü.
"— Ceza giydirtmem," dedi.
                    Giydirdiler.
"— Hapiste bakarım," dedi.
                    Bakmadı.
Bilhassa bunu affetmedi Hamza.
Ve mektup yazacak müddeime
                    Nuri Beyden korkmasa.

Ortalık ışıyordu.
Hamza kalktı namaza.

Hapiste Allah,
hapiste sineklerin çeşidi, tahtakurusu, pire, bit,
yeniden görülecek hesaplar,
insanı hırsından ağlatacak kadar ümit,
dostluk ve düşmanlık,
hapiste kuşku, hapiste vefa,
fakat girmiyordu hapise inadetmiş bir defa :
pişmanlık.

Kabahat ölenin,
dışarda kalanın,
cezayı verenin.

Koğuşların kapıları açılıyor.
Mapusane çeşmesi bir başına değil avluda artık.
Geliyor çeşmenin yandan akan suyuna,
bir geyik sürüsü gibi
bir perişan kalabalık.

Kahve ocakları yandı.
Kerim çıkardı zuladan bıçağını aldı üzerine.
Dört kat yatağının tepesinde Şakir Ağa uyandı.
Gece Musa'yı ıslatıp münferide atmışlar.
Esrarkeş Aptül çırptı kollarını horoz gibi öttü.
Kumar yedinci koğuşta nerdeyse başlar.

Yolunuz açık olsun
günaydın arkadaşlar.

. . . .

Başgardiyanın odasını vermişlerdi Halil'e.
Tek başına.
Masası ve karyolası vardı.

Odası tekmil duvarlar ve kitaplardı.
Ve fotoğrafları, Ayşe'nin, Fuat'ın ve Süleyman'ın.
Kapının üzerinde iki harita :
Şimalî Afrika ve Şark cephesi.
Burda bazan kendine kızacak ve utanacak kadar rahattı Halil.
Şimdilik galiba tekrarlanmayacak :
                    açlık grevleri
                    ve şarkta Kürt beylerinin uşaklarından yenen dayak.

Dizine vurup piposunu, külünü döktü Halil,
baktı kapıdan yana.
Şirin bir utangaçlıkla aralandı kapı,
gıcırdadı rezeler
ve yuvarlak başı önde
          ürkek bir tosun gibi içeri girdi "Peder".

Mapusane asıl ismini çoktan unutmuştu Peder'in,
belki kendisi de unutmuştu asıl ismini.
Çocuklar koğuşunda sübyan babalığı yapmıştı
                              ve "pederlik" kalımıydı o günlerin.

Adımda bir duraklayıp yürüdü Halil'e doğru,
sonra yırtık, kocaman asker postallarını birbiri üstüne basıp
tombul boynunu büküp
                                   durdu.

"— Merhaba, bubacığım," dedi.
Sesi de gövdesi gibi tıknaz ve bodurdu.
"— Merhaba, Peder."
"— Çalışmıyorsun, bubacığım, niye çalışmıyorsun?"
"— Gözlerim ağrıyor, Peder, gece uyuyamadım."
"— Niye uyuyamadın, buba,
                                        hanım ablamı mı düşündün?"
Halil güldü :
"— Evet."
"— Yalnız onu mu düşündün, buba?"

"— Hayır"
"— Beni de düşündün mü, muhterem bubacığım?"
"— Sen aklıma gelmedin, Peder."
"— Ben aklına gelmedim demek?"
"— Gelmedin."

Peder çömeldi Halil'in karşısına :
Bir cıgara çıkardı koynundan.
Kibrit istedi.

Vahşî bir tapınış gibi içiyordu cıgarayı.
Gözlerini şehvetle sımsıkı yumuyor
ve ağzı iki yana yırtılacak gibi uzayarak
dumanı ıslıklı solumalarla çekiyordu içine.

Tek laf etmedi cıgara bitene kadar.

"— Sana bir diyeceğim var, buba.
Bana Afyon'da ceza kesen reis
buraya reis gelmiş.
Bir mektup yazacağız,
ceket pantul isteyeceğiz.
Afyon'da veriyordu.
Kararı okuyunca sana 24 sene verdik oğlum dedi.
Ben ne dedim?
24 seneyi yatarım, buba,
sen de her yıl bana bir ceket pantul göndereceksin ama."
"— Gönderdi mi, Peder?"
"— Gönderdi.
Sonra ben buraya gelince kaldı.
Şimdi söyleyim yaz, bubacığım.
'Muhterem reis buba,
evvela selam ederim,
iki gözlerinden öperim.
Bana vermiş olduğun cezayı kabul etmiyorum.
Ama niçin kabul etmiyorum?

Sen sözünde durmadın.
Bana bir kat elbise gönderirsen gönder,
göndermezsen al cezanı geri.'
Yazdın mı?"
"— Yazdık, imza?"
"— İmza istemez elden yollayacağım."

Halil, Peder'in suçunu ilk defa merak etti :
"— Peder, senin suçun ne?"
"— Kız kaçırmak, bubacığım."
"— 24 sene çok be, Peder."
"— Ölü de var, bubacığım,
iki üç tane kadar."
"— Peki nasıl oldu bu iş?"

Peder cevap vermeden önce düşündü biraz :
"— Bubacığım," dedi, "ben söyleyim sen yaz
gazeteye basarız.
Ben bu kaçıracak olduğum kızın bubasına çalıştım iki buçuk
sene.
Bu herif son hayatında tuttu kızı bir zengin yere verdi fakat.
Bubacığım olmadı bu iş falan dediysem de
kızı bana verimkâr olmadı.
Ben ne yaptım?
Gittim bir tabanca aldım, bir de kama.
Ben parayı nerden buldum?
Kolay :
Uşak şirketinde çalıştım, şeker değirmeninde iki ay.
Burda çalışırsan para verirler adama.
Bir tabanca aldım, bir de kama.
Yaz günü.
Ağustos.
Yaylaya bunlar arpa yonmasına gitmişler.
Ben de gittim.
Vukuatın meydana geleceğinden haberim yok.

Fikrim :
dönerlerken yolda çevireceğim bunları
kızı kaçıracağım.
Pustum, bekledim.
Baktım :
bunlar ateş yaktılar
yemek yediler biraz.
Sonra ayın aydınlığında biraz yonma biçtiler.
Yattılar.
Ben ne yaptım?
Yüzümü boyaladım ateşin kömürüyle.
Ben ne dedim?
Beni tanımasınlar.
Sonra usul usul yanaştım oraya,
kızın saçlarını kavradım sardım adamakıllı bileğime.
Ne kadar kuvvetim varsa bir tartış tarttım kızı.
Vay anam yandım, demesiyle beraber
çullandım üzerine.
Yandım, dedikçe hemen öte yandaki anası olacak
kızın acısına dayanamadı,
geldi orağı bir takış taktı boynuma.
Takmasıyla beraber,
ben ne yaptım,
bir bıçak,
gitti tepesi üstü.
Sonra birisi daha geldi.
Ona da dah ettim.
Bindirdim omzuma kızı.
Bayır aşağı yürüdüm.
Attım omzumdan kızı,
sürüdüm, sürüdüm, sürüdüm,
kesildim.
Bir müddet geçti aradan.
Öbür tarlanın yüzünden iki adam geliyor.
Silahlı.
Ben ne dedim?

Vuracaklar beni.
Bu kızı bırakacağım dedim ben kendi kendime.
Kızın donunu çıkardım
                    bıraktım çıpçıplak.
Bir şey yapmadım ne yalan söyleyim.
Sonra geldim köye.
Bindim bir hayvana.
Murat Dağı'nda gezdim bir buçuk ay.
Bir müddet geçti aradan.
Bu iş böyle olmayacak.
Ben ne dedim?
İyisi mi gideyim olayım mapusaneye teslim.
Kız da ölmüş sonradan.
Gitmedikçe dah ederdim bıçağı,
öldürmüşüz yavrucağı..."

"— Hepsi bu kadar mı, Peder?"
"— Bu kadar,
ama dur bir şey daha var,
onu da söyleyim yaz.
On yaşındaydım bizim köye geldiğinde Yunan.
Bir sürü kalabalık
        katır matır öyle yığıldı doldu her tarafa.
Bir on sekiz yaşında dayımın bir oğlu vardı
                    dah ettiler süngüyü gitti.
Komit diyorlardı,
çete.
Sonra dayım
        dipçiği vurduğu gibi Yunan
                    dili boğazına tıkandı öldü.
Sonra Yunan
        belki yüzden fazla
                    doluverdi evimizin içine.
Zavallı anneciğim beni bırakıp kaçamadı,
kaçamadığı taktirde mecbur oldu kalmaya.

Odaya koymak istediler
ırzına taarruz için,
o da girmediği taktirde dah ettiler süngüyü.
Bir vakit geçti aradan,
iki gâvur çocuğu gökte uçan kuşu sapanla vuruyor,
getiriyorlar tutup
çıkarıyorlar gözlerini.
O zavallı kuş ne yapsın?
Çıkıyor yukarı tavana bir,
bir çarpıyor kendini yere.
Yahu, düşünüyorum ki niçin çıkardılar bunun gözünü?
Tabii ben de cahilim,
kuşun gözünü çıkaracağınıza kafasını kesin dediysem de
biz böyle görmüşüz diyorlar atamızdan, dedemizden.
Sonra...
Bir müddet geçti aradan.
Sonra... bu kadar işte, muhterem bubacığım..."

Halil güldü :
"— Sözlerinin yarısı yalan, Peder."

Peder buruşturdu suratını
ağlamaya hazır
altı aylık tombul bir çocuk kafası gibi.
"— Değil bubacığım."
"— Peki hepsi doğru mu?"

Peder cevap vermedi.
Halil ısrar etti :
"— Söylesene."
Peder konuştu şımarık bir kurnazlıkla :
"— Yalan da var, bubacığım."
Güldü :
"— Nur olasın," dedi.
"Ben görüşme yerine gideyim, muhterem bubacığım."
"— Bugün görüşme günü mü, Peder?"

"— Görüşme günü.
Görüşmecim yok ama
görüşmecilere bakmak hoşuma gider."
Kırptı yumuk gözlerini :
"— Katık da çıkar, bubacığım,
görüşmeciler sevabı sever...."

II

Hamdi
Çerkeş'in Kabak Köyü'nde
                                336'da dünyaya geldi.
Tuzladılar.
Yumuşaktı.
Sevindiler oğlan olduğuna.
Kırkı çıkmadan
buğdayın dibinden güneşe baktı.
Öğrendi toprakta yatmasını.
Ev karanlık
    toprak güzeldi.

Çiçek çıkardı 337'de,
ellerini bağladılar.
338'de yürüdü.
Ve 1339'a kadar
                        dolaştı dünyadaki 36 haneyi
                                                    4 sokağı.
Hayvanları ve yağmuru sevdi.
Helva yalnız bayramları pişiyordu.
Ağlamadı artık Hamdi
dayak yerken babasından anası.

Fırtınalı bir kış oldu
                                1925'e girerken
                                (eski tarih 1340).
Öküzün bir teki öldü.
Babası gitti askere.
Çok rahmet yağdı.
Çok çok kabak yediler.

Jandarmalar geldi,
"martinleri" vardı.
Bir karakuş dadandı köydeki civcivlere.

926'da beş yaşındaydı.
Bir kötürüm keçiyi emanet ettiler.
Keçiyle kırlara gittiler.
Bir türlü tutamadı bulutları Hamdi.
Rastlamadı kurda.
Tanıdı otları Hamdi.
Çok çok bulgur yenildi.

Kurak gitti havalar 27'de.
Yarıldı toprak.
Ekin tane almadı.
Uğultular geldi yerden.
Aynı yılın ortasında
                    babası döndü askerden.
Çok az kabak yediler.

Hamdi
zıpka ve mintan giydi.
Sünnet oldu (1928).

929'da indi Çerkeş pazarına :
kendisi babasının kucağında, eşekte,
                              arkada, yerde anası.
Pazarda meyvalar;
                    ayna, çakı, bıçak.
Çok rahmet yağdı o yıl.
Çok tarhana içildi.
Çok bol oldu kabak.
Ve yine o yıl
                    tavuğun ardına elini sokup
                                        çıkardı yumurtayı,
                                        tavuk ölmedi.

Fırtınalı bir kış oldu
1930'da.
Tahsildarı gördü :
atı vardı
heybesi vardı
bıyıkları yoktu.

Ertesi yıl kızlarla beraber
davar dölü güttüler.
Hamdi
çorap ve çarık giydi :
(1931 Birinciteşrin 7).

932'de kızlar
sırtüstü yatırıp
el attılar uçkuruna.
Bağırdı.
Kızların memeleri vardı.

Fırtınalı bir kış oldu
1933'e girerken.
Dondu Meral Çayı.
O kış ilk defa gitti balığa.
Merkebe odun sardı.
Canavara rastladılar.
Bir samanlık yandı köyde.
Babası başladı ortakçılığa.
Memelerinden başka şeyleri de vardı kızların.

34'te soyadı aldılar ŞENTÜRK diye.
Babası yalnız devlet işlerinde kullandı bunu,
anası hiç kullanmadı.
Fakat Hamdi
bu adı sevdi.
Hamdi Şentürk on üç yaşındaydı.
Sabanın tutağını emanet ettiler.

Ve öküzlerle Hamdi
                    toprakta iki çizgi gelip gittiler.
O gece gizliden tütün içti.
Dayak yedi babasından.
Ve ertesi gün
          bir kız yatırdı samanlıkta.
Su döküldü.

35'te kurak gitti havalar.
Ne tepeler yeşerdi
                    ne ekin tane aldı.
Bir kız kaçırdılar köyden.
Merkep öldü.
Kesekli olmadı herk.
Babası dövdü anasını bayıltıncaya kadar.
O yıl ilk defa Hamdi, gitti namaza.

36'da anası öldü.
Komşular kazdı kabri.
Gördü ağladığını babasının :
yaşlar inceden ince
                              kara sakalına dökülüyordu.
Uyumadı.
Cıgara içecekti az daha babasının karşısında.
O yıl çok yağmur yağdı.
Bol bol kabak yediler.

Herk kesekli oldu 37'de.
Kabardı toprak.
İlk defa Çerkeş'te karpuz yedi.
Düşündü zengin olmayı :
"Yüz liram olsa," dedi.

Evlendi
(1938).
Kavga çıktı dağ yüzünden Türbelilerle.

Karanlıkta silah attı iki taraf.
Vergi bakayaya kaldı.
Yüzük oynadı gençler odasında.

Fırtınalı bir kış oldu ertesi yıl.
Aynı yılın teşrininde
üç arkadaş Zonguldak'a indiler.
Şurdan şu tarafa tut
bütün deniz.
Girdi ocağa.
Kânununda aynı yılın,
bir sabahtı,
Şentürk'ü kömürün altından çıkardılar,
kan içinde yüzü gözü,
elleri simsiyahtı.
Bir beyaz karyolada
hayata veda etti (1939).

Rahmetli Hamdi Şentürk'ün bir oğlu doğdu
(1940).
Tuzladılar.
Ahmet koydular adını :
Hamdi oğlu Ahmet Şentürk.
Aynı yılın sonlarında
yine kavga çıktı dağ yüzünden Türbelilerle
karanlıkta silah attı iki taraf.
Üç ölü kaldı yerde,
üç kişi hapse girdi,
Ahmet'in dedesi bu meyanda.

1941'de Ahmet
görüşmeci geldi hapis dedesine,
anasının kucağında.
Kanunun heybetini ne bilsin bebek!

Ahmet bakıyordu mapusaneye
pembecik ağzında iki ön dişiyle gülümseyerek.
Tahta parmaklık ve tel kafesti görüşme yeri,
ayıracaktı mapuslarla görüşmecileri,
fakat onlar karmakarışıktılar çok şükür.
Dedesi aldı Ahmet'i kucağına
ve kovdu biraz fazla sokulan Peder'i.
Aynı toprakta, aynı işin insanları,
hep birbirine benziyordu köylü görüşmeciler.
Yalnız ayrıydı gelinleri Şakir Ağanın :
kalın
uzun
güzel
besili kısrak gibi iki genç kadın.
Peştemalları kızıl
kıpkırmızıydı üç etek entarileri.
Feslerinde altınlar
ve alevli al şalvarlarıyla
güneşten inmiş gibiydiler bu fakir bayram yerine.

Arı kovanı gibi uğulduyordu tel kafes,
havada parça parça cümleler ekleniyor birbirine :

"— Ne düşünüyorsun?
Düşünmek geçti.
Ne kadar düşünsen oldu bir sefer."

"— Hastalığı, ölümü, misafiri bildirir
saattır saatı olmayan insana örümcekler."

"— Hemen torbaya sarılırsın,
öpsene ananın elini."
"— Dört gün evvel de geldi, boş ver canım."
"— Ah oğul,
analar meler, oğullar melemez..."

"— Para getirdin mi para?"

"— Şakir Ağa on kile un vermiş büyük memuranlara."

"— Benim babam harp içinde yaşamış
gitmiş ta kırlangıçların memleketine kadar."

"— Kadınlarda dokuz nefis
bir akıl var."

"— Harbe gireceğiz.
Kitap kavliyle gireceğiz.
Kurandan okudu hocalar,
ebcet hesabıyla.
Romanya'yı, Bulgar'ı vurup
Tuna ağzına ineceğiz.
Bulgar'ın topları bizden yana çevrilmiş
bizimkiler Bulgar'dan yana."

"— Bulgur getirdim senin gardiyana."

"— İnsanoğlu hey,
doğması, büyümesi,
nerelerde gezintisi,
bir de kalışı nerelerde..."

"— Cezamı okudu reis,
bağırdım 'Yaşasın Cumhuriyet' diye."
"— Az mı kestiler cezayı?"
"— Az değil, çok.
Lakin öyle sırma giymiş, sıralanmış kürsüde reisler,
hoşuma gitti,
keyiflendim, bağırdım."

"— İnsanoğlu güle benzer
bir dakkada soluverir."

Yalnız 24'lük Ömer'di konuşmayan.
Çömelmiş oturuyor,
yumruğunu vuruyor dizine.
Gidip geliyor yumruğun içinde tahta ağızlık.
Kısmış gözlerini.
Bakıyor karşısındakinin yüzüne
ve düşünüyordu 24'lük Ömer :
"— Yine yaz geldi,
çalı dibi adam kabul eder..."

Halil dışarıya baktı pencereden :
görünüyor demir kapı,
üstleri ve eşyaları aranıyor
giriyor görüşmeciler.
Karşı yoldan geçen pazarcının bir tuhaf kişnedi beygiri.
Havayı kokladı Halil.
Bozkır ikliminde rüzgâr ansızın çıkar
ve hızla kasırgalaşır.
Bu sefer de öyle oldu.
Sıcak ot kokuları geldi önce
sanki alt başta bir samanlık yandı.
Karakolun bayrağı dalgalandı.
Kavaklar pul pul ürperdiler.
Hava kan gibi ılık.
Bir çocuk kahkahası
bir çığlık
ve hemen arkasından
toz duman.
Güneşe baktı Halil.
Ordaydı
uzaklarda, yükseklerde,
yuvarlak
kırmızı
ve bulanıktı ötesinde toz dumanın.
Halil kapadı pencereyi.
Yumdu gözlerini.

Kafasının içinde güneş :
bir alevden ağırlık ki 3 defa milyon defa 2000 milyon
ton.

Ne iyi
ne fena
ne güzel
ne çirkin
ne haklı
ne haksız,
bir muazzam
bir uçsuz bucaksız
hayat.
Beher metre karede 100.000 beygir kuvveti takat.
Ne akşam
ne sabah
ne ümit
ne eyvah
ne aşağı
ne yukarı.
Saatta 600 bin kilometre esen
beyaz
gaz
kasırgaları.
Atomlar iyon halinde.
Tekrar ölümünde
tekrar doğumunda
tekrar kemalinde
ve kopuşlarla, sıçramalarla
başsız ve sonsuz, bana bağlı olmadan
benden evvel var olup
benden sonra var olan.

. . . .
. . . .

Pencereyi açtı Halil.

Bozkır'dan ansızın gelen rüzgâr
geçip gitmişti ansızın.
Tam karşıda
marangoz Şükrü'nün karısı Zeynep duruyordu.
Ufacık kızını tutmuş elinden.
Bir yoğurt bakracı öbür elinde.
Ayakları çıplak,
yüzü ağır ve mübarek.

Dört yıl önce aldılar kocasını,
peşinden indi şehre.
Şükrü hapis,
Zeynep çapacı bahçelerde.
Ve her gün dört senedir :
yağmur, çamur,
rüzgâr, sıcak,
kar kıyamet
geliyor demir kapıya aynı saatta.
Ve daha on bir sene her gün gelecek.
Ve yine hep böyle gözlerini kaldırmadan bakacak erkeğine,
hiçbir şey beklemeyen bir anne gibi fısıltılarla konuşacak
ve bakracı usullacık bırakıp gidecektir.

Halil güneşe baktı :
Orda
yükseklerde, uzaklarda,
berrak ve kırmızı
ve Zeynep'in çamurlu, çıplak ayaklarından büyük değil
yüreksiz ve ufacıktı.

Her şeye rağmen insan olmanın saadetiyle
ve saygıyla güldü Halil,
Şükrü'ye haber vermek için koştu içeri...

III

On iki dükkân vardı hapisane avlusunda,
taş duvarın dibinde,
kaybedilmiş sandıklar gibi çaresiz
ve küçülmüş.
Ve yeryüzündeki bütün küçük dükkânlar gibi
birbirlerine dehşetli benzedikleri
ve yan yana durdukları halde
herbiri kendi kederiyle yapyalnız,
bir başınaydı dibinde taş duvarın.
Evkafındılar.
Açık arttırmayla kiralanıyordular mapuslara.

Birincisinde bağdaş kurmuş terziler.
Enselerinden kesik gibi başları göğüslerinde.
Terziler,
müdür beyin gömleği ütülenmeli.
Terziler,
makasınız leyleğe benzer,
sap sap tire sarkar ağzınızdan terziler.
Gülmek iyidir, terziler, neden gülmemeli?
Gülmek yardım eder.
Terziler.
Sinirli ince bacaklarıyla durmadan düşer, kalkar, koşar terzilerin eli,
bir kaybolur bir çıkar külot pantolonun teyeli.
Bağdaş kurmuş terziler.
Terziler.
Terzilerin makinası Singer
1897 modeli.

Kalaycı Şaban Ustanındı ikinci dükkân.
Zaçyağı, tuzruhu, kum ve bakır,
ve kıpkırmızı ıslak ayaklar :
kalaycı yalağında çalkalanıp kıvranıyordu çocuk çırak
daracık omuzları sağa, incecik beli sola
ve çıplak bacakları bitişik.
Dipte ağır bir hayvan ciğeri gibi körük,
toprağın içinden bakan ateş,
tepside kalay, pamuk, nişadır
ve pöstekisinde
kıvranışlara ve pırıltılara hâkim
Şahmeran gibi oturan Şaban Usta.

Üçüncü dükkân iki yıldır boş, kapalı.
Atmıyor
soğumuş
ölü bir yürek kapısında kilit.

Bitişikte katırcı kunduralarıyla yemenilerin tabanındaki dünya :
eskici Raif Ağa
dişsiz
şaşı
sağır
ve müdürün kasasında 150 sarı altın.

Aynacı Asrî Yusuf'undu beşinci dükkân.
Yaldızlı markaların
resimliklerin
ve yağlı boya kırmızı güllerin arasından bakan aynalar.
Çıplak kadınlar duvarlarda,
ve taş basma bir mareşal.
Aynacı Asrî Yusuf'ta dalgalı kumral saçlar yandan taralı,
süzme bal aydınlığında gözler,
kartal gagası burun,
ve kırpık, cesur bir bıyık.
Asrî Yusuf en şık adamıydı mapusanenin,

sarı iskarpinleri boyasız görülmemiştir.

27'li ve Ilgazlıydı Yusuf.
Ilgaz.
Ilgaz'a gittiniz mi?
Ne zaman bulundunuz?
Ilgaz :
4 mahalle, 600 hane, 1000 nüfus,
hükümet konağı, karakol ve şube,
aşçı, fırın, demirci, semerci, bakırcı, manifatura,
bahçe ve tarla — yorgunluk geberesiye.
Ve üstü otel, alt katı kahve olan
                                        3 tane han.
Şafakla uyanır Ilgaz,
                    yatsıda yatar.
Can sıkıntısı sabahlara kadar.
Memurlar : poker,
                delikanlılar :
                                    zar,
her iki taraf rakı.
Ve uzakta gökyüzüne yakın bembeyaz karlarıyla
                                                            yukardaki
                                                                            yüksekteki
                                            geyiklerin ve çamların memleketi.

Kasabanın dışında
        Ilgaz Dağının eteğinde doğdu Yusuf.
Babası evvelce terzi iken
                        rençber sonraları
                                                Kadir Usta.
Anası Şehriban Kadın.
Kadir Usta öldü Balkan Harbi'nde,
Yusuf'u dedesi büyüttü
            (zaptiye tekavüdü
                        3 lira aylık alırdı
                                    — kâat para —

bir inek
bir ev
bir öküz
15 dönüm tarla).
Yedi yaşında terzi çırağı oldu Yusuf
ve mektebe girdi.
Belleyemedi terziliği
fakat okudu ortaokulun son sınıfına dek.
Sonra gurbete gitti katırcılarla :
İnebolu, Kastamonu, Çankırı, Ankara.
İstanbul'da askerlik.
Ve tezkere alıp Ilgaz'a henüz dönmüştü ki
"Çıktık açık alınla on yılda her savaştan."
O gece dehşetli içti Yusuf.
Bir "hep yek" yüzünden oldu en yakın arkadaştan :
işletti makinayı.
15 sene verdiler.

Kendi seçti soyadını "Asrî" diye.
Ona göre asrîlik
komik
değil.
O kadar ki soyadını sonda kullanıp "Yusuf Asrî" olacağına,
bilerek, isteyerek başta kullandı
"Asrî Yusuf" oldu.
İşini seviyordu Asrî Yusuf.
Aynacılık asrî meslek sayılır :
yeni harflerin süslü majeskülleri
ince fırçalar
yağlı boya ve kimya.

Kalabalıktı dükkân :
İhtilastan yatan Çopur İhsan Bey,
Trabzonlu Bakkal Sefer
(ihtikârdan)
ve İlyas Kaptan
(kalpazan)

Asrî'ye çay içmeye gelmiştiler.

İlyas Kaptan
ne kaptan, ne de kalpazandı,
dolandırıcıydı sadece.

İlyas Kaptan
çayı kırklama şekerle yudum yudum içiyor
ve forslu şapkasının altında
emniyette
anlatıyordu :
"— Ben bugün kalpazanlık ilan ediyorum.
Kursunu Sabranya'da görmüştüm
80 basamak bodurumda
göz bağlı.
Bilmiyorum kim verdi bana bu dersi.
Gizli her şey
sır.
Bolşevikler, menşevikler...."

İlyas Kaptan Batum'da bulunmuştu
Bolşeviklerin geldiği sıralarda,
bu muhakkak.
Ama nasıl ve neden?
Belli değil,
belki kaçakçı olarak.

"— Parayı kaldırmalı.
1000'lik Allah, 500'lük peygamber."

Asrî Yusuf sordu :
"— Ya melekler?"
"— 50'lik, 25'lik."

Kıllı suratını astı Bakkal Sefer.

İlyas Kaptan devam etti
bilgiç ve muzaffer :
"— Para var Allah var, para yok Allah yok.
Yüksek bir sözdür bu
4800 kelimedir
ağır siyaset,
ben ağır siyaset kullanırım
şark siyaseti."

Kurnaz, utangaç ve memnun
incecik güldü.
Oynadı ceketinin düğmeleriyle.
Kaç kerre hapislerde aç kalıp
— dehşetli müsrif ve cömertti —
ceketini ve şapkasını sattı,
fakat çapalı, sarı, kaptan düğmelerini aslâ.

"— Kaç çeşit çiçek varsa ona göre de rüzgârı var.
İnsan demek ot demektir.
Otların pîri rüzgârdır.
Her hayvanın kendine göre bir saltanatı vardır.
Sessiz görüşürler vücutla.
Gelir gelir bir çapraz bakar öyle
kulağını oynatır.
Balıkların ağzından çıkan nefes
döner döner harf olur,
konuşurlar.
Otlar bile birbiriyle konuşur
rüzgârla,
sesler havada kalır."

Ayak ayak üstüne atıp çıkardı şapkasını :
sıfır numarayla tıraşlı
bembeyaz
saygıdeğer bir baş

ve kuşkulu
simsiyah mahzun gözler.

"— Elektrik tenekeden bulunmuştur,
elektrik — teneke,
nasıl benziyor bak.
Pîri öyle bulmuş onu.
Dünya bir fendir yahu,
her şey çalışmaktır
(halbuki kendisi dehşetli tembeldi
akıl almayacak kadar tembel).
Her şey çalışmaktır dedik,
lakin insanlar insanların etini yiyor."

Dükkânın kapısında Peder belirdi,
uzattı içeri altı aylık çocuk kafasını,
nerdeyse ağlayacak :
"— Kaptan buba," dedi,
"görüşmecin gelmiş, muhterem bubacığım."

Kıpkırmızı oldu Kaptan.
Ümitli bir çift söz gibi güldü mahzun siyah gözleri.
Telaşla giydi şapkasını :
"— Bizim muhtardır gelen."

Elli kuruş attı Peder'e.
Bu son elli kuruşuydu
ve muhtardan elli lira alamazsa
dağda gömülü elli bine mahsuben,
Kaptan açtı bu akşam.
Eğildi öne doğru biraz,
ellerini ovuşturdu
ve zeybek oyununa hazırlanıyormuş gibi
dizlerini kırıp topuklarını vurarak ceketinin eteğine
çıktı dışarı.

Asrî Yusuf'a baktı Çopur İhsan Bey :
"— O işe başlayalım mı," demek ister gibiydi, "fırsattır."
Anladı Asrî Yusuf
ve sordu Bakkal Sefer'e :
"— Şu İlyas Kaptan,
bilimiyon,
31 Mart'ta eline geçse keserdin ya?"
"— Keserdim."
Sordu Çopur İhsan :
"— Lakin efendi ağa,
31 Mart'ta tevatür işler olmuş.
Sen bahriye askeriydin o zaman,
değil mi hele?"
"— Muini Zafer gemisinde askerdik."
"— Peki nasıl oldu bu 31 Mart?"
Ezbere biliyorlardı Bakkal Sefer'in hikâyesini
fakat bugün ona bunu mahsus soruyordular.

Anlatmaya başladı Bakkal Sefer
şüpheli altın dişleriyle
kıranta bıyıklarının içinden :
"— Sabahleyin sivil giydi zabitan,
giderlerken dediler ki çavuşa :
'İhtilal çıkarmış nizamiye askeri,
size de gelirlerse bize uyun diyerek
uyun amma fenalığa meydan vermeyin.'"

Çopur İhsan Bey, Asrî Yusuf'u dürtüp tasvipledi :
"— Zabitan da akıllı zabitanmış, efendi ağa."
"— Hem akıllı, hem bıyıklıydılar.
Her neyse.
Arası geçti biraz,
Parmakkapı'dan doğru bir mızıka çala çala geliyor.
Herkes uydu bunlara.
Beşiktaş'ta basıldı karakol
silah alındı.

Ama bilmiyoruz nereye gidilecek?
Akşam ezanı Yıldız'a vardık.
Başımızda üç çavuş :
biri Mehmet Ali Çavuş,
biri İbrahim Çavuş.
Dizildik önüne sarayın.
Bağırdık üç defa 'Padişahım çok yaşa' diye.
Balkona çıktı cennetmekân Sultan Hamit.
'Ne istiyorsunuz evlatlarım?' dedi.
Üç kişi çıktı huzura :
biri Mehmet Ali Çavuş,
biri İbrahim Çavuş.
Küfelerle ekmek dağıtıldı askere, sıcak sıcak.
Geleceğimizi biliyormuş demek.
Daha ilerde silahlar atılıyor.
Neymiş o? Bir şey yok,
orda sivil giymiş mektepli zabit gördüler,
vurdular onu."
"— Sen de silah attın mı, efendi ağa?"

Yıllanmış bir kuşkuyla baktı İhsan Beye, Bakkal Sefer :
"— Atmadım,
attıysam da havaya.
Her neyse,
dört beygirli, kapalı arabayla Ethem Paşa geldi.
Asker etrafını sardı.
Doğru Ayasofya Meydanına.
Gece oldu, ortalık iyice karardı.
Orda yüksek bir şey yapmışlar nutuk okumak için.
Ethem Paşa nutuk okuyor.
Hayda bir şenlik.
Silahlar atıldı.
Bunun şenlik olduğunu anlayamadılar,
'Sarıldık da kırılıyor muyuz?'
Bahriye ayrıldı.

Herkes kaçıyor.
Mızıka dağıldı, davullar kırıldı.
Neden sonra havuzlara geliyoruz."
"— İşe biraz şaşkınlık karışmış, efendi ağa."
"— Karıştı doğrusu, İhsan Bey.
Her neyse.
Ertesi gün baruthaneye gittik.
Orda bir zabit öldürüldü.
Şehre dağıldık.
Ama soygunculuk yok.
Bedava, kendiliklerinden dükkâncılar veriyorlar.
Kerhane, meyhane, silah atmak
keyfet bildiğin gibi.
İki gün sonra duyuluyor ki Hareket Ordusu geliyor."

Derin bir soluk aldı Bakkal Sefer,
belki yorgunluk
belki bir parça keder.
Kazıdı tırnağıyla altın dişlerinin kefekisini :
"— Zaten," dedi, "düşündüm kendi kendime,
beş vakit namaz
yiyip içip padişaha dua
vazifeye dikkat.
İstanbul da burası, Bağdat da...
Burası böyle olursa dışarları ne olmaz...
Hükümet nerde?
Askerlik öldü.
Memlekete gidelim."

Asrî Yusuf alay etti :
"— Öyle ya, Hareket Ordusunu duyunca
sıkı geldi eşinemedin."

Öfkeyle karşılık verecekti ki Bakkal Sefer,
"— Bak, efendi ağa," dedi İhsan Bey,
"hele bir bak bende ne var..."

Bu bir eski gazeteydi,
eski harflerle
ve yer yer parçalanmış.

"— Çok eski bir gazete, efendi ağa,
33 senelik."
"— Ver."

Çekip aldı gazeteyi Bakkal Sefer.
Kendini zor tutuyordu Yusuf gülmemek için.
Bakkal Sefer kokladı gazeteyi,
altın dişleri kayısı gibi tatlandılar ağzında.
Taktı gözlüklerini :
"— Bak, gördün mü, İhsan Bey,
resim de yok,
baştan başa Müslüman yazısı.
Al,
oku da dinleyelim."

Yumdu gözlerini bakkal,
ağzı açık,
bir akşam ezanı vakti gibi parlıyor altın dişleri.

"— Gazetenin ismi 'Sabah', efendi ağa,
10 Rebiülahır 1327.
Numero 7038.
Sahibi imtiyazı Mihran."
Asrî Yusuf sordu :
"—Vay, sahibi Ermeni miymiş?"
"— Ermeni, mermeni,
oku İhsan Bey..."
"— Okuyorum, efendi ağa :
Directeure-proprietaire."
(Fıransızcayı Türkçe gibi okudu).
Gözlerini açtı Bakkal Sefer :
"— O ne, İhsan Bey?"

"— Fıransızca, efendi ağa."
"— Doğru,
eskiden İstanbul'da, Beyoğlu'nda gâvur dükkâncılar
Frenkçe de yazarlardı levhalarına.
Bak, şimdi yasak ettiler bunu, iyi oldu.
Türkçe yazmalı, Türk'ün ekmeğini yiyenler.
Her neyse,
oku makaleleri."
"— Okuyorum, efendi ağa :
'Abdülhamit'e tebliği hal.'"
Asrî Yusuf sordu :
"— O ne demek?"
"— Yani, Abdülhamit'e tahtından indin denmesi.
'Abdülhamit'e tebliği hal'e memur heyet azası :
Arif Hikmet Paşa — Ayandan,
Aram Efendi — Ayandan,
Meb'usandan İşkodra meb'usu Esat Paşa
ve Emanuel Karasu Efendi — Selanik.
Yıldız Sarayına gidilip
mabeyin başkâtibi sabıkı Cevat Beye
haber verilmiştir Abdülhamit'i heyet görecek diye.
Cevat Bey, Abdülhamit'ten müsaade almıştır.'"

Asrî dayanamadı :
"—Tüh reziller,
herifin yanına girmek için hâlâ mı izin istiyorlar?"
İhsan Bey devam etti :
"— Heyet odaya girmiş :
Abdülhamit ayakta.
İki büyük ayna
bir muazzam avize
birçok koltuklar,
ve üzerinde battaniye diğer uzun bir koltuk
ve Abdülhamit'in yanında oğlu Abdürrahim Efendi.
Ağır cezaları Abdülhamit burada verir
mühim işlere burada bakarmış rivayete göre.

Ve hareme bitişik olduğundan bu daire
heyet girerken kadınların feryadını işitmişlerdir.
Esat Paşa yaklaşıp Abdülhamit'e bir metre kadar
askerce bir selam vermiş :
— Memuren geldik — demiştir — Millet Meclisi tarafından.
Millet seni hal'etti fetvayı şerife mebni.
Hayatınızla evlad ü ayalinizin hayatı emindir.
Abdülhamit siyah ceketli imiş.
Üzerinde bir pardösü.
Pardösü iliklenmiş idi.
Mabeyin setresi giymiş oğlu Abdürrahim Efendi,
ve iki eli göbeğinde
ihtiram vaziyeti.
Tebliği bitirince Esat Paşa
Abdürrahim Efendi kapanarak kanapeye
feryada ve ağlamaya başlamıştır.

Abdülhamit :
— Bazı ifadatım vardır, — demiş. —
Beni burda yalnız bırakmayınız.
Benim hayatım emin midir?
Esat Paşa :
— Asildir Osmanlı milleti, — demiş, —
bir padişah mâzulüne ne yapmak lazım geldiğini bilir.
Tekrar ediyorum ki canınız emindir.

Abdülhamit'in çenesi titriyor imiş.
Benzi fena halde uçuk
fakat çehresi gayet gazaplı ve korkunç :
— Ben bu işin böyle olacağını bilir idim, — demiş.
Ve konuşma sırasında eski hakan
iki gündür aç bırakıldıklarını söylediği zaman
bahsetmeyi unutmuştur şüphesiz :
bisküvitlerden, şekerlemelerden, havyarlardan, tereyağlarından.
Haber aldığımıza göre saraya giren asker
sepetler dolusu yiyecek bulmuştur her tarafta."

"— Vay anasını," diye haykırdı Bakkal Sefer,
ve sipsivri kahkahalarla güldü.
Altın dişleri şimşeklendiler :
"— 31 Mart'a bulaşmaktansa
Hareket Ordusuna katılmalıymışız,
ama bizde o talih nerde?"

Yusuf'la İhsan şaşırdılar.
Hiç beklemiyorlardı Bakkal Sefer'in böyle bir tepkisini.

"— Okusana, İhsan Bey, niye durdun?"
"— Okuyorum, efendi ağa."
'Abdülhamit'in Müfarakatı.'
Yani Abdülhamit'in gidişi,
Yusuf anlıyorsun ya, yani herifi nasıl dehlemişler."
Bakkal Sefer tasdikledi :
"— Sürdülerdi Selânik'e.
Ama sonra Selânik Yunan'a geçince geldi.
Seferberlikte İstanbul'da öldü,
cenazesini de bir kaldırdılar,
görmeliydin!
Millet kırıldı ağlamaktan,
sen sürgünü bırak İhsan Bey, başka şey oku..."
"— Okuyalım.
'Abdülhamit'in Serveti' :
Abdülhamit'in yanında Şark
Şimendiferleri tahvilatı
700.000 imiş,
5 milyon 150 bin lira
eder."
Yusuf güldü :
"— Çalışıp alın teriyle kazanmış belli!"
Bakkal Sefer gözlüklerinin altından baktı Yusuf'a :
"— Şimdikiler gibi," dedi,
"bal tutan parmağını yalar, oğlum.

Havadis yok mu, İhsan Bey, havadis oku."
"— Var, ama gazetenin bu yanı hepten parçalı."
"— Olsun, oku, İhsan Bey."
"— Taşkışla ve civarındaki yerler
Osmanlı, Arnavut, Rum, Ermeni, Musevi, Bulgar kanlarıyla
sulandı,
vatan aşkı ve hürriyet için..."
Hayretle sordu Asri Yusuf :
"—Türk yok muymuş be?"
"— Osmanlı diyor ya."
"— İkisi bir mi?"
"— Bilmem."
"— Sen oku hele..."

"—Tatavla'dan topları geçirmeye uğraşan askerlere
Ermeni kadınlarının yardımını görenler..."

Bırakacak oldu gazeteyi İhsan Bey,
bakkalı kızdırmaktan kesmişti ümidini :
"— Okunmuyor,
paramparça."

Bu sefer Asrî ısrar etti :
"— Ne olursa olsun, oku dibine kadar."
"— Kâmil Paşanın firarı.
. . . . . pazar günü firar . . . .
konağından Caddebostanı'na . . . .
. . . . bir kayığa binerek . . . . . .
bir istimbota can attığı . . . . . . "

Asrî Yusuf hatırladı mapusluğunu :
"— Allah yolunu açık tutsun,
tutulmasa bari!.."

Devam etti İhsan Bey :

"— 'Adana vukuatı'

. . . . . menhus eller, kirli nasiyeler . . . .

. . . . evli bir Ermeni kadının hanesine . . . .

. . . . zevci gelir, bu mel'unlardan üçünü kurşunla katleder

bu fırsattan istifade, Ermeni evlerine hücum . . . .

. . . . . . hükümetin miskinliği . . . .

. . . . İslamlar Ermenilere, Ermeniler İslamlara . .

. . . . evler ateşe verilir . . . .

. . . şehri yağma eden mürteciler . . . .

. . . . Adana kıtali köylere . . . .

. . . . .Tarsus sokakları cesetle doludur . .

Daha okuyalım mı?"

"— Oku."

"— Meclisi Mebusan Riyaseti Âliyesine :

. . . . Efendim Hazretleri . . . .

. . . . Hürriyet şehitleri . . . .

. . . . Cenaze merasimi . . . .

. . . . ol bapta emrü ferman . . . .

. . . . Mahmut Şevket Paşa . . . .

Bak, Hürriyet Şehitleri nasıl gömülmüş :

. . . . en önde bir takım süvari . . . . .

. . . . daha sonra polis ve belediye memurları . . .

. . . . yeni padişah tarafından cenazede . .

evvela ulemadan biri tarafından dua . . . .

. . . . . . Âyandan bir zat sonra mebuslardan . . . .

. . . . ve Mahmut Şevket Paşa hazretleri . .

. . . . başka hiç kimse nutuk söylemeyecektir . . .

. . . . Şehitlerin ruhlarına mevlut . . . .

. . . . Yeni padişahın oğlu (adı okunmuyor) himayesinde . .

. . . . Darülmusikii Osmanî müessisleri tarafından

. . . . . . şehitlere abide dikilecek . . . iane verenler :

5000 . . . . Sabah imtiyaz sahibi Mihran . . . .

20 . . . . kaleminde Tevfik . . . .

108 . . . . tüccardan Halil . . . .

100 . . . . Dava vekillerinden Samuel Anastasyadi
30 . . . .
20 . . . .
. . . . Avrupa'nın takdirleri :
. . . . *La Türki,*
(Fıransızca gazete olacak)
. . . . . . Avrupa memleketlerinden gelen telgıraflar . . .
Genç Türkler muzafferiyetinin . . . .
Paris 28 :
. . . . Bütün gazeteler . . . Abdülhamid'in hal'i . .
Budapeşte 27 :
. . . . Matbuat umumiyetle . . . .
Paris Borsası, 28 Nisan :
. . . . Borsa muamelesi sakindir . . . .
Düyunu muvahhideyi Osmaniye kırk santim kazanmış . . . .
Şark Şimendiferleri tahvilleri . . . .
Gayet sakindir Londra Borsası da . . . .
. . . . Osmanlı eshamları. . . . .
. . . . Amsterdam . . . .
Felemenk kıraliçesi bu gece doğurduğundan . . . .
İran'da meşrutiyet . . . .
. . . . . Hürriyetseverler bugünlerde kuvvetlendiğinden . . .
İlan :
Üç gün Alemdağı'nda gezinti.
Letafetü ab u havasıyla meşhur . . . .
. . . . . On beş kişilik saz takımı . . . .
. . . . günde iki kerre yemek dahil . . . . .
. . . . . azimet ve avdet . . . .
. . . . iki liradır bilet . . . .
. . . . *Hükemayı Cihan* . . . .
. . . . ve Talim Terbiye Tarihi . . . .
. . . iş bu eser Kozan Mutasarrıfı sabıkı . . . .
Şayanı hayret bir ilaç . . . .
baygınlığa ve yürek çarpıntılarına duçar olan . . . . . . "

Fırlattı gazeteyi İhsan.

Sustular bir müddet.
Asrî Yusuf'un ilişti gözü aynalardan birine :
kıravatlı, kumral bir yiğit kendisine bakıyor.
Her nedense birdenbire şapkasını giydi yiğit,
gülümsedi.
Asrî Yusuf :
"— Öf be!" dedi,
" ne de olsa epeyce yürümüşüz..."
Çıkardı şapkasını.
"Hay anasını, ne zamanlarmış," diye düşündü,
"dünyaya biraz geç gelmişiz, şükür!"
Bir kumarbaz sevinci duydu :
dubara atmak da mümkünken
atmamış olmanın sevinci.

Çopur İhsan Beyle Bakkal Sefer gittiler.

Gazeteyi aldı yerden,
düzeltip katladı, derlitopluluk severliğiyle,
ve masaya bırakıyordu ki
orda üzerinde masanın
Hazreti Ali'nin devesiyle karşılaştı Asrî Yusuf.
Bir kambur deveydi bu,
bir tabut taşıyordu.
Bir agelli Arap,
yüzünde nikap,
yediyordu deveyi.
Deveyi yeden,
tabutta yatan,
Hazreti Ali.

Bir yol yeşil
bir yol al,
tabutun üstünde şal.
Tabutta boydan boya
tabuttan büyük

Zülfikâr, ağzı çatal.

Gökte bir melek,
solda bir geyik,
sağda bir arslan,
ağlıyor Hüseyin,
ağlıyor Hasan.
Ve ince bir camın üzerinde
gidiyor Hazreti Ali'nin devesi
lokum aynaların arasından.

Sürümü çoktu bu levhaların,
en uzak köylerden bile sipariş geliyor.
Model : eski örnek,
bir tek fazlalık :
gökteki melek.
Onu Çopur İhsan Beyle beraber
Ermenice bir dua kitabından çizmiştiler.

Asrî Yusuf bıraktı gazeteyi devenin üzerine,
ve tuhaf bir sıkıntı duydu birdenbire.

Hazırladı mangalı ayna dökmek için :
camlar tertemiz, pırıl pırıl,
lavanta şişelerinde ilaçlar :
nitrat darjan, amonyak, sel do senyat, maı mukattar,
ve Asrî'nin yüreğinde artan sıkıntı...

Vazgeçti ayna dökmekten,
çıktı kapının önüne :
karşıda dinleniyordu kalaycı Şaban Ustanın çırağı,
sırtını duvara dayamış.
Bir bozkır köyü gibi perişan ve kimsesiz.
Gayet iyi bilirdi Asrî
kıraç toprakta batan bu köyleri.

Marangoz Şükrü'nün dükkânından çıktı Halil.
Yusuf sordu :
"— Yine Şükrü'ye komodin örneği mi çizdin, hocam?"
"— Hayır,
karısı gelmiş, haber verdim."
"— Benim de bir işim var seninle, hocam"
"— Aklımda, Yusuf,
Hazreti Ali'nin devesini asrîleştireceğiz."
"— O değil, hocam,
hem bu rezillikleri ben satmayacağım artık.
Benim işim,
bir şey soracaktım sana.
Hani,
bilimiyon,
yürüdük mü, diyecektim,
asrîleştik mi
Abdülhamid'ten bu yana?"

Halil şaşmadı Yusuf'un sorgusuna :
"— Elbette yürüdük," dedi,
"daha da yürüyeceğiz.
Bir merdiven çıkıyoruz, diye düşün,
basamaklar, son basamak,
kapı,
kapı açılacak,
— kendiliğinden değil,
biz açacağız elbette —
gireceğiz eve :
rahat,
sıcak."

"— Yaşa be hocam!
Bilimiyon,
insanın içini açar seninle konuşmak.
Bir çayımı iç.
Ben de aynaları dökerim kömür geçmeden."

Asrî Yusuf döktü aynalarını,
Halil papatya örnekleri çizdi aynalara işlemek için.
Papatyalar,
sarı sarı,
iri iri,
karısının,
Ayşe'nin gözbebekleri...

IV

Şubenin bahçesinde cephanelik
                                                    boş.
        Ve ağaçlar :
        dut, akasya, erik.

Şubenin bahçesinde kalabalık.

Muhtarları başlarında
                        ve takım takım geldiler.
36'lılar
            toprağa çömeldiler.

Beyaz torbaları rüyada bir memleket.
Ve çarıkları.
Ve yere bakan gözlerinde ayrılıkları.

Mor cepkenle ipek şal
                                    türkülerindir
ve festivallerde sıçramaların.
Hangi köylü benim köylümden iyi bilir
                                        kahrolası hünerini yamaların?

Şubenin bahçesinde kalabalık
ve çarıkları,
ve yere bakan gözlerinde ayrılıkları,
ve paramparça haşin perişanlıkları
ve takım takım geldiler
36'lılar
            toprağa çömeldiler.

Kadınlar uzakta
ayakta durdu :
sessiz ve karanlık.
Söylenmeye doyulmamış bir Allahaısmarladık.

Şubenin bahçesinde kalabalık.
Sabahtı, akşam oldu.
Neden bu kadar kolay bu tokat?
İkindi döndü akşama.
Bu küfür sadece rahat.
Bitti yoklama.

Bilirsiniz :
sevgili memleketimde benim,
kışla yolculuğunda delikanlılarım
kapatılır medreselerle camilere,
yarasıyla henüz soğumamış kederin,
sonsuz boşluğuna kurşun kubbelerin.
Ve günler karşıda, uzak
uzak turnalar gibi geçer...

Gökte bulutların yolu :
geçti bir turna kolu.
Şubede cephanelik
36'lılarla dolu.

Kadınlar
hasta aç kurtlar gibi geldiler,
geçtiler ağaçları,
toprağa çömeldiler.
Görünmeyen saçları,
ve kucaklarında biçare çocuklar gibi yufkalarıyla bakraçları.

Şubenin bahçesinde cephanelik
karanlık.

Ve kıpkızıl ağaçlar :
                    dut, akasya, erik.
Şubenin bahçesinde kadınların gözleri :
on yaşındakilerde bile şimdi sadece anne olan,
ve jandarmalar.

Şubenin bahçesinde mecalsiz yalvarmalar :
"— Candarma, oğlum,
    candarma efendi ağa.
    Şu bakracı veriver.
    Versene, niye vermiyon?"

"— Candarma, kardeşim,
    candarma efendi ağa.
    Aç kapıyı göreyim.
    Açsana, niye açmıyon?"

"— Candarma, kız,
    candarma efendi ağa..."

Kadınlar adeta sürünerek,
                    başladı yaklaşmaya :
"— Candarma, canın çıksın."
"— Candarma, teneşire gelesin."
"— Alın, yeşilin yıkılsın üzerine, candarma."

Nöbetçiler biliyor :
                (hem köylü, hem jandarmaydılar)
karı kısmı kızdı mı, kötü kızar,
ha kızgın karı, ha Kürtlerin iti,
                    atın üstünden alırlar yiğiti.

Dipçikle yürüdüler karılara :
"— Yasak..."

Kadınlar dağıldı çığrışarak.

Taş attılar.
Sövdüler avratlarına jandarmaların,
bilhassa avratlarına.

Şubenin bahçesinde cephanelik
karanlık.
Ve ağaçlar simsiyah :
dut, akasya, erik.

Bir kadın bir dipçik yedi.
Düştü, doğruldu.
Ağzının içinde kan.
"— Kavaklar gibi boyun devrilsin," dedi,
"benim oğlum da candarma olur elbet,
senin köyüne gider,
bana ettiklerini anana eder!"

Deminden beri
seyrediyordu kadınlarla nöbetçileri,
külhan kasketinin altında
ve dal gibi içinde mavi tulumunun,
canım ciğerim,
on üç yaşındaki demirci Kerim.

"— Ülen candarma milleti,
ooooha yumurtacılar!" diye bağırdı.
Bakındı etrafta polis olmasın diye.
Şehirli her fakir çocuk gibi Kerim,
jandarmayı takmıyor,
nefretle korkuyordu polisten fakat.

Dün akşam inmişti komserin bahçesine,
ve komserin kanaryası dün akşam
bahçede kafesten azat buzat.

Hatırladı bunu.

Çekti kansız yüzünde
ucu kömür karalı minik burnunu,
ve dolandı arkasına cephaneliğin.

Kerim üç yıldır işçiydi fabrikasında Cevat Beyin.
Biliyordu artık demiri hamur gibi işlemeyi,
çeliğe su verip menevişlemeyi.
Şimdi kafasında bir tek şey var fakat :
bir tel kafes
ve bir sarı kanarya, azat buzat.

Bir anahtar çıkardı tulumunun cebinden,
koskocaman bir anahtar,
soktu arka kapısının kilidine cephaneliğin.
İçerdekiler
kapıya yığıldılar.
Kanaryalar azat buzat —
anahtar işlemedi fakat.
Uğraştı bir daha, bir daha.
Mümkünü yok.
Sövdü ana avrat
komserine, cephaneliğine.
Sonra eğildi,
dayadı ağzını anahtar deliğine :
"— Umudunuz kırılmasın ayılar,
yarın yine gelirim," dedi.

Ve karşıda
eteğinde Kesikbaş Kalesi'nin
simsiyah
damların
devasız
korkusu,
havada bu odun ateşiyle pişen bulgur kokusu,
bu kerpiç duvar,
bu şimdi bir kertenkelenin girdiği delik,

bu perişan
dut, akasya, erik,
bu insan
kapatılan
cephanelik,
bu "yasak",
bu örtüleri ve peştemalları yırtılarak
devrilen
kadınlar,
bu ortaçağ dünyasının içinde,
bıraktı arkasında akşamı,
yürüdü,
yürüdü canım ciğerim,
yürüdü on üç yaşındaki işçi Kerim,
yirminci yüzyılın en ümitli adamı.

Daldı memleketimde iç sokaklarına bir vilayet merkezinin.
Uzaklardadır asfalt,
— istasyondan hükümet konağına —
beş yüz metre küsur hasret.

Burda topraktı zemin,
kutsal ve mübarek,
atalardan kalma toprak,
ve ineklerden kalma tezek.

Dövme demir halkalı kapıların yanında
karanlığında tahta perdelerden sarkan dalların,
aptal boşluklarıyla uykudaydı mermer dibekler.

Evlerin yalnız alt katları yapılmış,
üst katları feci, çıplak direkler.

Kafeslerin arkasında gramofon,
kalın kalın konuşmalar,
ve ağlayan bebekler.

Duvarlara dayalı tekerlekler.
Onlar artık bir daha duymayacak yolların sevincini,
böyle oldukları yerde çürüyecekler.

Evine geldi Kerim,
kerpiç ve tahtaydı yapı.
Açıktı kapı,
babası evde.

Kerim'in babası Lutfullah Usta
nalbanttı eskiden.
Şimdi sarhoş ve işsiz.
Kerim'in gündeliği besliyordu evi.
Bir dokuma tezgâhları vardı.
Kerim'in anasıyla kız kardeşi astar dokuyorlardı.
Fakat Lutfullah Usta
kadınların işini zorla alıp satarak
yediriyordu kerhanede tuttuğu dosta.
Ve haftalarca uğramıyordu eve.

Kerim içeri girdiği zaman
anası köşedeydi
sığınmış beyaz örtüsünün altına
ve kocaman gözleri korkmuş, bir kat daha kocaman.

Kız kardeşi bir kurşun yemiş gibi ensesine
abanıp kalmış tezgâhın tefesine.
Fırlamıştı, yerdeydi mekik.
Devrilmiş bir kavak gibi düşmüş yumak.
Bıçakla kesildiği belli çözgünün :
iplikler sarkıyor
hışımla çekilip bırakılan
uzun beyaz saçlar gibi sallanarak.
Ve orta yerde babası,
elinde bıçak,
ayakta duracak hali yok.

Kerim anladı.
Ve suyun sıçrayarak buhara inkılabı gibi
yürüdü üstüne babasının.
Yürüdü canım ciğerim,
yürüdü on üç yaşındaki işçi Kerim :
"— Ben sarhoş baba istemem," dedi,
"karılardan geçinen erkeğe de lüzum yok.
Bu evin erkeği benim gayrı,
gayrı rezillik yeter."

Babası dövmek istedi Kerim'i,
çiğnemek ayağının altında,
belki de bıçaklamak.
Kadınlar araya girdiler.
Baba lanet etti,
sonra hayret etti
ve sanki bu hayreti bekliyormuş gibi gitmek için
fırlattı bıçağı yere,
sonra eğildi aldı tekrar,
ve gitti.
Kadınlar ağlaştılar.
Bilhassa anası Kerim'in.
Yere çömelmiş
ve beyaz örtüsünün içinde sarsılıyordu daracık omzu.
"— Gayrı çıkmaz koynundan oruspunun,
bir daha çalmaz kapımızı."

Kerim önce öfkelendi bu hale,
"— Ülen göbeller niye ağlıyonuz?"
Sonra birdenbire o da başladı ağlamaya,
kapandı kucağına anasının :
"— Keder etme ana,
Kırma umudunu.
Babam darılmaz bana.
Rakı içmez bir daha bak.
Oruspuyu da savacak.

İstersen
hemen
varıp getireyim babamı."

Ve böyle hıçkırıklarla konuşarak,
canım ciğerim
on üç yaşındaki işçi Kerim
yirminci yüzyılın en umutlu adamı
uyudu kucağında anasının...

V

Karısı Ayşe'ye mektup yazıyordu Halil,
hapisanede, üst katta,
pencereden geceye bakarak :

"Sevgilim,
bu ne rezillik,
derya ufuklarından kopup
gelirken üstüme köpürerek,
baş ve yürek
bir ulu rüzgâr içinde iken,
oturup tahta iskemleye yan gelerek,
istirahatta beden...
Bu bahsi bırak...
Sevgilim,
saçlarının içinde elim,
şarkısı avucumda.
Sen altı yüz kilometre benden uzak
ve başucumda...
Bu da ayrı bir bahis.
Biz bu 41 senesinde
ikimizden konuşacak değiliz,
henüz o kadar cesur değilim...

Sevgilim,
maskelenmiş masmavi yanıyor bak
elektrik lambası
beyaz evin önünde
yolun kenarında.
Ay ışığında yol aydınlık.

Şubenin bahçesinde cephanelik,
ve ağaçlar :
dut, akasya, erik.
Bir de kameriye olacak,
göremiyorum.

Ağustosun biri,
geceler kısalmadı daha.
Jandarma düdükleri.
Yol tek ü tenha.

Gökyüzünün yarısında bulutlar dolaşıyor.

Böyle hışımla gelen,
Zonguldak tirenidir.

Mehtaba rağmen,
gökyüzünün öteki yarısında,
dağlara yakın,
yıldızlar görüyorum.

Demir köprüden geçti tiren,
kavakların arkasından.

Şehir iki bölüm :
eskisi kalenin dibinde,
zifiri karanlık.

Kızlı kahve tutulmadı bu yaz.
Mehtapta
simsiyah camlarında pırıltılar.

Yeni şehir istasyona yakın.
Ağaçların arasında mavi mavi ışıkları.
Bir kadın sesi duydum.

Çocuk çığlıkları.
Sızladı burnumun direği,
kızımı dehşetli özlemişim.

İki erkek hayaleti
yan yana
ağır ağır
geçti.
Memurdurlar, sanırım,
çok vakurdular ve çok yorgun.
Herhalde konuşmuyorlardı.

Beyaz evin alt katından ışık sızıyor,
herhalde yemekteler.

Kalktı tiren :
acı acı öttürüyor düdüğünü,
kulak çınlaması gibi.
Kulakların çınlasın, karıcığım.

Eskici Raif Ağanın sesi geliyor
arkamda,
beşinci koğuşun açık kapısından :
'— Benim babama zulüm,
ve bana zulüm ettiler.
Yer nizası
dükkân nizası
emlak nizası...'

Kendi kendine konuşuyor Raif Ağa,
sağır, şaşı ve dişsiz.
'— Dükkân aldım emlâki metrûkeden.
Manifaturacı İsmail zulüm etti bize.
Kolağası karısıydı rahmetli ablam.
Ah, dedi bana,
çok felaketler gelecek senin başına, dedi bana.'

Raif Ağa sustu.
Radyo başladı.
Halkevinden verdiler hoparlöre.
Cephanelik
karanlık.
Halbuki tıklım tıklım insan dolu içi.

Eskici Raif Ağa konuşuyor yine :
'— Zulüm ettiler, zulüm ettiler,
ailemin kardeşleri zulüm ettiler bana.
Çekerlermiş esmayı gece gündüz
benim evden yana.
Kırda bana bir su içirdiler.
Benim karı ilaç katmış yemeğe :
kalkamaz oldum
gidemez oldum
konuşamaz oldum
çıkamaz oldum çarşıya.
Zulüm ettiler bana, zulüm ettiler, zulüm ettiler.'

Kopan bir ip gibi birdenbire kesildi Raif Ağanın sesi.

Bir adam geçti yoldan.
Cıgara içiyor.

Yine Raif Ağanın sesi :
'— Kardeşimin karısı bana bu hakareti yapan.
Herkes onlarla birlik :
karakol kumandanı filan.
Kardeşimin karısı bana bu hakareti yapan.
Bir muska yazdı bana.
Ben bu hale giriftar oldum.
Evimi köyümü karı tayfası taşladılar.
Temelin altında param var,
aldım parayı.

Kardeşimin karısı muska tutuyor bana doğru,
gözümle gördüm.
Mustantığa vardım,
almadı ifademi.
Baktım ki deli edecekler benî âdemi,
koydum benim karıyı cinayete.
Kan tuttu beni, kan tuttu beni, kan.
Yer nizası, emlak nizası, dükkân nizası.
Yer yarıldı, yandı emlak, yıkıldı dükkân.
Zulüm ettiler, zulüm ettiler bana, zulüm ettiler.'

Eskici Raif Ağa artık temelli sustu,
biliyorum :
apansız uyumuştur.
Şüphe düştü içime :
Raif Ağa bu gece ölecek sanıyorum.

Valinin otomobili geçti yoldan.
Güzeldir vali beyin kızları.
Bu gece Halkevinde büyüğünün
düğünü var..."

Halil devam ederken mektubuna
Halkevinde başlamıştı düğün.
Müthiş bir rüya duruyordu
bahtiyar baba gözlerinin arkasında vali beyin :
Derinde, dipte, kıpkırmızı balıklar
tembel, uzun sazları kımıldatıyor.
Kızı bir zifaf baygınlığında
anadan doğma çıplak yatıyor
yeşil bir su aydınlığında.

Ve şimdi şehir bandosu vururken zeybek havasını,
ak bir sülün gibi dolaşırken masaları gelin,
kaynana, süzüm süzüm süzülürken elmasları ve yağlarıyla yüklü.

ve damat
  — mühendis —
    dimdik yürürken gelinin peşinde
      ölçülü adımlarıyla bir pergelin,
baba
  — vali bey —
    hatırlıyor rüyasını,
hatırlıyor hatırladığını kendi kendinden gizleyerek.
Belki bu müthiş rüyaya sebep :
beş gün önce dikilirken görmüş olmasıdır
      kızının ipekli, pembe kombinezonunu.

Vali bey çevirdi gözlerini kızından,
        büfeye baktı :
büfenin önü : et ve kumaş — kalabalıktı.
Ve orda Bay Refik Başaran
      komuta ediyordu garsonlara.

Bay Refik Başaran'dı düğünde en çok yorulan,
ve en çok yorulduğundan en çok bahtiyar olan.
Parti Vilayet İdare Heyeti azasıydı Refik Başaran,
Hava Kurumu, Çocuk Esirgeme, Kızılay,
      Halkevi, ve Türk-Demirspor Kulübü,
bütün resmî balolar, karşılama törenleri ve önemli düğünler
    daracık omuzlarına yüklenirdi Refik Başaran'ın.

Henüz vakit bulmamıştı evlenmeye,
babadan kalma kasap dükkânına bakmasa eniştesi,
anası
  — Fatma Hocanım —
    sarılık illeti kesmenin kaçakçısı olmasa,
açlıktan ölebilirdi Refik Başaran
    parti binasıyla vilayet arasında farkına varmadan.

Sıtmalı, sapsarı alnı daima terli,
incecik bacaklarında telaş,

ve kansız dudakları bir çocuk imanıyla gülümseyerek
su gibi harcardı kendini Refik Başaran.

Vali beyin indinde "laf anlamaz bir adam"dı,
parti başkanının gözünde : "Kürt Memet",
adlî tabibe göre : bir çeşit deliydi,
halbuki o
sadece partiliydi.

Parti başkanının kafası usturayla kazılı,
kaşları kalın ve çatık,
gözleri kocaman kocaman,
ve bir muazzam burnun altında badem biçimi bıyık,
hasılı
yüzünde eski harflerle "Ya Ali" yazılı.

Parti başkanı zahire tüccarıdır.
Bir kefen beyazlığında acılık.
Kör bir bıçak gibi murabahacılık.
Ve inanmış Müslümandır : beş vakit namaz.

Hanımı erkekli kadınlı toplantılarda bulunmaz,
hastalanır bir gün önce.
Parti başkanı âşıktır karısına :
hiç ihtiyarlamayan bir kadın,
has ekmek gibi tombul,
ak
ve yumuşak,
ve levrek lezzetinde eti.
Bazan öyle dayanılmaz bir sevinç olur ki başkanın muhabbeti
ağlar iki gözü iki çeşme
hanımının dizlerine kapanarak.
Fakat gül üstüne gül koklamaz değildir.
Fakat yalnız yılda bir,
İstanbul'a gittiği zaman.

Başkan eğildi kulağına Belediye Reisinin :
heybetli burnuna yaraşmıyordu hiç
henüz ergenleşmemiş inceliği
hatim indiren çocuk sesinin.

Belediye Reisi : esmer,
kıranta,
dazlak,
kısa boylu, zayıf.
Belediye Reisi, kızaran kulaklarında canı,
dinliyordu Başkanı.
O herkesi böyle dinler.
Tereyağından kılı çekmeyi.
Herkesin kötü dediği kötü,
iyi dediği iyi.

Belediye Reisi binbaşı tekavüdü.
Seferberlikte şube reisiydi buraların,
yerli halkı yakın kıtalara sevkederek
kazandı şehrin teveccühünü.

Korkusu tek :
rüyalarının hayvanı,
damdan dama seke seke,
kızıl, sivri sakallı bir teke —
reislikten atılmak.

Oğlu meczuptur Reisin.
Şehrin bütün kızlarına nişanlı.
Sırma saçları alabildiğine uzun,
masmavi gözleri alabildiğine sorguyla açık,
Hazreti İsa gibi bir delikanlı.

Bıldır hastalandı Reis,
yandı ateşler içinde.

Ecel teri
bir kemik bir deri
avucunda.
Ve meczup oğlanla anası
paylaştılar bakırları, kilimleri,
bağıra çağıra hastanın başucunda.

İyileşti Reis,
oğlanı kovdu evden,
kırbaçla dövdü karıyı,
ve cebinden besledi üç gün
yedi fukarayı.

Belediye Reisi bir tarafında ömrünün
güzel iki insan yaratmış gibi mağrurdur :
kaşları kalem, gözleri ela —
belediye binasıyla umumî hela.

Ve Reis düşmanıdır bir tek insanın,
asliye ceza hâkimi Rauf Beyin.
Ve ceza hâkimi Rauf Bey
belediye düşmanıdır,
şimdi, burda değil,
her yerde, her zaman.
Belediye cezasıyla gelen her suçlu :
beraat,
olmazsa, tecil.
Zaten Rauf Bey nadiren ceza verir.
Kanun maddeleriyle müthiş bir kavgadır hayatı.
Avukatlara kızar
kendi arar hakkını suçlunun.
Her şeyin üstünde şahsî kanaatı.

Ayı İbrahim'le Rauf Bey
aynı masadaydılar,
maaile.

Sarıkamış Harbi'ni anlatıyordu yine İbrahim.
Ve uyukluyordu hâkim,
altmış yaşının
ve genç karısının yorgunluğuyla.

Rauf Beyin karısı öğretmen.
İki çocukları vardır.
Kadının birinci kocasından.
Fakat Rauf Bey öyle sever ki çocuklarını
burda hiç kimse bilmez üvey olduklarını,
bunu çocuklar bile unutmuşlardır.

Mazi tangosunu çalıyor cazbant,
eski bir yerli malı.

Hayat...
Karınız gençtir, Rauf Bey,
kâfi değil çocuklarını sevmek,
karınız dans etmek ister, Rauf Bey,
uyumamalı.

Sarıkamış'ın en karlı dağındayken Ayı İbrahim,
silkindi birdenbire hâkim,
kaldırdı karısını dansa,
bastı bağrına dimdik,
bastı bağrına taş basar gibi.
Ve taze sıcak kokusuyla onun,
ve seyrek beyaz saçları sımsıkı taralı,
ve matruş,
ve kaptırmadan kendini dalgasına akordeonun,
yarı inmeli bacağını belli belirsiz sürüyerek
mağrur
titrek
gezindi.
İsyan gibi cesur,
adalet gibi hazindi.

Sarıkamış hikâyesi yarıda kalan İbrahim
yedek subaydı seferberlikte.
Sarıkamış'ta yaralandı.
Dövüştü İstiklal Savaşı'nda başından sonuna kadar.
Belli değil ama, elli yaşında var.
Parti ve belediye azasıdır şimdi.
Ve zor sığdırarak kocaman gövdesini minicik dükkânında
arzuhalcılık yapar.

Karısı kara kuru, ufacık bir hanımcağız.
Ayı İbrahim
karısı Hatça'nın aklına hayran.
Dükkânda, dairede, kahvede, her yerde, her zaman :
"Bizim Hatçanım şöyle
bizim Hatçanım böyle,
Bizim Hatçanım dedi,
bizim Hatçanıma soralım.
Hatçanım, Hatçanım, Hatçanım..."

Ve haksızlığa düşman.
Haksızlık
İbrahim için diş ağrısı gibi bir düşmandır.
Bir vatandaş uğrayınca haksızlığa
İbrahim'in dişi ağrır.
Vatandaşı hemen dükkânına çağırır
ve Farisi terkibi tavsifilerle ateşfeşan
ve makam saygısı gözetmeyen
zehir zemberek arzuhaller yazılır.
Ve İbrahim ki oldukça hasistir
haksızlık girdi mi araya,
acımaz paraya,
yıldırım telgırafları yağdırır kendi cebinden Ankara'ya.

İki yıl önce bir sabah
dükkânına şöyle bir levha astı :
"Muhterem Sükkânı belde,

haksızlığı kahre bir berki belâdır hâmem elde,
bî-kayd ü telâş güzar etme bu yerden.
Bir gün lâzım olur, defterine yaz :
Mal müdürü hakkında vuku bulacak şikâyetlerden
arzuhal ücreti ve pul parası alınmaz."

Vilayet ve başkanın şahsında parti
derhal harekete geçti :
rapor almak istediler İbrahim delidir diye.
Fakat garnizon komutanı,
hatırladı İbrahim'in — yedek de olsa — subaylık
etmiş olduğunu,
çizmelerini giyindi.
Ertesi gün yürüdü mal müdürü.
Levha indi.

Bir tarihteki bütün millî tangolar gibi
mutlaka ra-ram'la bitti Mazi tangosu.
Ve ceza hâkimi Rauf Bey dönerken yerine
üç kardeşleri gördü.

Üç kardeşler, üç kardeşler,
Hayrettin, Seyfi ve Sefer.
Onlar da düğüne gelmişler,
boy sırası dizilmişler :
ilaç şişeleri gibi kapalı.

Yalnız gözlerden ibaret bir başın altında en küçüğü üç kardeşin
ve tırnak,
üç kardeşin efendisi,
üç kardeşin en küçüğü Hayrettin.

Tuzpınarı'nda yazıhane : boş çuvallar ve tenekeler,
çürümüş arpa kokusu.
Köyleri dolaşırken ötekiler :
Seyfi'yle Sefer,

Hayrettin dükkânda, önünde defter,
— avcı örümceğin yalnızlığındaki keder —
bekler.

Güllü Hanım, Güllü Hanım.
Söğüt dalı gibi nazlı
ipince belli hanım,
bembeyaz elli hanım.

Güllü Hanım, Hayrettin'in karısı,
alınsız bir tevekkül gelmiş, gidiyordun,
birdenbire niye durdun
ve bir gece yarısı
kaynananı vurdun?
Seni en çok seven
ve karıncayı bile incitmeyen
ve üç yılan
doğurmuş olan
ak koyun,
devrildi senin kırmızı terliklerinin üzerine.

Kocandan dayak yiyordun yine.
Hep aynı sebep :
Hayrettin'i kıskanıyordun
kelimesiz ve hareketsiz
kıskanıyordun kocanı.
Yalnız gözlerden ibaret bir başın altındaki adam
tercih ediyordu sana
Saracın oğlu İhsan'ı.
Kocandan dayak yiyordun yine.
Tabanca çekmecesindeydi aynalı konsolun,
— biraz kil ve biraz dere suyu kokan çamaşırların arasında —
uzandı bembeyaz ilik gibi kolun,
nazlı başının içinde kıpkızıl bir karanlık,
birikmeler
birikmeler,

sıçrayıp atlaması,
tohumun çatlaması,
çıplak baldırlarına inerken tekmeler
silahın patlaması.
Ve yıkıldı senin kırmızı terliklerinin üzerine
yine seni kurtarmaya gelen,
Hayrettin'in anası.

Kadın ölmedi.
Ve beraat kararı aldı Güllü Hanım
asliye ceza hâkimi Rauf Beyden.

Hikâyenin sonu :
Güllü Hanım altınlarını sattı,
aldı Hayrettin'in elinden Saracın oğlunu,
fakat belki onunla yatmadı, belki de yattı.
Ve altı ay önce kayboldu ortadan.
Ankara'da Şehnaz'ın kerhanesinde gördüler onu...

Şehir bandosu İzmir Marşını çalıyor.
Refik Başaran koşarak susturdu bandoyu :
vali bey nutuk söyleyecek.
"Sayın davetlilerim," diye başladı nutuk
ve camlarından renkli kâatlar sarkan avizenin aydınlığında
ve zaman zaman telaşla bastırılan çatal bıçak tıkırtılarıyla
ürperip devam ederken...

VI

....
aşağıda,
dışarda,
sokakta iki insan geçiyordu Halkevinin önünden.
Alabildiğine uzun ve enliydi biri
                                        ötekisi ufacık.
Ayın altında asfalta düşmüştü gölgeleri.
Görünürde kimsecikler yoktu ikisinden başka.
Ağır ve saygılı yürüyorlar
                        fısıl fısıl konuşuyorlardı,
                        bir cenazenin arkasından gidiyorlarmış gibi...
Ve uzunu, enlisi, Şevki Bey, diyordu ki :
"— Sana teselli vereyim,
    bu iyi bir şey.
    Ne yazık ki ben de muhtacı teselliyim.
    Şahsî, ailevî, millî, beynelmilel
                                o kadar üzüntü verecek ahval içindeyiz ki.
    Ve hepsinin fevkinde ihtiyarlık,
    (altmışa yaklaşıyordu Şevki Bey)
    hepsinin fevkinde ihtiyarlık,
    yolculuğun son istasyonu.
    Ve nihayet
    'Vatan   mahzun, ben mahzun' demeye mecal kalmadan
                                                    yuvarlanmak haviyeye.
    Beni yanlış anlamayın oğlum,
    evhamlı ve meyus değilim.
    Hakikatleri ben
                    bir Müslüman
                        yani tam
                            bir adam
                                halinde uyanık rüya gibi görüyor

ve hudutsuz bir kalbin ancak dayanabileceği bir sabr'ile
geleceğin hesapsız maceralarını seyrediyorum."

Uzun, sert, kıllı, kalın kaşların altında
yusyuvarlak, pırıl pırıl kara gözleri vardı Şevki Beyin.
Yanakları pençe pençe kırmızıydı.
Altmış sene vızgelmişti Deliormanlı pehlivan gövdesine.

Devam ediyordu Şevki Bey :
"— Saçmalıyor muyum?
Hayır oğlum,
sabırsızlanıyorum sadece :
olanı olmadan
olmakta olanı senelerce evvel
ve olacakları şimdiden gördüğüm
ve maceraları geniş bir sabr'ile seyretmeye
mecbur bırakıldığım için.
İşte o kadar.
Yoksa, arızî bir şeydir ihtiyarlık
ve sonu gençliktir.
Hayatın, her şeyin teceddüt ve tekemmüle gittiğini gören
ve bilen
meyus olur mu?
Ancak bana boşu boşuna üzüntü veren
bu teceddütteki tembellik ve yavaşlıktır.
Bir dağın milyonlarca sene sonra da olsa eriyeceğini,
ve hatta en küçük hayvandan bizlere kadar
her şeyin
aslına dönmek için
milyonlarla istihaleler göreceğini bilmek
bilmek bütün bunları
ve sonra eşya hesabına üzülmek
veya değişmez kaideleri alet etmek istemek keyfimize
nedendir?
bilmem..."

Şevki Bey'in konuştuğu ufacık adam
kulağına çok uzaktan sesler geliyormuş gibi dinliyordu onu.
Seyrek, sıska, kuru ağaçlar vardı
istasyona giden asfaltın iki yanında,
ümitsiz insanlar gibi birbirlerinden uzak
ve yeşilliksiz duruyorlardı.
Şevki Beyle ufacık adam
asfalttan sola saptılar.
Boş bir arsaya girdiler.
Memleketimin şehirlerindeki bütün boş arsalar gibi
— belki de başka memleketlerin şehirlerinde de öyledir —
ay ışığında insana aynı tiksintiyi
belki de aynı kederli korkuyu veren
bir ceset hali vardı bunda da.
Şevki Bey durdu ortasında arsanın.
Ve dev gövdesi bir kat daha büyüyerek
ve bu kimsesiz yerde bir baskıdan kurtulmuş gibi ferahlayıp
fırlattı öne doğru sağ kolunu.
"— İleri oğlum," diye bağırdı adeta,
"ileri.

Çok öğren, çok oku.
Öğren, öğrenmeyenlerin mantığını da.
Kuran'da bir söz var :
'Küllü yamellu şakiliyetihi.'
Herkes derecesine göre iş yapar.
Aklını hâkim kıl oğlum
kurtul ıstıraptan."

Şevki Bey Birinci Büyük Millet Meclisi'nde de
— bundan yıllarca evvel —
yine böyle dev gövdesiyle yükselir
ve sağ kolunu yine böyle fırlatıp öne doğru
her nutkunun sonunda
— fakat böyle Kuran'dan âyet değil —
şu beyti okurdu :
"Nâmı insaniyete, iman ü vicdan nâmına,
hakkı hürriyet yolunda fışkıran kan nâmına..."

Grupların dışında muhalifti.
Cesurdu Topal Osman'ı bile şaşırtacak kadar.
Onu ikinci seçimde mebus çıkarmadılar.
Dövüştü.
İstiklal mahkemesine düştü,
çıktı hapisten.
Halep'e kaçtı kavgaya dışardan devam için,
ve belki de Topal Osman'ı şaşırtacak kadar cesur değildi artık,
belki de biraz şantaj edası vardı bu kaçışta.

Halep'te çoluk çocuk aç kaldılar.
Ve Şevki Bey :
    anlaşılmamış bir kahramanın ölüsü yüreğinde
    ve hâlâ bu ölüden bile korkarlar, diye bir teselli,
    ve koltuğunda Protestan bir Kuran'la döndü memlekete
                                                                        Halep'ten.
Şevki Bey :
masalların Bağdatlı halifeleri gibi hükmeder kendi evinde :
                                        kendine has şahane merhameti,
                                        insafsız adaleti,
                                        akıl almaz hasisliği ve
                                                        cömertliğiyle...
Ve Şevki Bey şimdi şifalı otlara merak sarmıştır :
kırlarda ot ve çiçek toplar.
Arapça el yazma bir kitaptan anlar sırrını onların
Fıransızca bir lügattan koyar isimlerini.
Şevki Bey ailesi tekavüt maaşıyla
        ve terzi kalfası oğullarının haftalığıyla geçinir.

Şevki Bey ve ufacık adam
            boş arsadan aydınlık bir yola çıktılar.
Sağda beyaz bir ev vardı,
                        solda hapisane.
Ve karşıda, şubenin bahçesinde cephanelik.

Konuşuyordu Şevki Bey
                mahzun ve gazaplı :
"— Gökyüzünden taş yağmuru yağarken
    zelzeleler çevirirken viraneye mamureleri,
    ovaları kaplayan seller
                insanları sürüklerken enginlere taştan taşa çarparak,
    bakır ve demir yağdırırken yanardağlar lavlarıyla,
    istikbali değil, hali mevzuu bahs'iken beşerin,
        ne hazindir, oğlum,
            hadisatın esbabı fenniyesini izah için
                                bir âlimin
                                    'jö se tu' diye böğürmesi.
    Böğürmek sözüne gücenmeyin,
    bu söz bu halin tam ifadesidir.
    Taş, demir ve bakır yağmuru dursun
    ve seller
            boğup enginlere attıkları insan sürüleriyle
                                ve çamur yığınlarıyla kurusunlar,
    işte o vakit yeryüzünde insan kalırsa
            ve kalan insanda dinlemeye kalırsa takat
    işte o vakit
    gür sesiyle izahına başlayabilir âlim.
    Yoksa bugün,
    bizim, sizin ve her 'bilirim' diyenin sözü
            muhatabını bulmak imkânından uzak
                                çok
                                ve çok uzaktır, oğlum.
    Hadisatı sükûnetle seyretmeyi bilmektir
            bugünün istediği akl ü mantık ve dirayet ve kiyaset."

Ufacık adam
inadına esmer ve çok uzun burunlu bir delikanlı,
Şevki Beyin oğlu terzi kalfası Emin,
babasını dinlemiyor gibiydi artık.
Esmer yüzünde mavi gözlerini dikmişti duvarına hapisanenin.

Dalgın
ve seven
ve bekleyen bir hali vardı.
Ordakine
Halil'e mektup yolladı iki gün evvel.
Ve Şevki Beyden gizlemedi bunu.
Şevki Bey
oğlunu hiç ummadığı bir yönünden keşfetmenin şaşkınlığıyla
ses çıkarmadı.
Ot toplamaya gitmedi.
Düşündü iki gün,
ve sonunda
böyle bir gece gezintisine karar verdi.

Şimdi hapisanenin önünde
en dehşetli sözünü söylüyordu :
"— O duvarlara bakma, oğlum,
ben de yattım onların içinde.
Ben de bir zamanlar umumî menfaata feda ettim nefsimi,
bunun ilk kötülüğü evlad ü ayalime oldu lakin.
Anan göçtü vaktinden evvel,
kız kardeşin evde kaldı,
sen terzi kalfalığına girdin.
Dünyayı düzeltmek istiyorsun
kendi yuvanı düşün ilkönce.
Hem şunu bil ki, oğlum,
hiç ve hiçbir meslek
hiç ve hiçbir mezhep
ve onun salikleri
ilahî esasatın dışında yaklaşamaz bize,
ve dost olamaz.
Sema ve zemini idare eden kuvvet
saadetini isteseydi insanların
derhal bahtiyar kılardı onları.
İstemiyor demek.
Nasıl?

Yobaz düşüncesi değil mi?
Fakat, oğlum,
bu cerholunmaz bir hakikattır.
İlmen, mantıken ve hakikatan bu böyle.
Kendi nefsini ve işlerini insafla gözden geçir
sağına soluna bir nazar eyle :
hep aynı yalancılık
aynı canavarlık, aynı riya
sönmez bir inat, sarsılmaz bir ısrar ile sarmış beşeri.
Bunu anladığın gün :
sen de Monteskiyö gibi bir düstur kurar,
'Her millet layık olduğunun içinde çırpınır' dersin.
İnsanlara irşadınız lazım değil.
Allah isteseydi irşadederdi onları.
Allah istemiyor demek, insanlar istemiyor demektir.
İnada inatla mukabele boştur.
Ve ma sebrüke illa billah.
Bu üç kelime kurtardı beni çıldırmaktan.
Allah böyle istiyor diyerek ona teslim olabilmek
ne kadar iyi bir şey."

Şevki Bey birdenbire sustu.
Her nedense utanmış gibiydi kendi kendinden.
Sözlerinin boşa gittiğini anlıyor
dehşetli kızıyordu buna.
Beş yıl önceye kadar yaptığı gibi
oğlunu bayıltıncaya dek dövmek geliyordu içinden.
Birdenbire mahzun
ve özür diler gibi konuştu yine :
"— Muvazenesi bozulmuş milletlere bak, oğlum,
bu bozgundan müstefit olanlara karşı koyanlar,
en büyük şahsiyetler bile
(bunların içinde kendi de vardı),
mağlup olagelip mağlup olagitmişlerdir.
Hiç kimsenin işi ve kazancıyla uğraşma,
bundan bahsetme kendi kendine dahi.

Düşünme kendi işin ve kendi kazancından başka bir şeyi.
İşte o kadar."

Yine sustu
ve ağlar gibi ilave etti :
"— İnşallah sonumuz iyi olur..."

Mahalleye saptılar.
Arkalarında kaldı beyaz ev,
cephanelik
ve hapisane...

Hapisanede, üst katta,
pencerenin önünde,
karısı Ayşe'ye mektup yazan Halil
yarıda bırakmıştı yazısını,
ve karısından daha bu sabah gelen mektubu okuyordu
— belki beşinci defa olarak —.
Ve bahtiyardı bir akarsu ferahlığıyla.
Ayşe mektubunda diyordu ki :
"Pencerenin önünde, minderde yatıyorum,
dizimde battaniye,
hafif bir sıcaklık içindeyim.
Kırlar,
fevkalade kırlar,
ve Çamlıca Tepesi görünüyor.
Hava çok sakin.
Dehşetli aksi seda yapıyor sesler.
Hemen bizim bahçeye bitişik bir tarlayı sürüyorlar.
İki öküz,
bir adam önden çekiyor,
bir adam arkadan idare ediyor sabanı.
Toprak kabarıyor.
Hayat dolu toprağın üstünde insan eli.
Hayretler içinde bakıyorum.

Ne muazzam,
ne güç iş,
nasıl bu kadar kolay,
bu kadar basit yapıyorlar.
Sabahtan beri koca bir toprak parçasını dirilttiler.
Ne ekecekler bakalım.
Yazarım sana.
Artık akşam oluyor.
Kargalar mektepten dönüyor.
Çocukluğumda öyle derlerdi.
Kızınız Leylâ da öyle diyor.
İyice karardı ortalık.
Lambayı yaktım.
Baktım aynaya.
Kocası mahkûm bir kadın her zaman aynaya bakar,
hem de sık sık.
Her kadından çok duyar bu ihtiyacı,
korkar ihtiyarlamaktan.
Sevdiği adam çıktığı zaman da onu beğensin ister,
ama otuz sene sonra da olsa,
ne çıkar?
Aynadaki kadın henüz ihtiyar değil,
saçları kırmızı,
ve gözleri
bazan yeşil
bazan bal rengi."

Ayşe'nin mektubunu kapattı Halil,
koydu cebine.
Ve yarıda kalan cevabına başladı :
"Bir tanem,
elbette saçlarınız kırmızıdır,
gözleriniz
bazan yeşil
bazan bal rengi.

Bunu görebildiniz demek!
Bunu herkes görebilirdi.
Fakat onların böyle olduğunu
ilkönce ben gördüm,
çünkü ben yazdım ilkönce.
Ve bu dünyada
benden evvel söylenmemiş sözüm
bundan ibarettir.

Biliyorsunuz,
verdim ömrümü
en güzel
en olacak
en olması lazım şey için.
Fakat çoktur,
— sayılamayacak kadar —
aynı işi benden evvel
— belki de benimkinden büyük bir inatla —
yapanlar.

Elbette saçlarınız kırmızıdır,
gözleriniz
bazan yeşil
bazan bal rengi.
Ve bir şey daha var ki farkında değilsiniz belki,
elleriniz harikuladedir.

Biliyorsunuz :
insanlar sınıf damgalarını
taşırlar avuçlarının içinde.
Bu hususta hakikatlar,
mesela insan elinin sosyal inkişaftaki rolüne dair,
benden evvel keşfedilmiştir.
Fakat ellerinizin güzelliğini
ben gördüm,
çünkü ben yazdım ilkönce.

Elbette saçlarınız kırmızıdır,
gözleriniz
bazan yeşil,
bazan bal rengi.
Ve elleriniz,
bunu da öğrenmiş olun,
harikulade.

Bir tanem
hani biz bu 41 senesinde
ikimizden bahsedecek değildik.
Dünya var
memleketimiz var
açlık, ölüm,
hasret,
ümit ve zafer,
dünya ve memleketimizle beraber
ve onların içinde
şu anda ayrılığımız ve aşkımızla ikimiz de varız.

Bir tanem,
önce sesleri geldi kağnıların,
sonra kendileri.
Art arda üç taneydiler.
Bir tanesi üzüm yüklü.
Kayboldular.
Yolda, bir hayli zaman,
sesleri kaldı.

Tiren işçileri geçiyor.
Yalnız onlar konuşurlar böyle bağıra bağıra.

Yol aydınlık.
Radyo şarkı söylüyor :
'Ne gelen var, ne haber,
gün uzun,
yollar uzak...'

Neden?
Halbuki ben,
halbuki biz,
haber herhalde
ve çok yakında gelecek
biliyoruz..."

İKİNCİ KISIM

I

Lüzum gördü adlî tabip
ve Halil hastaneye yattı gözleri için.
Başhekim ve operatörü Faik Beydi memleket hastanesinin,
(Polis Müdürlüğü eski doktorlarından).
İki mahkûm daha vardı koğuşta
ve üç jandarma muhafız.

Hastane şehrin dışında, kırın ortasındaydı.
Civarda bir karıştan boylu nebat yoktu
bir ahlat ağacından başka.
Yüksek yeşillikler, uzakta bir dağın
— bir acayip dağın —
kayboluyordu arkasında
dağa tırmanmadan
yerde yürüyüp dönerek.

Yapı tek katlı, betondu, kübikti.
Ve bir tarihte yapılan bütün beton binalar gibi
çatlamıştı duvarlar
ve parça parça ıslaktı.
Geniş taş merdivenler kapısının önünde.
Faik Bey Halil'e şöyle demişti bu merdivenler için :
"— İyi ki bu taşlar böyle geniş ve rahat.
Hastane hükümet kapısıdır bizim köylüye göre,
ve hükümet kapısında duvar diplerine çömelirler,
burda taş merdivenlere otururlar hiç olmazsa."

Halil'in hastanede dördüncü günüydü.
Doktor Faik Beyle yan yanaydılar
merdivenin sahanlığında
iskemlelerde.
Akşamdı, kıpkızıldı ortalık.
Karşıda bozkırda Dümelli Memet
ağzının
tam ortadan
yarısı dişsiz
ve çipil, mavi gözleri ıslak.
İçerde otoklavın uğultusu :
Dümelli'nin karısı ameliyat olacak.
Doktorla Dümelli konuşuyorlar :
"— Bağırsağı düğümlenmiş
karnını yaracağız."
"— Ölür mü ki?"
"— Karnını yarmazsak ölür mutlaka,
karnını yararsak belki kurtulur."
"— İki bebesi var."
"— Karnını yaracağız."
"— Kurtulur mu ki?"
"— Karnını yararsak belki kurtulur."
"— İki bebesi var.
Komşuya koyup geldik.
Bir defa öldü müydü..."
"— Karnını yarmazsak ölür mutlaka."
"— Gece harman yerinde hani,
örtümüz neyimiz de yok.
Bebeler de yanında.
Harman yerinde hani,
'Uy anam' dedi bağırdı
göbeğini bastırıp
bulaştı kıvranmaya.
Ölür mü ki?
Bir ilaç yazıversen."

"— İlaç kâr etmez.
Karnını yaracağız."
"— Sen bilirsin.
Gece harman yerinde çıplaktık hani.
Bir sarı hap içirsen?"
"— Karnını yarmaktan başka çare yok."
"— Kurtulur mu ki?"
"— Karnını yarmazsak ölür mutlaka."
"— Bebeleri komşuya koyup geldik,
harman öylece durur."
"— Babacığım, kardeşim,
karnında barsağı düğümlenmiş."
"— Çözülmez mi ki?"
"— Çözülmez kendiliğinden.
Açacağım karnını,
barsağı çözeceğim."
"— Ellerinle mi?"
"— Ellerimle.
Gürültüyü duyuyor musun?
Aletleri kaynatıyorlar.
Tertemiz, pırıl pırıl."
"— Kurtulur mu ki?"
"— Karnını yarmazsak ölür mutlaka."
"— Bir sarı hap?"
"— Olmaz.
İstersen hastanı al, geri götür.
Senin iznin olmadan
açamayız karnını.
Sen izin vereceksin
ben bıçağı çalacağım.
Kanun böyle yazıyor.
Bir kâat imzalarsın."
"— Ne kâadı?"
"— Razıyım, diye.
Dolaş.
Düşün biraz."

"— Ölür mü ki?"
"— Karnını açmak lazım.
Lakin mal senin.
Kanun böyle yazıyor."
"— Kurtulur mu ki?"
"— Karnını yararsak belki kurtulur.
Karnını yarmazsak ölür mutlaka.
Şu ahlatın altına otur.
Düşün.
Sonra gel, kâada bas mührünü."
"— Mührüm yok."
"— Parmak basarsın."

Dümelli uzaklaştı.
Doktor Faik Bey sordu Halil'e :
"— Dikkat ettiniz mi Dümelli'nin ağzına?
Tipik bir piyore vakası.
Sağda dişler tamam, beyaz,
sol taraf tekmil dökülmüş,
ağzının yarısı yok gibi."
"— Mavi gözlü."
"— Evet ve kırmızı bir sakal.
Bakın, Halil Bey, bakın,
nasıl çömeldi oturuyor.
İhtiyar, perişan bir çakal.
Ve korkuyor sanki
sırtını ağaca dayamaktan.
İçerlerden
stepten geldiğine eminim.
Step damgasını vurur adama.
Beni hiç sevmiyor.
Bana düşman.
Ve ümitsiz.
Ben, bu büyük yapıdaki efendiyim.
Sarı bir hap verecek yerde
ona inadına kötülük eden insan.

Tapu kâtibi ve ben
ikimiz de bir.
Parmak basacak,
inandığı için değil,
ben emrettiğim için.
Ve şimdi hiçbir şey düşünmüyor,
belki harman müstesna.
Elinden geleni yaptı kendisi
karısı ölürse kabahat benim.
Ben,
ben, bu büyük yapının efendisi.
Beni sevmiyor
bana düşman.
Karısını gördünüz mü?
Bir toprak parçası halinde,
bir avuç.
Hastalıktan değil,
senelerden beri.
Sonra gebe,
iki bebesi de var.
Demek ki hâlâ su ısıtıyor
hâlâ giriliyor koynuna.
Kafa kâadına baktım,
1321.
Bir yaşında
bin yaşında olabilir
yaşamamış ki.
Mesela :
ne bileyim,
deniz hakkında fikri yoktur.
Mesela :
duymamıştır imambayıldının adını.
Ve her seferinde
hayretle bakmıştır
— eğer varsa —
kocası kurarken saatını.

Ve mesela :
düşünmemiştir bile
mümkün olabildiğini
gün doğarken uyumanın.
Bakmayın yüzüme öyle muhabbetle.
Ben hapiste yatamam.
Malum,
dünyaya bir kere gelir adam.
Ve ölüm
birleştirmiyor,
ayırıyor insanları.
Ben öldükten sonra da o yaşayacak,
o ölecek
ben yaşamakta devam edeceğim.
Güzel ve rahat
yaşamakta müsavat?
Olabilir.
Fakat bugün yaşamak bir piyango gibi :
bana dolu çıkmış
ona boş.
Ne yapalım?
Ama biliyorum,
benim dışımda
bana bağlı olmadan
yürüyüp değişmede
insan yığınlarıyla hayat.
Biliyorum.
Şimdilik fakat
memnunum biletimden.
Gözünüzden düşüverdim.
Beni affetmeniz mümkün değil.
Benim de böyle bir şey istediğim yok.
Siz de sevmiyorsunuz beni,
ahlatın altına çömelen de sevmiyor..."
Cevap verecekti ki Halil
başhemşire geldi nazlı bir telaşla.

Bir gelin tacı gibi taşıyordu kırmızı aylı hotozunu.
"— Hazırız, doktor bey," dedi.

Halil'i yalnız bırakıp gittiler.
Fakat çok sürmedi bu yalnızlık.
insanlar doldurdu taş merdiveni birer ikişer.
Bozkırda rengârenkti alacakaranlık.
Hastane kâtibi oturmuştu doktordan boşalan iskemleye :
(kitaba ve resme meraklı kırk yaşlarında bir adam).
Solda, uzaktaki dağı gösterdi Halil'e :
"— Sabahları," dedi,
                    "bir de akşam
                                  bu vakitler
    böyle eflatun olur bu dağın rengi.
    Acayip bir dağ.
    Arazi volkanik.
    Bazı madenlerin tesiri belki.
    Meçhul bir şua
                        bir şeyler var.
    Civarındaki köylerin
                       ağaçları kalın
                            hayvanları yüksek
                                    ve çok güzel oluyor çocukları.
    Çocuklar sonra bozuluyorlar.
    Kabil olsa da bu dağı dolaştırsak
                              bu çatlamış toprak
                                       ve çakıl memleketinde.
    Yine nefsi kasaba yeşil.
    Burda stepin sınırındayız.
    Arka taraf
            içerlere girildikçe,
                      Hüseyinli, Çukurören,
                               Karapazar orta nahiyesi,
    on altı saat bir tek ağaç görmeden,
    kesif bir aydınlık içinde.

Çölde bulundum.
Çöl başka şey.
Size tuhaf gelecek ama,
karanlık bir orman yalnızlığı.
Jul Vern'in romanlarında
Amerikayi Cenubî ormanları vardır.
Hatırladınız mı?
Karanlık mütemadiyen
ağır ağır
yükselir yerden
isimleri korkunç ağaçların tepesine doğru.
Ve yürür haftalarca bu nebatî karanlıkta kazazedeler.
Tıpkısı,
bozkırda ağaçsızlık aynı şey."

Hastabakıcı İsmet Hanım geldi.
İstanbulluydu.
Halil sordu İsmet Hanıma :
"— Başladı mı ameliyat?"
"— Başladı."
"— Kolay bayıldı mı bari?"
"— Çok kolay."

Bütün bir Aksaray vardı İsmet Hanımın kuyruklu samur kaşlarında.
Bir kapıya vurur gibi vurdu Hüseyin'in omuzuna İsmet Hanım :
"— Sen yine cıgara içiyorsun, canım."
Uzak iç köylerdendi Hüseyin.
İki aydır yatıyordu.
Çoktan ölmesi lazımdı tıbben.
Fakat daracık, upuzun göğsü ve kurnaz köylü inadıyla o
ölümü aldatıyordu.
"— Bir tane yaktım," dedi.
"— Böyle yaparsan yine kan gelir, Hüseyin."
"— Kabahat tütünde mi, İsmet Hanım?
Doktor Bey de içiyor ya."
"— Sen hastasın, canım."

"— Olur,
 şunu içelim de gayrı içmeyiz."
"— İçersin.
 Hem sana taşa oturma demedim mi?"
"— Merdivene oturuyorum."
"— Merdiven de taş."
"— Olur,
 bir daha oturmayız."
"— Oturursun, nafile."

Hüseyin merdivende oturmakta devam etti
ve İsmet Hanım karşıları gösterdi Halil'e :
"— Kalenin üstündeki buluta bakın kuzum,
 yelkenli kayık.
 Nasıl da yavaş yavaş
 salına salına gidiyor.
 Ah, canım İstanbul.
 Göresiniz gelmiyor mu, Halil Bey?"
"— Elbette, ara sıra."

Emin Efendi karıştı söze :
"— İstanbul'dan sepet getirmiş Çingen İsmail arılara,
 sepet asrî sepet
 lakin durmamış kaçmış arılar."

Emin Efendi bir küçük memurdu.
Fakat galiba büyük
 ve mahiyeti meçhul bir hastalığı vardı.
Halil'e sordu Hüseyin :
"— Tayyareler gökten adam indiriyormuş,
 doğru mu, bey?"
"— Doğru."
İçini çekti İsmet Hanım :
"— Ah, yarabbi,
 biz harbe girmesek."
Hüseyin konuştu kendi kendine :

"— Akıl sarar iş değil,
gökyüzünden demek..."
Emin Efendi kesti sözünü Hüseyin'in :
"— Benim arılar gibi.
Arı bir saatlık yola çiçeğe gider.
Analar ayrı, oğullar ayrı.
Yolda rahmet yağarsa eğer
meşenin dalına saklanıverir."
Hastane kâtibi önce merakla
sonra alay ederek sordu :
"— Ya meşe yoksa, Emin Efendi?"
"— Kavak bulunur."
"— Kavak da bulunmadı, Emin Efendi?"
"— Ağacın birine."
"— Ağaç da yok?"
Emin Efendi yuvarlak çocuk gözleriyle baktı kâtibin yüzüne :
"— Öyle şey olur mu?"
Kâtipten yana çıktı Hüseyin :
"— Katip efendi doğru söylüyor.
Neden olmasın.
Bizim oralarda ağaç bulunmaz,
rahmet yağdı mıydı, arılar
bıyamotlarına dalıverirler."
Halil konuştu Emin Efendiyle :
"— Siz hiç kasabadan çıkmadınız mı?"
"— Çıktım,
bahçelere kadar.
Bekârım,
anam bıldır öldü.
Geziyor benim yerime arılarım."
"— Askerlik?"
"— İhraç."
"— Peki şöyle dolaşmak
dünyayı görmek biraz?"
Pos bıyıkları altından
kalın dudaklarını tükürür gibi uzattı Emin Efendi :

"— Nesini dolaşacağım?
Görülecek nesi var?
İnsanoğlu bir suya, bir ekmeğe
bir de döşeğe muhtaç.
Bir de arıları olursa."
Hüseyin
kısık bir sesle kesti sözünü Emin Efendinin.
Daracık, upuzun göğsü hırlıyordu :
"— Ben dolaşmak isterdim, bey," dedi Halil'e.
"Bizim oraları tekmil çakıldır.
Ne dağ, ne ağaç.
Yirmi haneden on sekizi insandan ibaret bir şey değil.
Her işte yol gösteren akıldır.
Karnımda aklım olsa.
Ortakçıyım sekiz yıldır
bir keçi alamadım.
Karnımda aklım olsa...."
"— Ne yapardın?"
"— Ne yapardın var mı, bey?
Kes topraktan umudu, şehirlere göç.
Sen bilirsin iyisini
öylesine şehirler
bir ay gezsen ucu başı yok.
Gidecektik İstanbul'a,
dünyanın halini orda belleyecektik.
Türkiye'nin en iyi yeri İstanbul mu, bey?
Kısmet değilmiş.
Dert varmış içerimde.
Bu dert beni böyle böyle yer gider."
"— Aldırma, iyi olursun."
"— İnşallah."

"— Ben geldim, ağalar."
Gelenden yana baktı taş merdivendekiler.
Sallanıyordu öne arkaya.
Tıraşı yemişti yüzünü gözlerinin altına kadar.

Yalnız bam telinde bembeyaz bir deri parçası var.
Tüylü bir böcek gibiydi ve perişandı.
"— Geç kaldın, Vasfi," dedi İsmet Hanım,
"pansumancı ameliyatta."
Emin Efendi mağrur konuştu :
"— Sana kaç defa söyledim,
arılar gibi olmalı insan hayatta."
Merdivenin alt basamağına oturdu Vasfi :
"— Beklerim," dedi.
Oynattı samur kaşlarını İsmet Hanım :
"— Sen bilirsin,
pansumancı yorgun çıkar ameliyattan
yapamam derse, karışmam, canım."
Emin Efendi tastikledi :
"— Yapmaz ya,
o da memur sayılır,
o da insan."
Homurdandı Vasfi :
"— Ya ben?
Ben insan değil miyim?
Ayyaşsak, kumarbazsak...
Sıcağa dayanmıyor, kurtlanıyor yara..."
Emin Efendi birdenbire zengin ve bahtiyar güldü :
"— Sen de muhtaç olacaksın benim arılara :
tütünü balda ezip
yaraya koydun muydu..."
Emin Efendiye çıkıştı İsmet Hanım :
"— O ne biçim söz Emin Efendi, canım?
Sen yine pansumancıyı bekle, Vasfi."
"— Bekliyoruz.
Bir yıldır çekiyoruz bu acıyı.
Hep pansumancılar sebep.
Fıtık yarası on günde kapanmaz mı?
Benimkisi kapanmadı işte.
Ayyaş olduk, kumarbaz olduk.
Ankara'da aldılar fıtığı benim.

Bir pansumancı vardı
camız gibi
kapkara.
Doktor teslim etti beni eline ameliyattan sonra.
Lakin, taze yara meraklısıymış rezil.
Herifin gıdası taze yara.
İki saat geçmeden bezleri çözüverdi.
Bir kan boşandı, kardeşler,
yatak yorgan kızılırmak.
Kopuvermiş dikişler.
Bende küfür, bende bağırmak,
rezil, güler.
Sabah olsun, doktora söylerim, dedim.
Doktoru zor görürsün bir daha
sen benim elimdesin,
dedi.
Şahit olun hastalar, dedim.
Hastalarda ses yok.
Hastalar, dedim.
Hastalar susup durur.
Hastalar uyumuşlar.
Yapı da öylesine büyük
bir yandan top atsan
öte yandan duyulmaz.
Korktum, arkadaşlar.
Zemheride it gibi titremeye bulaştım.
Yarayı sarıp çıktı, rezil,
dışarda durmaz güler.
Bekledim, gitti.
Biraz buçuk gün ağardı
don gömlek kaçtık hastaneden.
Benim elbiseler hâlâ ordadır.
Hana vardım.
Köye götürdüler.
Ceza yersin dedilerse de
arayıp soran çıkmadı şükür.

Lakin bir kerre nevri döndü
kapanmıyor, kurtlanıyor yara.
Köy yerinde aylak dolaşmak olmaz.
Şehre indik yine,
bu yara ayyaş etti, kumarbaz etti bizi.
Ayyaş olduk, kumarbaz olduk."

Bir müddet susuldu.
Hastane kâtibi sordu Halil'e :
"— Yeni bir kitap yazıyormuşsunuz?"
"— Çalışıyorum."
"— İsmini sorabilir miyim?"
"— 1908'den 1939'a kadar
Anadolu'da tabakalaşma ve sınıflaşma."

İsmet Hanım birdenbire haykırdı :
"— Ay...
Aya bakın.
Ayı gördüm Allah
amentü billah."
Kâtip takıldı :
"— Müslümansınız hemşire hanım."
"— Çocukluğum aklıma geldi, canım.
Ortalık iyice kararmadan
aya rastlamak uğurludur.
Kaç defa denedim.
(Halil'e döndü)
Severim akşam karanlığını
böyle şehirden uzak
kırların ortasında.
Bakın, ateşböceklerine bakın,
nereye gidiyorlar böyle pırıldayarak?
Konuşmuyorsunuz, Halil Bey?"
Halil uykudan uyanır gibi sordu :
"— Kurtulur mu dersiniz?"
"— Kim?"

"— Ameliyattaki."
"— Doktorun eli hafiftir.
Fakat Yarabbi
dünya ne güzel.
Karşısı İstanbul'dan bir yerlere benziyor
evleri kaybolup
ışıkları yanınca."

Halil'in muhafızlarından Refik Onbaşı geldi.
Sevinçli bir haber getiren bir çocuk gibi anlattı :
"— Seyrettim camlı kapıdan içerisini.
Ak çarşaflar üstüne yatırmışlar karıyı.
Önce ürküyor adam,
sonra merak sarıyor.
(Tuttu Halil'in kolundan)
Gel istersen sen de bak, beyim."
"— İstemem, onbaşı."
"— Fakat görülecek şey."
"— Yarım saat oldu."
"— Daha da çok."

Seslendi Hüseyin :
"— Karanlıkta biri var,
kim oradaki?"
"— Benim, efendi ağa."

Tanıdı İsmet Hanım :
"— Ameliyattaki kadının kocası, canım.
Ne istiyorsun?"
"— Hiç."
"— Bir şey mi diyecektin?"
Halil çağırdı Dümelli Memet'i :
"— Gelsene.
Ameliyat bitmedi daha."
"— Biter inşallah, efendi ağa."

Askere talim öğretir gibi izahat verdi Refik Onbaşı :
"— Ben seyrettim, hemşeri,
insan eli değil,
kuş kanadı doktor beyin elleri,
bir o yana seğirtir, bir bu yana.
Öz anası olsa böyle uğraşmaz herif."

Halil yer gösterdi Dümelli Memet'e :
"— Otursana."
"— Ayakta dinelirim.
Tez biter mi?"
"— Biraz daha sürer."
"— Tez bitmez demek?"
"— Belli olmaz.
Ama çoğu gitti, azı kaldı."
"— Ben şehre varıp elma alayım."
Yuvarlak omuzları sarsılarak güldü İsmet Hanım :
"— İlahi, çok yaşa,
elmanın sırası mı, canım?"
"— Bitenecek varıp gelirim.
Elmayı sever."
"— Sevse de yiyemez ki hemen."
"— Sonra yer.
Tez varıp gelirim.
Elma iyidir.
Çeyrek saat sürer mi daha?"
"— Evet."
"— Tez varıp gelirim.
Elmayı sever."

Ve omuzlarını kısıp
kayboldu karanlıkta Dümelli Memet.

Hüseyin bir müjde verir gibi konuştu :
"— Karnım acıktı."

Hastane kâtibi eğildi Halil'e doğru :
"— Açlık," dedi,
"açlık, hiçbir şey yememek değil,
barsağı düğümlenene kadar
yarma çorbası içmektir.
Düşünün :
köyde diz boyu kar.
Eve girdik.
Kimse yok.
Vardık dama,
gübrenin içine gömülmüş yatıyorlar.
Yine sizin hapisanedekiler en gürbüzleri.
Tayın,
uyku."

Halil düşündü :
"Hürriyet, tayını ve uykuyu vermiyor."

İçerden bağırdılar :
"— Yemeğe."

Emin Efendiyle Hüseyin telaşla kalktılar yerlerinden.
Pansumana gelen Vasfi yalvardı İsmet Hanıma :
"— Bana da bir katık ayır, gözünü seveyim."
"— Ekmeğin var mı?"
"— O da yok."
"— Bakalım, artarsa.
Hem biliyorum :
böyle yemek dilenmek için pansumana geç geliyorsun.
Razıyım, öğle üstü gel
öğle yemeğinden verelim."
Vasfi utangaç güldü :
"— Öğleyin başınız kalabalık
telaşeniz çok."

Sordu Halil'e İsmet Hanım :

"— Yemeğe gelmiyor musunuz, canım?"
"— Ben sonra yerim."

İsmet Hanımla kâtip gittiler.
Kaldı taş merdivende Vasfi'yle Halil.

Güneş battıktan sonra
tıpkı açık deniz gibi, büyük dağlar, büyük ormanlar gibi,
bozkır süratle serinleşir.
Ve bu saatlarda, buralarda, aylak insan
keyifli değilse
hele aydınlardansa eğer,
kabuklu bir hayvan gibi kendi içinde derinleşir.
Bu işin bir başka çeşidi geldi Halil'in başına :
İlikledi düğmelerini ceketinin,
omuzlarının arasına çekti boynunu,
ve gözlüklerini karşıki şehrin ışıklarına dikip daldı.
"Hapisaneye haber göndermeli yarın,"
diye düşündü,
"mektup gelmiştir Ayşe'den.
Tuhaf şey,
karşıda bir ışık yanıp sönüyor.
Neden?
Herhalde odadan odaya lamba geçiriyorlar.
Nerde okudum,
böyle işaret verir bir yerlere
beyaz entarili, siyah saçlı bir kadın.
Kadın kurtulacak mı?
Lastik eldivenle de olsa
canlı, insan barsağına dokunmak.
Açlık,
açlık hiçbir şey yememek değil...
Köyde diz boyu kar.
Gübrenin içine gömülmüş, yatıyorlar.
Hindistan, Kongo, Çin.
Sömürge yerlileri.

Işık yine kayboldu
yandı.
Neden?
Herhalde odadan odaya...
Herhalde haber yollamalı hapisaneye.
Herhalde mektup gelmiştir Ayşe'den.
Ayşe'yi seviyorum ölesiye.
Son mektuplarında 'şekerim' diye yazmıyor artık,
niye?
Boynu nasıl da kalın ve beyazdır.
Kızım anasına benzeyecek mi?
Kör olursam kızım karanlıkta büyüyecek,
bana göre karanlıkta.
Onun nasıl değiştiğini göremeyeceğim."
"— Efendi."
"— Bana mı dedin, Vasfi?"
"— Cıgaran varsa hani..."
"— Tütün var.
Kâadın var mı?"
"— Yok ama, sen yine tütünü ver."

Halil tütünü verdi Vasfi'ye
ve her nedense sinirlendi :
"Niye kapanmıyor bunun yarası?" diye düşündü,
"şeker hastalığı mı var?
Nasıl oluyor da topyekûn ölmüyorlar?
Nasıl da dayanıklı benim milletim?
Hapisanedekiler en gürbüzleri.
Yaşamak hakkı,
yaşamak."

"— Yarım saatta aldılardı benim fıtığı,
hâlâ bitmedi mi bu?"
"— Nerdeyse biter."
"— İnşallah."
"Karşıda ışık yine yandı," diye düşündü Halil.

"Yarın hapisaneye haber yollamalı.
Yine bizimkiler Avrupa'dakilerden iyi,
ayda bir gelenin de olursa hapisane kapısına.
Öyle göresim geldi ki Ayşe'yi.
Çoğu gitti, azı kaldı.
Farkında değiller,
habersiz bahtiyar olacaklar."

İsmet Hanım yemek getirdi Vasfi'ye.
"— Ameliyat bitti, Halil Bey," dedi,
"kadını yatağına yatırdık.
Doktor sizi sordu, geliyor.
Sizi ne kadar çok seviyor, canım.
Hepimiz sizi seviyoruz ya...
Sen de yemeğini al, arkaya git, Vasfi,
pansumancıdan hayır yok bu akşam..."

Halil karşıladı doktoru.
"— Geçmiş olsun, Faik Bey.
Kurtuldu mu?"
"— Belli değil henüz.
Operasyon kusursuz.
Fakat bu vakalarda tehlike sonra başlar."
"— Ümidiniz?"
"— Yüzde otuz.
Kocası nerde?"
"— Şehre gitti elma almak için."
"— Acele etmiş."
"— Söyledik, dinlemedi.
Yoruldunuz."
"— Çok değil."
"— Demek yüzde otuz?"
"— O kadar.
Hatta daha da az."

Sustular.

Ay ışığında gündüz gibiydi ortalık.
Karşıda tek tük lambalarıyla şehir,
etrafta uçan ve sürünen haşaratın çıtırtısı
ve "Ben buradayım, yanı başınızdayım," diyen toprak.
Bozkır rahattı.

Doktor cıgarasını attı,
yerde fosforlu bir böcek gibi yanmakta devam etti ateş.
Halil dizine vurup döktü külünü piposunun.
Doktor sordu birdenbire :
"— Öleceğinizi ciddiyetle düşündünüz mü hiç,
                                        uzun uzun,
                        bir hesap meselesi düşünür gibi düşündünüz mü?
    Ben, hep bunu düşünüyorum bu son senelerde.
    Gece, giriyorum yatağa,
    yumuyorum gözlerimi
                ıslıkla bir beste tutturuyorum dişlerimin arasından
                                her seferinde kendi kendime uydurduğum,
                                bana gayet hazin gelen bir şeyler
                                ve öleceğimi düşünüyorum.
    Kederli bir yalnızlık doluyor içerime
                        ölümünü düşünen bir insanın yalnızlığı
                                        sevgisiz ve nefretsiz.
    Kopuyor insanlarla alakam
                anlıyorum ki ölümde bir başımayım.
    Sonra hesap ediyorum,
                    kırk sekiz yaşındayım,
                    en fazla yaşasam yetmiş beşine kadar
                                  daha yirmi yedi senem var demek.
    Ölçüyorum geçen kırk sekizle kalan yirmi yediyi
                                    kepazelik.
    Ne tuhaf şey, ne tuhaf şey
                      en fazla yirmi yedi sene
                            ve bir varmış bir yokmuş Doktor Faik Bey."

Sustu.

Sonra, imdat arıyormuş gibi adeta yalvarıp sordu Halil'e :
"— Kaç yaşındasınız?"
"— Otuz dokuz galiba."
"— Galiba ne demek?"
"— Nüfus tezkereme göre otuz dokuz.
Ama annem, 'Seni bir yaş büyük yazdırdık,' derdi."
Her nedense Halil'i tersleyerek konuştu Faik Bey :
"— Annenizi bırakın,
otuz dokuz diyelim."
Halil güldü :
"— Kırk da diyebilirsiniz."
"— Hayır
cömertliğe lüzum yok,
bir sene bir senedir.
Peki, hesapladınız mı, Halil Bey?"
"— Neyi?"
"— Ne kaldığını?"
"— Hayır."
"— Hesaplamanız lazım.
Otuz altı kalmış.
Benden dokuz fazla.
Artık bu hesabı yapacak yaştasınız,
çoğu geçmiş elinizden.
Geçenle kalanı kıyas edebilirsiniz.
Otuzuna kadar seneler ve hatta ölüm bir nazariye,
sonra hakikatlaşıyor.
Ve ne kadar çabuk
ne kadar az kaldı diye insan şaşıyor.
Hiç duymadınız mı bu şaşkınlığı?"
"— Hayır.
Ama, sizi anlıyorum."
"— Ne anlıyorsunuz?"
"— Bol bol düşünmeye vaktiniz ve imkânınız var."
"— Sizin yok mu?"
"— Benim de böyle bir imtiyazım var elbette."
"— İmtiyaz ne demek?"

"— İmtiyaz şu demek ki, Faik Bey :
demin ameliyat ettiğiniz kadın,
sizin de dediğiniz gibi,
gün doğarken uyumanın mümkün olduğunu aklına bile getiremeyen,
yarı nebat, yarı hayvan hayatı sürmeye mahkûm
şu Dümelli'nin karısı,
ve Dümelli'nin kendisi,
memleketimde ve yeryüzündeki insanların çoğu
mahrumdur bol bol düşünebilmek saadetinden.
Vakitleri ve imkânları yok.
O kadar çok çalışıyor, öyle yorgundurlar ki
gece, altmış yaşında bile, yatağa girdikleri zaman
uyku kurşun gibi bastırıyor.
Belki uykuda rüya görülür, ama düşünülmez."
Sustu.
Sonra bahtiyar gülümseyerek ilave etti Halil :
"— Ve düşündükleri zaman
hayatı düşünüyorlar,
ölümü değil..."
"— Peki, ölümü düşünmeye vakitleri ve imkânları olsa?"
"— O zaman da ölümü sizin gibi düşünmeyecekler."
"— Neden?"
"— Şundan ki Faik Bey,
siz hayatta bir başınıza olduğunuz için
ölümde de bir başınasınız.
Bütün bağlarıyla kalsaydınız Polis Müdürlüğünün doktoru olarak,
sınıfınızla aranızdaki ipleri kesmeseydiniz,
yahut bu ameliyattan sonra
karşı tarafa geçip
başka bağlarla başka insanlara bağlansaydınız,
şimdi fasılasız gelişen bu müzmin hastalık
nadiren tepen bir kriz olurdu hiç olmazsa..."

Faik Bey kahkahalarla güldü.
"— Doktorca konuşuyorsunuz," dedi,

"ama baksanıza nadiren de olsa yine tepermiş."
"— Teperdi, evet, Faik Bey.
Ağaç yaşken bükülür,
ve karargâh değiştirmek kolay değildir öyle.
İçinde beşiğinden bir şeyler taşır insan.
Ve sonra..."

Dümelli Memet belirdi ahlatın altından.
Halil gördü onu.
Sevinçle kalktı yerinden.
"— Geliyor," dedi. "Geldi işte..."
Dümelli'yi karşıladılar.
Ve kapıdan ve pencereden vuran sıcak sarı ışıkta
durdular konuşmadan
üç ağaç gibi ayakta.
Kucağında dolu, kocaman bir kesekâadı Dümelli'nin.
Düşürmekten korkuyormuş gibiydi bunu.
Kesekâatlarına alışkın olmadığı belli.
"— Senden insana hayır gelmez,
ama sen söyle yine,"
der gibi bakıyordu doktorun yüzüne,
ağlıyordu Dümelli.
"— Geçmiş olsun, gözün aydın kardeşim," dedi Halil.
Dümelli düşürdü kesekâadını kucağından.
Toprakta dağıldı bir çocuk sevinciyle elmalar.
Halil'in yardımıyla Dümelli topladı elmaları
koydu kesekâadına tekrar
ve bıraktı taş merdivenin üzerine.
Sonra iki elma aldı içinden
mintanının yeniyle sildi
ve ikram etti Halil'le doktora.
Dişsiz ağzı yarı yerinden gülüyor
çipil mavi gözleri hâlâ ağlıyordu.
Karşılıklı bir itişip kakışmayla doktorun elini öptü.
Saldırdı ellerine Halil'in.
Atik davrandı Halil, kucaklaştılar.

Ve Halil'in bağrındayken henüz
Dümelli yeni bir sevinçle irkilip kulak kabarttı.
Sesler geliyordu,
şehrin batısından yola çıkan kağnı sesleri.
Bir taş balta gibi işleyen
ve ayın altında ağır pırıltılarla genişleyen
alt edilmemiş bozkırın
vahşî şarkısıydı bu.

Halil de duydu.
Ve toprağa yenilmiş insanın karanlığı
ve kederi sevgili memleketinin
dolaştı ürpertilerle üzerinde etinin.

"— Bizimkiler," dedi Dümelli Memet,
"varıp durdurayım,
demin ben gelirkene yola çıktılardı.
Kağnıya bindiririz, yorulmaz.
(Doktora döndü)
Efendi ağa, sen deyiver, hazırlansın."
Ve davrandı kağnı seslerine koşmak için.
Doktor tuttu kolundan.
"— Dur," dedi, "daha ayılmadı bile."
"— Ben varıp gelene dek ayılır."
"— Belki ayılır ama, yola çıkamaz."
"— Kağnıya binecek,
yürüse yürüse burdan oraya..."
"— Olmaz."
"— Etme, efendi ağa,
iki bebesi var.
Komşuya koyup geldik.
Harman öylece durur."
"— Olmaz baba."
"— Haydi, varsın yürümesin,
kağnıyı getiririz buraya dek."

"— Yataktan çıkamaz.
En aşağı on beş gün sırtüstü yatacak."
"— Evde yatar."
"— Olmaz."
"— İki bebesi var."
"— Deli etme insanı, olmaz dedik ya."
"— Parmak basarım."
"— Ne diye?"
"— Mal senin demedin miydi?
Malımı be tamam aldım diye parmak basarım."
"— Olmaz."
"— Mühür?"
"— Hani mührün yoktu?"
"— Kulun olayım,
zevklenme adamla,
ver çocukların anasını gidelim,
harman öylece durur.
(Ve Halil'e döndü Dümelli)
Efendi, sen deyiver bari..."

Halil zor tutuyordu kendini göz yaşlarıyla boşanmamak için.
"— İçeri girelim," dedi, "hastanı gör.
Kımıldanacak hali var mı, yok mu, bakarsın..."

Dahiliye, hariciye, viladiye, emrazı sariye,
kadın, erkek, çocuk,
elli dokuz yataktı memleket hastanesi,
fakat yetmiş ikiydi hasta sayısı.
Yerde yatıyordu fazlalık
ve ikişer hasta vardı bazı karyolalarda...

Dümelli karısını gördü.
Ayılmamıştı henüz.
Saçları tıraş edilmişti dibinden.
Yamru yumru, kabuklu patates gibi bir yüz.
Hastalıklı bir oğlan çocuğuna benziyordu.

Ve beyaz patiska nevresimin üzerinde
topraktan fışkırmış iki kök gibi duruyordu elleri.

Dümelli bıraktı elmaları hastanın ayak ucuna.
Baktı uzun uzun
baktı çipil mavi gözlerini kısarak.
"— Hayır kalmamış," dedi, "kötülemiş.
Benim ala öküz de böyle olduydu bıldır,
yattı, kalkmadı bir daha.
Elmaları verin yesin.
Elmayı sever.
Sağolun efendi ağa..."

Ve çıktı dışarı Dümelli ağlaya ağlaya.
Çıkış o çıkış,
onu bir daha görmediler.
Ve üç gün sonra öldü kadın...

II

Sabah sabah erkenden,
hastanenin üstünde şafak söktü, sökmek üzere,
Doktor Faik Bey uyandı apansızın,
(bekâr olduğundan hastanede yatıyordu).
Alacakaranlıktı oda.
Ve perdeleri açık pencerenin geniş camları arkasında
soğuk bir su aydınlığı vardı,
merhamet gibi bir aydınlık.
"Saat kaç?" diye düşündü Faik Bey.
Masaya uzandı, bakmak için,
seçemedi.
Elektriği yaktı,
odada şafak vakti istasyonlarının kederi
beyazlaşan lambalar,
ayrılık.
Sırtüstü, çırılçıplak yatıyordu Faik Bey.
(Yaz, kış böyle yatar).
Ve saata tekrar bakmayı unutmuştu.
Gözlerini tavana dikti,
çıtaları saydı.
Baktı karşı duvara,
orda bir tahtakurusu
kireçli, muazzam bir beyazlığın ortasında ufacık
gidiyordu,
kutbun uçsuz bucaksız karlarında kaybolmuş bir insan gibi,
sonsuzlukta bir yıldız yalnızlığıyla...

"— Sonsuzlukta bir yıldız yalnızlığıyla,"
diye tekrarladı Faik Bey yüksek sesle.

Ve göğsüne eğdi başını,
gözlerinin önünde upuzun yatıyordu
ayak tırnaklarının ucuna kadar,
başsız, çırılçıplak vücudu.
Onu, ilk defa görüyormuş gibi seyretti.
İlk defa bakıyordu ona bu gözle,
şaşırmış
meraklı
ve mahzun.
Karnı esmer, içeri çökük,
bacaklar adalesiz, ince, uzun,
deri ihtiyarlamış.
Karnının üstüne koydu elini :
tiksintisi bir pelte yumuşaklığının.
Sağ bacağını büktü,
sarktı baldır.
Topukta aşık kemiğine yakın kırışıklar.
Ve bu başsız, ihtiyar vücudun yalnızlığı.

Faik Bey kendi vücudunun karşısında
düşündü onun ölümünü.
Aklına ilk gelen şey
yıkanırken, yahut kefenlenirken değil,
morgda görmek oldu onu.
Taş masanın üstüne böyle çırılçıplak uzanmış.
Sonra, bir çukura indirilirken,
sonra, ıslak toprak kokusu,
tabutun tahtasını oymaya başlayan kurtlar
(onları vücuduna tırmanır düşünmeye tahammülü yoktu)
ve hepsinin beteri :
duymayan,
görmeyen,
kımıldanmayan yalnızlık...
Faik Bey bastı zile
arka arkaya
arka arkaya.

Sonra hızla toparlandı yatağın içinde yastığa doğru,
çarşafı çekti dizlerine
büzülüp oturdu,
bekledi.

Kapı açıldı.
Girdi telaşla, İstanbullu hastabakıcı İsmet Hanım.
Faik Bey belki onu bekliyordu
belki hiç kimseyi beklemiyordu,
tuttu genç kadını bileklerinden :
"— Korkma, bağırma, sus,
Allah aşkına beni kurtar," dedi
İsmet Hanm önce ürktü, debelendi,
fakat çok geçmeden :
"— Aman doktor bey, duyarlar, görürler, kapı açık,"
filan derken
söndürdü elektriği
ve ses çıkarmadı artık.

Dışarda, pencerenin geniş camları arkasında
soğuk bir su aydınlığı vardı,
merhamet gibi bir aydınlık...

Sabah sabah erkenden
hastanenin üstünde şafak söktü, sökmek üzere
Halil uyandı apansızın
kalktı yataktan.
Seslendi uyuklayan nöbetçi jandarmaya :
"— Ben kapının önündeyim
taş merdivenlerin orda."

Koridora çıktı.
Uyku ve ilaç kokusu,
insana yaprak gibi gelen iniltiler.
çok uzaklarda madenî bir tıkırtı

ve beyazlaşan lambalar
şafak vakti istasyonlarının kederi,
ayrılık...

Kadınlar koğuşunun kapısı açık :
hasta bir kadın oturmuş yatağında
saçını tarıyor.
Yüzü sapsarı
saçları simsiyah.

Halil taş merdivenleri indi.
Toprağın üstünde durdu.
Nefes aldı kollarını açarak.
Hava ıslak.
Güneş doğuyor.
Gökyüzü yaş bir bezle gıcır gıcır silinmiş gibi tertemiz.
Soldaki dağın eteğinde ince bir duman
dağılan tül gibi bir şey.
İlerde ağaçlar aydınlandı :
sol yanlarına vuruyor ışık.
Ve uzakta şehir :
bir uzun yolculuktan limana henüz dönmüş gibi duruyor.
Manzara katkısız aydınlık, açık renkli,
ve bu saatta
tabiat sıhhatlı, genç
ve iyi yürekli.

"— Doktor Bey uyandı mı ki, efendi ağa?"
Halil dönüp baktı çocuğa.
Canım ciğerim
on üç yaşındaki işçi Kerim
karşısında kömürlü tulumuyla yerden bitme bir
cin yavrusu gibi duruyordu.
En umulmadık bir anda en eski bir dosta rastlamış gibi sevindi
Halil :
"— Evvela merhaba diyelim delikanlı," dedi.

Kerim gülümsedi :
"— Merhaba, amca."
"— Merhaba, adın ne senin?"
"— Kerim."
"— Doktoru ne yapacaksın, Kerim Usta?"
Minicik kırmızı burunlu suratını astı Kerim :
"— Ustalık bizden uzak," dedi.
"— Neden?"
Kerim sağ elini çıkardı cebinden.
Kat kat bezlerle sarılıydı baş parmağı.
Telaşlandı Halil :
"— O ne öyle?"
"— Prese ezdi dün akşam."
Ve birdenbire tekrar duymuş gibi ezilişin acısını
                                        sızlandı, gözleri dolarak :
"— Uy anam, uy anam,
            acıyor."
"— Peki, dün akşamdan beri ne yaptın?"
"— Hiç.
   Ahmet Usta çaputla sardı,
   evde sargıyı tazeledik.
   Anam, hastaneye git, doktora göster, dedi.
   Bugün işten kalmayım diye geldim erkenden."

Halil'le Kerim içeri girdiler,
başhemşireyi buldular,
pansuman yapıldı.
Halil çay ikram etti Kerim'e,
tanışıldı daha yakından.
Arkadaşlığa karar verdiler,
                    Kerim gitti.

Vakit geldiği halde
    sabah vizitesi başlamamıştı henüz.
Halil koridorda karşılaştı hastabakıcı İsmet Hanımla.
Karmakarışıktı kumral kaşları genç kadının
            (halbuki daima taranmış gibi dururlardı)

elinde boş çorba taslarıyla yüklü bir tepsi vardı.
Halil sordu :
"— Doktoru gördünüz mü?"
İsmet Hanım durdu.
Yüzü pancar gibi kızardı.
"— Başhekimi, Faik Beyi mi?
Hayır, görmedim.
Fakat, şey...
Sabaha yakın
bastı zile.
Nöbetçiydim.
Su istemiş.
Götürdüm.
Sonra görmedim bir daha...
Niye sordunuz?
Koğuşlardadır.
Ama başhemşire de 'Geç kaldık' diyordu demin.
Saat kaç?"

İsmet Hanım boş çorba taslarının üstünden
gittikçe artan bir kuşkuyla bakıyordu Halil'e.
Ve yalan söyleyenler gibi daldan dala
çabuk çabuk
ve çok konuşuyordu.
Halil farkına varmadı bu telaşın,
"— Teşekkür ederim," dedi
ve girdi koğuşuna,
yatağına oturdu.
Eğildi öne doğru.
Dalgın yüzünde incelip uzamış gibiydi burnu.
Parlıyordu gözlükleri :
biçare iki cam parçasıydılar.
Düşmüştü kolları.
Ve elleri dizlerinde, avuçları yukarı dönük.
Halil artık biliyordu hastalığının adını :
göz damarlarının dumura doğru gitmesi.

Yıllardır ağır ağır, birike birike
ve bir gün, bir anda, bir sıçrayışla : körlük.
Burda da diyalektik,
Halil,
her yerde diyalektik.
Ama belki?
Tedavide yeni bir keşif?
Şifaya doğru sıçrayış?
Ve ölümden önce kaybetmemek aydınlığı...

Halil zaman zaman unutuyordu hastalığını gözlerinin,
zaman zaman hatırlıyordu :
ve derisinin altında bir yerde, ince bir damar kopmuş gibi oluyor
yüreği çarpıyordu alabildiğine.
Ve zor tutuyordu kendini soluk soluğa nefes almamak için.
Sonra sükûn.
Sonra dalgınlık.
Bir kapıdan girer gibi girerdi dalgınlığının içine Halil.
Eski İstanbul evlerinin taşlıklarına benzerdi bu dalgınlık :
Bembeyaz tülbenti, kuyusu, kalaylı maşrapasıyla
yumuşak,
serin
ve alaca aydınlığında kederli masallardan bir şeyler biraz...

İki karyolanın etrafına toplanmıştı koğuşta hastalar.
Birincisinde Arapkirli Ali
namazda oturur gibi diz çökmüştü yatağa.
Sol dizine yayılmış turuncu, yazma mendili.
Gözleri ve bıyıkları pırıl pırıl, simsiyah.
Ve yanağında buruşuk, cilalı yeri bir Antep çıbanının.
Ali rüyasını anlatıyor
ve saygıyla dinliyor ötekiler.
Saygıları rüyayı görene değil
rüyayadır.

"— Hayırdır inşallah."

"— Hayra yor, hayır ola."
"— Uzun bir arazi gördüm
öyle sulanmış.
Ben al beygirlerle çift sürmekteyim.
Öküzle çift sürmek âdeti değişmiş köyde.
Bir silah patladı arkadan."
Ali'nin sözünü kesip sordu biri :
"— Sesini duydun mu?"
"— Duymadım."
"— İyi, duymadığın, çok iyi, çok."
"— Ama, dur hele
duydum gibi."
"— Zarar yok,
duysan da olur,
değil mi ki arazi sulanmış
ve hem de geniş......"

Resimli bir derginin etrafındaydı ikinci karyola.
Dün gece Halil'den aldılar.
İnsanları, aletleri ve yangınlarıyla harp resimleri.

"— Memetçiklere bak, hele, Memetçiklere bak."
"— Onlar Memetçik değil be, İngiliz askeri."
"— Olsun, hepsi Memetçik."
"— Şunlar da İtalyan mı?"
"— Şapkalarından belli, İtalyan."
"— İtalyanlar
harpçi millet değil, canım,
kibar insanlar."
Recep, damdan düşer gibi karıştı söze :
"— Harbe girdiğin zaman bir gâvur öldürüp
bir yudum içersen kanını
korku kalmazmış."
Hepsi Recep'e baktılar.
On beş, on altı yaşlarındaydı.
Yusyuvarlak.

Herkesle alay eder
ve sıkışınca boynunu büküp
nazlı nazlı gülümserdi.
Okumaya meraklıydı.
Bütün vilayetlerde kaza ve nahiyeleri ezbere sayardı.

" — Şimdi bunu nerden çıkardın ülen?"
" — Şehit babamdan duydum,
şehit babam,
şehit düşmüş ben altı aylıkken."
Aydınlı Talip Çavuş vurdu dergiyi Recep'in kafasına :
" — Canın çıksın, Recep..."

Talip Çavuş, seyrek sarı saçlı, yeşil gözlüydü.
Balmumundan dökülmüş gibiydi yüzü.
Yumuşacık konuşur,
ansızın sinirlenir,
günlerce küserdi insana.
Recep'le ahbaptılar.
"Anne" derdi Talip Çavuşa Recep.

Jandarma Refik karıştı söze :
" — Altı haftada işin tamam diyormuş Rusa Alaman,
Köroğlu'nda okudular."
Çerkeşli Tenekeci Müslim cevap verdi
(yüzü baltayla yontulmuş gibi bir adam) :
" — Rus baba yıkılmaz kolay kolay..."
" — İçi çürükmüş..."
" — Öyle laflara boş ver.
Kayseri'ye vardın mı?
Bize bir bez fabrikası kurdu herifler
eşi emsali dünyada yok.
Bir amele evleri var
halt etmiş vali konağı...

Talip Çavuş yumuşacık konuştu :

"— Şimdi İngiliz de Rusla beraber."
Jandarma Refik itiraz etti :
"— İngilize kaçak güreş yapar diyorlar."

Recep'in eline geçmişti dergi.
Son sayfada
çölde İngiliz askerlerini eğlendiren kızların
çıplak, beyaz bacaklarına bakıyordu.
Ve yusyuvarlak yüzünde kısılan gözleri
hiç de alaycı değildiler.

Telaşlı sesler geldi koridordan.
Vizite başlıyor diye hastalar dağıldı yataklara.
Halil uyandı dalgınlığından.
Kapı birdenbire açıldı.
İstanbullu İsmet Hanım eşikte :
"— Halil Bey," dedi,
"doktor öldü."
Ne yüzünde bir başkalık vardı İsmet Hanımın
ne sesinde.
Hatta kumral kaşları artık deminki gibi karmakarışık değil
yine taranmış samur gibiydiler.
"— Doktor Faik Bey öldü,"
diye tekrarladı.
Ve kapıyı hızla çekip gitti.
Hastalar afalladılar.
Bir doktorun
hele bir başhekimin ölümü
kavranılmaz bir şeydi onlar için.
Ve bir vuruşta yıkıyordu bütün sağlık ümitlerini.
Arapkirli Ali mırıldandı :
"— Allah rahmet eyleye,
Allah ecir sabır vere çoluk çocuğuna."
Talip Çavuş yavaşça konuştu :
"— Kimsecikleri yokmuş dedilerdi.
Bir başınaymış bu dünyada..."

Ve nasıl ansızın şaşırıp sindiyse koğuş,
yine öyle ansızın harekete geçti,
                    hastalar fırladılar koridora.

Hastane kâtibiyle karşılaştı Halil.
Halil'in ellerine sarıldı kâtip :
"— İntihar," dedi, "intihar...
    Kendini zehirlemiş.
    Yatağında çırılçıplak yatıyor.
    Bu kadar gecikince merak ettik.
    Kapısı kitli.
    Bende bir eşi var anahtarın.
    Muavinle birlikte açtık.
    Sormayın..."

Halil kurtardı ellerini kâtipten
ve sesinde yırtılan bir şeyle
ve kendisi de niçinini bilmeden
                    sordu :
"— Kırk sekiz yaşındaydı, değil mi?"
Ve gözlüklerinin camlarını siliyormuş gibi yapıp
                              örterek gözlerini,
yürüdü,
taş merdivenlerin üstüne, güneşe çıktı.
Bozkır aydınlık ve ılıktı...

Birdenbire Halil'e yalanmış gibi geldi Faik Beyin ölümü,
intiharı bilhassa
            hele kendi kendini zehirlemesi.
(Halbuki bir dakka önce Halil bunun izahını yapmıştı kafasında).
Geri döndü.
Ve hareketlerinin mantığını kendi de anlamayarak
telaşla geçti koridoru Faik Beyin odasına doğru.
Kapı açıldı.
Ölüyü sedyenin üstünde dışarı çıkardılar.
Beyaz bir çarşafla örtülüydü.

Halil duvara dayadı sırtını, yol verdi.
Geçtiler :
Doktor Faik Beyin ölüsü önde
arkada kâtip
ve elleri cebinde müddeiumumi.
Yığılmıştı koğuş kapılarına hastalar
ve başka sedyelere baktıkları gibi kuşkuyla değil
kaygıyla değil
merakla bakıyorlardı doktorun sedyesine.
Faik Beyi morga indirdiler.
Kapısı kapandı koğuşların
ve Halil'in karşısında koridor
bomboş
sessiz
upuzun kaldı bir vakit.

Kulağının dibinde bir kadın çığlığı duydu Halil.
Bakındı silkinerek.
Solda, ameliyat salonunun kapısı aralıktı
ve buzlu camları aydınlanmıştı içerden
kör, bebeksiz, beyaz bir göz gibi aydınlık,
mücerret, saf akıl gibi bir şey.
Sokuldu kapıya Halil.
Ve her nedense kötü bir iş yaptığını sanarak,
bakmaması gereken bir yere baktığından utanarak
içeri baktı.
Demin buzlu camlarda gördüğü aynı ihtirassız
aynı kansız ve sinirsiz aydınlığın içinde,
pırıl pırıl aletlerin arasında ve üstünde doğum masasının
sırtüstü devrilip yaslanmış bir kadın yatıyordu.
Alabildiğine ayrıktı bacakları
ve kasıklarına kadar geçirilmiş beyaz bezlerin ortasında
kocaman, çıplak, müthiş bir çiçek gibiydi çiftleşme yeri.
Kadın iniltilerle sarsılıyordu.
Bileklerinden tutmuştu İsmet Hanım,
başhemşire yanındaydı dahiliye doktorunun.

"Faik Beyin yerine," diye düşündü Halil,
"dahiliyeci ne anlar bu işten,
bir kaza çıkarmasa bari..."
Yeni bir çığlıkla sarsıldı kadın.
Başı düştü sola.
Tanıdı Halil,
sabahleyin yatakta siyah saçlarını tarayandı.
Katılaşıp şişiyordu karnı sancılarla,
tenasül nahiyesi fırlıyor öne doğru
ve yarı kanlı bir madde sızıyordu.
"Bütün memeli hayvanlar gibi," diye düşündü Halil,
"inekler, kediler, köpekler gibi.
Kâinat gibi," diye düşündü Halil,
"doğuran ağaçlar, yıldızlar, cemiyetler gibi."

Yumurta biçiminde açılıp büyüdü
çıplak ve müthiş çiçeğin ortası.
Ve bir karartı belirdi derinliklerinde :
bu yumuşak ve ıslak saçlarıydı gelen çocuğun.
Her ıkıntıda artık biraz daha büyüyordu yolun ağzı.
Ve nihayet bir çocuk kafası iriliğinde karanlık.
Gazlı bir tamponla tazyik etti doktorun lastik eldivenli eli
lohusanın makadını.
Ve Halil birdenbire müthiş bir utanç duydu :
"Ayşe de Haseki'de böyle doğurdu demek?"
diye düşündü.

Çocuğun kafası çıktı meydana.
Doktor çevirdi çocuğun yüzünü
anasının sağ bacağı içine doğru.
Sonra sol omuzunu, sonra ötekini çekip çıkardı,
sonra kollar, gövde ve bacaklar :
çocuk ellerinde doktorun.
Ve göbeğinden bağlı annesinin içerisine.
Doktor, iki pensle sıkıştırdı göbeği
kesti makasla.

Ve Halil o zaman
dünyanın en güzel sesini duydu,
yeni doğanın ilk zafer türküsünü.
Ve yüreği sevinçle dolu
kapattı usullacık kapıyı.

Üçüncü Kitabın Sonu

DÖRDÜNCÜ KİTAP

BİRİNCİ BÖLÜM

I

Günlerden pazardı.
Ve canım ciğerim
on üç yaşındaki işçi Kerim
hapisaneye gidiyordu
ziyaretine Halil Amcanın.
Dehşetli ahbaptılar.
Ve hastaneden hapisaneye döneli beri Halil
aritmetik dersi veriyordu Kerim'e,
ve dünyanın gidişatını konuşuyorlardı.

Günlerden pazardı.
Kerim'in elinde aritmetik defteri
ve ceplerinde leblebi vardı.
Cephaneliğin önünden Şubenin bahçesini geçiyordu
ve karşıda Halil Amcanın demirli pencereleri.

Kerim birdenbire durdu.
Kaldırdı başını havaya,
baktı takırtılardan yana : gökyüzüne.
Orda leylekler,
orda leylekler döne döne
orda leylekler döne döne ve gitgide yükseliyorlardı.
Yolculuk vardı.
Küme küme geliyorlardı,
bulutsuz boşlukta dağılıp toplanıyor
ve yükseliyorlardı döne döne.
Tek kol oldular.

Belki beş yüzden fazlaydılar.
En bilgini geçti öne.
Şehir altlarındaydı :
Bozkırın kıyısında,
hastanesi, hapisanesi, hükümet konağı
ve Şubenin bahçesinden yukarıya, kendilerine bakan
on üç yaşındaki işçi Kerim'i
ve çeşitli bacalarıyla...
Fakat çok geçmeden
yuvadan atılan yavru gibi kayboldu şehir.
Kımıldanan ağır kanatlarıyla leylekler
gagaları dümdüz ve boyunları gergin
ve ince bacakları tığ gibi uzanmış arkalarında
ve havada uçar gibi değil, havada yüzer gibi,
yöneldiler güneye doğru.
O akşam girdiler Ankara vilayet hududuna.
Çandır dolaylarında kıra inip gecelediler :
gagaları kanatlarının altına sokulu
ve tek ayak üzerinde...
Ve şafakla havalandılar.
Günlerce devam etti güneye doğru yolculuk.
Ankara tez geçildi,
bitip tükenmedi Konya vilayeti :
üstlerinde dümdüz gökyüzü
altlarında dümdüz toprak.
Nihayet dağlar göründü,
tepeler değil,
karları ve ormanlarıyla sahici dağlar.
Bir göl geçildi ve bir nehir.

Artık "Üç nokta" vilayeti üzerindeler.
Hava ısınıyor saattan saata.
Ve bir çarşamba günü ikindi vakti
göründü taa
karşıda, aşağıda
gökyüzüyle birleşerek,

dümdüz, tertemiz
upuzun bir pırıltı halinde Akdeniz.
Gagalarını keyifle takırdattı leylekler
ve biçilmiş pirinç tarlalarında konakladılar.
Dağıldılar ertesi gün :
kümelerle ve bazıları ikişer ikişer.
Yalnız en bilginleri
uçtu vilayet merkezine doğru bir başına.
Tarlalar geçti altından,
bahçeler başladı :
mandalina, portakal ve limon
(henüz yeşildiler).
Hızla yaklaştı deniz ve genişledi, büyüdü.
Leylek artık şehrin üstündedir.
Ağaçlı caddeler, damlar ve bacalar.
Yüksek bir düzlükte denizin kıyısında şehir.
Limanda, açıkta, bir tek gemi demirlemiş.
Hava tuzlu ve sıcak
ve kokuyor muz gibi.
Leylek döndü şehrin üstünde
sola kıvrıldı biraz
kanatlarını gerdi
bıraktı kendini aşağı doğru,
süzülüyor.
Sallanarak yaklaşıyor leyleğe
bir bacanın üstünde eski yuvası.
Leylek sağa kıvrıldı biraz
bitişik damdaki tellere çarpmamak için
(bunlar radyo antenleriydi
belki yirmiden fazlaydılar),
fakat kurtaramadı sol kanadını
dolandı, çabalandı ve yıkıldı damın üzerine
kopmuş tellerin arasında
ve yirmi metre uzakta yuvasından...

Radyoda birdenbire bir tuhaf parazitle
kesildi sesi Amerika'nın.

Telaşlanmadı Cevdet Bey.
Taktı gözlüklerini.
Araştırdı.
Hiçbir istasyon ses vermiyor.
Geçti ikinci makinaya :
        940 — R.C.A.
Onda da ses yok.
Üçüncü makinaya baktı,
altı lambalı Telefunken.
Ses yok.
Dördüncü makina — o da öyle.
Tuhaf şey.
Cevdet Bey uzun beyaz bıyıklarını aldı içine ağzının.
Geriledi,
oturdu odanın tam ortasındaki tek koltuğa.
Gözlerini kısarak seyretti uzaktan makinaları :
Radyoların dünya pazarlarına ilk sürümünden beri
(kulaklılardan pikaplılara kadar)
bütün firmaların en meşhur modelleri
tarih ve lamba sayısı sırasıyla dizili duruyordular.
Vurdu çıplak kafasına Cevdet Bey,
beyaz bıyıkları fırladılar ağzından :
"— Evreka..." diye bağırdı.

Koşarak çıktı odadan,
sofa, merdiven, tavanarası, dam ve antenler...
Düzeltti antenleri.
Ve tekrar koşarak,
dam, tavanarası, merdiven, sofa
ve kucağında kocaman bir leylekle döndü Cevdet Bey radyo odasına.
Bir ayağı kırılmıştı hayvanın.
Sardı.
Sonra kesti kanatların yarısını
        uçmaya kalkışmasın diye
        (bu işler kolay olmadı, kuş ve insan debelendiler biraz).

Sonra et çıkardı buzdolabından
ikram etti.
Karnını doyurdu hayvan
ve topallaya topallaya köşeye gitti,
ve Cevdet Beyin yüzüne hayretle baktı ordan.
"— Afiyet şeker olsun Hacıbaba," dedi Cevdet Bey,
"can yoldaşıyızdır bugünden itibaren.
Size bitişik odayı tahsis ederiz.
Orda yatar kalkarsınız.
Mamafi her tarafı evimin emrinize amade,
yalnız bir buraya bensiz girmek yasak,
sonra maazallah benim oyuncakları kırarsınız.
Gündüzleri bahçeye çıkmak mümkün.
Ne de olsa leyleksiniz
belki canınızı sıkar radyo dinlemek bütün gün.
Benim bu dünyada onlardan başka kimsem yoktu
artık bir de siz varsınız,
sizin için de artık yalnız ben varım
bir de radyolarım.
Kokainoman
eroinoman
nikotinoman
megaloman filan
var ya Hacıbaba,
ben de elli beş yaşında bir radyomanım.
Yani
illetimiz radyomani.
İnsanların seslerini dinliyorum,
dünyanın dört bucağından bana sesleniyorlar.
Onlarla alakamız uzaktan,
yaptıkları işler umrumda değil
bunları nasıl anlattıklarına meraklıyım.
Şarkılarını da seviyorum doğrusu,
hangi dilde, hangi usulde olursa olsun,
yeryüzünün bütün şarkılarını.
Fakat farkında mısınız?

Şimdi hem şarkı söylüyorlar, Hacıbaba,
hem de gırtlak gırtlağa harbediyorlar yine.
Nasıl harbettiklerini de bir anlatıyorlar hani,
sanırsın şarkı söylüyorlar aşka dair.
Artık müsaadenizle
Berlin'i dinleyelim.
Alamanca bilmezsiniz, değil mi?
Tercüme ederim.
Size bunun faydası olmaz,
fakat ben mutadım üzre yüksek sesle temrin yapmış olurum."

Fıransızcayla Arapçayı eskiden beri bilirdi Cevdet Bey,
fakat Alamancayı, İngilizceyi, Rusçayı, İtalyancayı
radyomaniye tutulduktan sonra öğrendi kendi kendine.

Cevdet Bey açtı Berlin'i,
tercümeye başladı :
"— Ukrayna'nın merkezi Kiyef şehri tamamen işgal edilmiştir.
665.000 esir...
Tank, top...
Hop!
keselim.
Bunu daha dün gece dinlemiştik.
Demek Berlin'de taze bir şey yok henüz.
Londra'ya gidelim, Hacıbaba.
Bir aylık hava akınlarında ölenlerin sayısı.
Bunu da dinledik.
Yine Londra'dan size cazbant bulayım mı
birkaç dalga ötede.
Buyrun işte..."

Odaya dolan cazbandın gürültüsü ürküttü leyleği,
kesik kanatlarını çırptı hayvan,
bir yerlere kaçmak istedi,
fakat kaldı olduğu yerde topal bacağıyla.
Cevdet Bey güldü :

"— Cazbant sizi sarmadı, Hacıbaba,
İspanya'ya, Barselon'a gidelim.
İspanya, Barselon...
Nasıl sustu,
neden sustu Dolores İbarruri Passionaria?
Sesi güneş gibi bir şeydi kadının.
Hâlâ arar dururum İspanyol radyolarında o sesin benzerini :
kalın
aydınlık
sıcak...
Ben İspanyolca anlamam,
fakat sinsileme bile sövse dinlemek saadetti onu..."

Ve Cevdet Bey ümitsiz açtı Barselon'u.

II

Ne güzel şehirleri var Anadolu'mun benim
Akdeniz kıyısında.
Küçüktürler,
portakal gibi güneşlidirler
diri balık gibi pırıltılı
ve renklidirler acı zakkum gibi.

"Üç nokta" şehri 45 bin nüfusludur :
Giritliler, Araplar, yerli Türkler.
Evlerin çoğu ahşap
(Rumlardan kalanlar en güzelleri)
yeniler beton, kübik,
ve hepsi akar sularla ışıltılı bahçeler içinde.
Ve iki parkı, iki gazinosu
bir "Şehir Kulübü" ve bir "Askerî Mahfil",
(şehirde bir piyade alayı var).
Bir sinema, iki hastane
(memleket ve askerî).
Köy Enstitüsü, Lise,
Kız Akşam Sanat Okulu.
Elektrik.
4 çeltik, 3 tane un, 2 susam fabrikası.
Soğuk hava deposu : 2 .
Hal : 2 —
— sebze ve etle balık.
Ticaret ve Sanayi Odası ve bankalar :
Osmanlı, Ziraat, İş.
Ve Zahire Borsası.
Vilayette arpa, buğday ve yulaf 100 milyon kilo istihsal edilir,

mısır — 10 milyon,
pirinç — 15,
akdarı, fasulya — 10,
susam — 100 milyon.
Sonra mandalina, portakal, muz,
turunç, limon.
Domates, biber, bilhassa enginar,
karnıbahar ve patlıcan...
Balıklar :
barbunya, çipura, mercan...

. . . .
. . . .
. . . .

Şehre bir çeyrek mesafede, sabaha karşı
Yürükler yıktılar develerini.
Develer kısa tüylü ve yüksektiler
ve kara kıl çuvallar buğdayla dolu.
Homurtular oldu
ve uzun boyunlarda bakır çanlar inceli kalınlı seslenip sustular.
Hemen otlamaya başladı eşek.
Yürükler indirdiler çuvalları,
batmış gemileri boşaltır gibiydiler.
Yürükler bir kat daha geniş ve iriydiler
alacakaranlıkta ve çökmüş develerin arasında.

Güneş doğarken at arabalarıyla köylüler geçti Yürüklerin yanından,
onlar da şehre buğday götürüyorlardı
ve belki de susam.
İsteksizce selamlaştılar.
"— Pis, kıllı Yürük," diye söylendi köylüler
ve şaklattılar kırbaçlarını.
"— De ha, kaypak Türk,"
diye homurdandı kumral sakallı Yürük.

Ve solundaki tasdik etti :
"— Köyün Türkü olmaktansa
dağın Yürüklüğü yektir."

. . . .
. . . .
. . . .
. . . .

Zahire Borsası iki kat, kübik, beton.
Merdivenleri çık : camekân
gir kapısından : salon :
tahta parmaklıkla bölünmüş ortadan :
en dipte Borsa Komiserliği,
ilerde ayrı ayrı masalar, iskemleleriyle ve parmaklığa yakın
ve tahta sıralar öbür tarafta.
Bitişikte odaları Toprak Mahsulleri Ofisi'nin.

Borsa Komiseri ve memurları mevkilerindeydiler.
Koyunzade Şerif Bey girdi salona :
yanında ortanca oğlu ve iki kâtip,
arkasında simsarı ve yirmiden fazla köylüyle Yürük,
ve mendiller ve kesekâatlarında hububat numuneleri...
Tahta sıraların başında, ayakta kaldı köylülerle Yürükler,
haşin, esmer elleri kuşaklarının üstünde kavuşmuş
ve kuşkulu başlarını salıverdiler göğüslerine,
bıyıklarının altında dudakları kıpırdıyor,
alınlarında keder,
cenaze namazına durmuş gibiydiler...

Koyunzade Şerif Bey iltifat etti Borsa Komiserine
ve oturdu ilerdeki ayrı ayrı masalardan birine
en sağdakine, kendine ait olana
oğluyla beraber...
Numuneler konuldu masanın üzerine,
ve tescil edildi hububat Şerif Bey adına.

Kır saçlıydı Koyunzade Şerif Bey.
Elli, elli beşinde vardı.
Geniş omuzlarının üstünden güzel erkek kafasıyla
insanın yüzüne emrederek bakardı.
Koyunzadeler asildiler kökten
çok eskiden şehre inmiş Yürük beylerindendiler.
Altmış bin dönümdü toprakları
ve onlarındı çeltik fabrikalarından biri.

Üç oğlu üç kızı var Şerif Beyin.
Kızlar çirkindiler birbirinden
oğlanlar birbirinden güzel.
Malların mülkiyeti babanındır.
Şerif Bey ölürse büyük oğlu geçecek yerine
ve mülkiyet devam edecek bölüşülmeden.
Damatların biri ziraat mühendisi, biri hâkim.
Büyük kız evli değil.
Ölen annenin yerine geçti.
Uzun boylu, kemikli, esmer.
İpince dudakları bir kerre bile gülmemiştir.
Hizmetçileri odunla döver
(babasının ırgatları dövdüğü gibi).
Ve geceleri kapanıp odasına
Alfret dö Müse'yi okur ağlayaraktan.
Şerif Bey bile kendinden yaşlıymış gibi kızını sayar.
Bütün aile gayet şık giyinirler :
İngiliz modası takibedilir konakta
fakat politikada ırkçı ve Alamancıdırlar.
Alamanya'yla iş yapıyorlar Meşrutiyetten beri.

Hüseyin Yavuz girdi Borsa salonuna :
köylüleri, Yürükleri, numuneleri ve simsarıyla beraber.
Köylüler köylülerin, Yürükler Yürüklerin yanında kaldı.
Selam verdi komisere Hüseyin Yavuz
ve Şerif Beye : "— Merhaba beyzadem," dedi.

ve oturdu ayrı ayrı masalardan üçüncüsüne
kendine ait olana.
Tescil muamelesi yapıldı.

Erzurumlu ulemadan Ayetullah Efendi
bembeyaz sarığı, heybesi ve simsiyah sakalıyla
ihtiyar-ı gurbet edip memleketinden
gelir bu Akdeniz şehrine 1315'te (1899).
Ve kurtarır keskin nefesiyle ervah-ı habisenin tasallutundan
yerli, dul bir kadını.
Evlenirler
kadının portakal bahçeleri ve 20 bin dönüm toprağıyla beraber.
İşte bu evlenmenin verimidir Hüseyin Yavuz.
Babasıyla anası rahmet-i rahmana kavuştu çoktan
fakat toprakla portakal bahçeleri
çoğalıp canlandılar yıldan yıla.

Çok zayıf ve çok uzun Hüseyin Yavuz,
kambur biraz,
gözleri patlak
kulakları büyük
saçı seyrek.
İstanbul'da Kolej'de okur bir kızı var :
güzel mi güzel, bebek mi bebek.
Her yıl kendi eliyle mektebe götürür kızını
ve tatillerde kendisi gidip getirir.
Düşünür bazan :
kızı ölürse kendi de intihar eder, yaşamaz.
Ve bu ihtimal aklına gelir gelmez
kapanıp odasına günlerce, gecelerce içer,
ayyaştır zaten.

Karısı 45 yaşlarında, kısa boylu, tıknaz,
başörtülü ve mantolu
ve banka müdürü Fevzi Beyin metresidir.

Avrupa'ya talebe yollar Hüseyin Yavuz kendi cebinden,
fakat saklar bunu,
sorulsa inkâr eder :
"İyilik de, kötülük de gizli yapılmalı".

Politikaya meraklıdır.
Ve seferberlikte İngiliz'e esir düştüğünden
Alaman dostudur.
Ve Amerika'yı sever :
"— Bir düşün, milyarder olmak ne demek,
mil-yar-der.
Petrol kıralı, demir kıralı, kömür kıralı
hepsi Amerikalı.
Herifler bir tutsa bizi ihya oluruz."
Harpten önce Amerika'ya susam ihracederdi Yavuz...

Mustafa Şen geldi, yerleşti ikinci masaya,
arasına Koyunzade Şerif Beyle Hüseyin Yavuz'un.
Mustafa Şen kırmızı saçlı minimini bir adamdı
yalnız burnu inanılmayacak kadar uzun.
Çilli, beyaz elleri durmadan kımıldanıyor
ve boyuna kırpıyor renksiz kirpiklerini.
Yıllarca memurluk etmiş
ve biriktirmiş ilk sermayesini rüşvet alıp vermeye vasıtalık ederek.
Babası Suriyelidir, anası Burdurlu
ve kendisinin piç olduğu söylenir.

İstanbul'da büyük bir yazıhanesi var Mustafa Şen'in
ortaktır Rum ve Ermeni ihracatçılarla
(Yahudilerden ayrıldı
Alamanya'yla 41 - Haziran anlaşmasından sonra).
Gayet güzel saz çalar Mustafa Şen
süzme bal gibi tatlı ve yapışkandır sesi.
Ve kumarbazdır.
Mustafa Şen akıl hocasıdır "ağaların",
Koyunzade Şerif Beyin bile.

"Ofis inhisarı" kuruldu kurulalı
Mustafa kaçak buğday satıyor Rodos'a, İtalyanlara
ve çimentoyla kalay getiriyor ordan.
Vali
biliyor meseleyi
fakat göz yumuyor şehre kalay ve çimento girsin diye...

Ali Çâviş geldi salona
ve masasına oturmadan önce konuştu Mustafa Şen'le :
"— Şu Ofisçinin işini düşündün mü, Mustafa Bey?"
"— Düşündüm ağa."
"— Ne düşündün?"
"— Düşündüğüm şu :
sen Ofisçiyi alıp D...'ye götüreceksin,
bir hafta kalacaksınız orda,
alıp getireceksin,
ötesini bana bırak.
Anladın mı?"
"— Anladım."
Güldü Ali Çâviş :
bembeyaz dişlerle bölündü yağlı, pörsük bir karanlık :
zebella gibi zenciydi Ali Çâviş.
Tırablusgarp'tan gelmeydi.
Altmış beş yaşlarında var.
Okuması yazması yok.
Korsanlık, kaçakçılık ve eşkıyalık etmiş
seferberliğin sonuna kadar.
Ve Cumhuriyette açmış ilk yazıhanesinin kapılarını.
Şimdi Maliyeye vergi ödendiği sıralarda
kâtipleri heybeyle taşırlar emlak ve arazisinin tapularını.
Beyaz kadınlara dehşetli meraklıdır
bilhassa şişmanlarına ve kumrallarına,
mavi gözlüleri sevmez,
uğursuz sayar bütün mavi gözlü insanları zaten.
Sakızlı bir Rum kızıydı birinci karısı,
kolları, elleri tombul tombul,

parmak çukurlarına fındık koy, durur.
Balkan Harbi sırasında kayboldu,
kaçtı, dediler,
öldürülmüş olması da ihtimal içinde
belki kocası, belki yerli Rumlar tarafından.
İkinci karısını Elmalı köylüklerinden kaçırdı Ali Çâviş.
Şeftali gibi bir Türk kızı.
Bir oğlan doğurdu :
kâat gibi beyaz,
ve öldü kadıncağız.
Alamanya'da hukuk tahsil etti oğlan,
şimdi ticaret yapıyor
babasına ortak,
fakat yalnız ticarette değil,
yatağında da üvey anasının,
(halbuki yeni evlidir kendisi
valilerden birinin kızıyla).
Kerhaneden alınmıştır Ali Çâviş'in üçüncü karısı,
geniş, beyaz kalçaları taş gibi
ve simsiyah kirpiklerinin gölgesi baygın ela gözlerinde
ve som altın bilezikler :
yumuk bileklerinden dirseklerine kadar.

Bir gün Ali Çâviş'e oğlunun işini ima ettiler.
Hiç de Othello gibi kıskanç değildi Çâviş,
kalın mor dudaklarını yaladı sipsivri pembe zenci diliyle :
"— Malum," dedi, "maalum,
ortağımdır oğlum,
ihtiyar babasına her işte yardıma mecbur
ve hem de yabancıya muhtacetmez analığını
ve hem de masraf iner yarı yarıya,
genç karının masrafı çok olur."

Başı açıktı Ali Çâviş'in,
şapka giymez,
ve şalvarı yamalıydı.

Giritli Cemil Bey girdi Borsa salonuna.
Uzun kıvırcık saçlı, sivri sakallıydı Cemil Bey,
çenesindeki yara yerini saklıyordu sakalı.
Gözleri kuş gözüne benziyordu :
yuvarlak
ve hemen hemen akları yok gibi.
Cemil Bey tatlı Girit şivesiyle korkunç dedikodular yapar
katardı ortalığı birbirine.
Validen tahsildarına
Koyunzadelerden mahalle bakkalına kadar
bütün bildikleri hakkında mahrem dosyalar tutardı :
aylık vukuatlarını kaydeden muntazam dosyalar.

Cemil Beyin un ve çeltik fabrikası vardı
ve idare meclisi reisiydi Giritliler Şirketi'nin.

Zahire Borsası'nın salonu doldu ağız ağıza :
parmaklığın bu yanında, masalarında "ağalar",
vilayetin beş büyük efendisi,
kâtipleri ve simsarları,
ve masadan masaya birbiriyle şakalaşır
ve kaşlarının altında düşmandılar birbirine.
Parmaklığın ötesinde Yürüklerle köylüler,
hâlâ ayaktaydı çoğu...
Mırıl mırıl bir şeyler konuşuluyor
fakat o kadar çok insan mırıldıyor ki
uğulduyor salon.
Koyunzade Şerif Bey bağırdı o tarafa :
"— De ha, susun be,
kafamızı şişirdiniz."

Sustular
ve salonda ses kalmadı Ali Çâviş'in çocuk, zenci kahkahası
ve komiserliğin daktilo tıkırtısından başka.
Her şey hazır.
Toprak Mahsulleri Ofisi şefinin gelmesi bekleniyor.

Bitişikte Toprak Ofis'te, Ofis Şefi Kemal Bey
köylü Ahmet'le konuşuyordu.
Kurumuş ceviz içi gibiydi köylünün yüzü
ve kederle boyuna gülüyor gibiydi.
Delikanlıydı Kemal
ve ilk memuriyetiydi bu.

Kararnamesi mucibince Koordinasyon Heyeti'nin
hububatın yüzde otuzundan yüzde yetmiş beşine kadar
(istihsalin miktarına göre :
% 30 - 50 - 75)
Toprak Mahsulleri Ofisi'ne satılıyordu.
Geri kalan miktar istenilirse satılmayabilir,
ama satılırsa yine Toprak Ofis'e.
Köylüler ve Yürükler yüzdelerini Ofis'e sattıktan sonra
geri kalanı "ağalarına" götürüyorlardı,
ve "ağalar" Borsa kanalıyla devrediyordu bunu Ofis'e
ve bu, çileden çıkarıyordu Kemal Beyi.

İşte yine bu işi konuşuyordu köylüyle Kemal :
"— Yüzde otuzunu Ofis'e verdin,
mecburî."
"— Verdik, beyim, mecburî."
"— Kaldı yüzde yetmiş."
"— Kaldı."
"— Onu Ofis'e getirip satmazsın."
"— Satmam."
"— Kime götüreceksin?"
"— Koyunzadelere."
"— Ama Koyunzade de onu getirip bize satacak
başka yere satamaz,
mecburî."
"— Sana satacak, beyim, mecburî."
"— Bana değil, Ofis'e."
"— Ofis'e."

"— Öyleyse niye Koyunzade'ye götüreceksin,
herife yüzde iki komisyon da vereceksin sırtından,
simsara da yüzde bir,
ölçek hesabını da kat,
kantar dalaveresi de ayrı."
Köylü güldü;
sonra çekinerek
sonra cesaretle konuştu :
"— İş kantarda ya,
noksan çekiyor sizin kantar."
Kemal Bey baktı köylünün yüzüne :
"— Demek noksanlık onlarınkinde değil
bizimkinde.
Yüzde otuz alırken de mi eksik yazıyor?"
"— Yok, o zaman fazla.
Hükümetsiniz, beyim,
hükümet zarara sokar mı kendi kendini?"
Kemal güldü :
"— Demek bizim kantar..."
Boynunu büktü köylü ve kurnazca fısıldadı :
"— Bozuk."
"— Kim demiş?"
"— Herkesin dediği,
kıllı Yürüklerin bile."
"— Sen kantardan, yazıdan anlar mısın?"
"— Anlamam."
"— Yürükler anlar mı?"
"— Ne gezer,
Allahın çobanı herifler."
"— Öyleyse kantardan, yazıdan anlayan kim?"
"— Ağalar :
Mustafa Bey, Ali Çâviş, Koyunzade Şerif Bey,
ağalar tekmil.
Onlar kantardan da, yazıdan da anlar..."
Kıpkırmızı oldu Kemal :

"— Demek bu propaganda onların başı altından çıkıyor.
Eşşşoğlu eşekler.
Umum Müdürlüğe yazacağım."
Köylü ürktü,
şaşkın, baktı yüzüne Kemal'in.
İlk defa duyuyordu bir hükümet adamının ağalara sövdüğünü.
Kemal sordu :
"— Koyunzade'ye borcun var mı senin?"
Köylü tereddüt etti cevap vermeden önce.
"— Söylesene var mı?"
"— Var, iki yüz bankonot kadar."
"— Ziraat Bankası'ndan niye almadın?"
"— Bankadan ağa alır, dağıtır bize."
"— Faiz ne vereceksin?"
"— Yüz bankonota on bankonot, demek, iki yüze yirmi.
Ağanın çeltik tarlasında da çalıştık biraz."
"— Para aldın mı?"
"— Buncacık işe para mı alınır?
O da, hükümete işimiz düşerse parasız görüverir."
"— Niye deyyuslara başvuruyorsun?
Kendi işini kendin görsen ya hükümette..."

Şaşkınlığı gitgide artıyordu köylünün :
"Deli mi, yoksa hepten cahil mi bu tüysüz oğlan?"
diye düşünüyordu bir yandan,
bir yandan da tuhaf bir üzüntü düşüyordu içine :
"Bunu burda komazlar, atarlar," diye düşünüyordu,
"Vali tutsa bile ağalar tel çekip attırır."

"— İşimiz ufak olursa kendimiz görürüz,
lakin iş büyüdü mü ağaların eline yapışırız."
"— İyi haltedersiniz."
Kemal Bey öfkeyle kalktı masadan :
"— Demek yüzde yetmişi Ofis'e satmıyorsun?"
Köylü ses çıkarmadı.
"— Yoksa Koyunzade'ye götürdün mü?"

"— Götürdüm."
"— Öyleyse gel bak şimdi onları nasıl satacak bana, mecburî..."
"— Mecburî..."
"— Senin yüzde iki de herifin cebine girecek ama."
"— Girecek."
Kemal güldü :
"— Bu da mı mecburî?"
Köylü güldü :
"— Mecburî......

III

"Üç nokta" vilayetine komşudur D... vilayeti.
D... şehri merkezidir D... vilayetinin...

D... şehri dere içindedir,
etrafta çepeçevre çorak tepeler,
şehrin dolayları bağlık, bahçelik.
Baygın kokulu ve pekmez gibi ağır bir şarabı var bağların,
bir yudum iç
            dudakta yapışkanlığı
ve karnında değil
                        yüreğinde alevi günlerce kalır.
Bir şişe iç
      alışkın değilsen eğer çarpar yıldırım gibi
                                          ve yıkılırsın.
Ve bir kerre alıştın mıydı
      duramazsın gece gündüz içmeden,
başın mavi bir dumanda altın bir güneş gibi yüzer,
tutar bütün mafsallarını tembellik,
şişer göbek,
ve karın koynundan kovar seni :
                                    erkeklik alametleri elveda...

D... şehri yalnız dokumacılıkla geçinir
            (şarabı olduğu yerde tüketiyor erkekleri, ihracedilemiyor).
Her evde tezgâhlar vardır,
yalnız kadınlar dokur ve dokuturlar,
tezgâhlar mülkiyetindedir kadınların.
Şehrin iriyarı
            ve ablak yüzlü, elma yanaklı kadınları

"Ana şahlık" ailesini kurmuş gibidirler yeniden :
dehşetli zamparadırlar.
Ve kerhanesi olmayan şehirdir.

İşte buna inanmıyordu Ofis Şefi Kemal :
"— Öyle şey olur mu canım?"
Güldü Ali Çâviş gözlerinin akını devire devire :
"— Olmaz olur mu?
Benim üçüncü karı da oralıdır."
"— Demek ki istediğin kapıyı çal..."
"— Amma ve lakin, karı da seni beğenecek."
"— Alay etme Ali Ağa, böyle şey olmaz..."
Zenci uzattı uzun parmaklı simsiyah elini :
"— Bahse girelim ya Kemal Bey,
elini ver..."
Elini vermedi Kemal :
"— Ne olacak? Nasıl bahis?"
"— D...'ye gideriz,
benim dediğim doğruysa ziyafet parası senden,
yalansa, benden."
"— Peki, kadınlar kaç para alıyorlar?"
"— Orospu mu bunlar para alacak?
Yalnız yemek içmek masrafı görülür..."

Ve Ali Çâviş tutarak sözünü Mustafa Şen'in
Ofisçiyi D... şehrine götürdü.
İkindiyin indiler otobüsten
ve hemen o gece Kemal Bey :
alt katta hâlâ çalışan iki el tezgâhına hayretle bakıp
ve döşemesi, duvarı, sediri halılarla döşenmiş
ve şahane, ceviz karyolalı bir odada
ve iki çocuk anası bir esmer güzeliyle bahsi kaybetti.
Harikulade ut çalıyordu kadın
ve farkına vardı Kemal :
beş altı yaşındaki çocuklar birbirine benzemiyordu hiç.
Kadının kocasıyla da tanıştılar,

al yanaklı ve kocaman göbekli, nekre bir adamdı,
sofrada bir bardak şarap içip gitti.

Kemal bahsi kaybetti,
fakat yine Ali Çâviş çekti masrafı.
Bir hafta ayrı ayrı evlerde kaldılar.
Ve döndükleri zaman Ali Çâviş Ofis'e bırakıp Kemal Beyi
koştu Mustafa Şen'in yazıhanesine.
Çilli ellerini ovuşturdu Mustafa Şen :
"— Bu iş de bitti," dedi Ali Çâviş'e, "bu iş de bitti.
Ofisçi aksilik çıkarmaz artık..."

Fakat yanıldı Mustafa Şen,
bitmedi "bu iş".
Bir hafta sonra pirinç teklif etti Ofis'e Giritli şirket
40 kuruştan,
(pirinç satışı serbestti henüz) 35 verdi Kemal Bey.
Girdi araya Ali Çâviş,
faydasız.
Koyunzade satmak istedi kendi çürümüş pirincini Ofis'e
35'ten.
Kemal Bey almadı.
Tavassut etti Banka Müdürü,
olmadı.
Polis Müdürü girdi araya,
faydasız.
Ve buna rağmen bir sabah
oldu bittiye başvurup
Koyunzade yıktırdı pirinç çuvallarını önüne Ofis ambarının.
Aldırmadı Kemal Bey.
Öğleye doğru vilayetten telefon ettiler Kemal Beye :
Parti Müfettişi derhal sizi görmek istiyor, diye.
"— Hemen gelemem, akşamüstü uğrarım, çok işim var," dedi.
Ve yarım saat geçti geçmedi
Ofis'e geldi alayın iaşe subayı,
hemşerisiydi Kemal Beyin,

uzun bir lakırdı kalabalığıyla götürdü Kemal'i Partiye...

Alçıdan dökülmüş gibi beyaz ve koftu Parti Müfettişi'nin yüzü
ve çenesi iki kat.
Folklora meraklıydı,
toplardı halk türkülerini posta pulu biriktirir gibi.

Kemal Bey odaya girdiği zaman
geniş sırtı kapıya dönüktü Müfettişin,
pencere camında trampet çalıyordu kalın parmaklarıyla.
Dönüp bakmadı,
çalgısına devam etti.
Bir müddet ayakta bekledi Kemal,
sonra oturdu koltuklardan birine
bilhassa gürültü ederek.
Hızla döndü Müfettiş,
yürüdü Kemal'in üzerine :
"— Çağrılınca niye gelmezsiniz?"
Ayağa kalktı Kemal :
"— Müstacel işim vardı, efendim."
"— Sen serkeş bir gence benziyorsun.
Halka müşkülat çıkarın diye mi Ofis'i kurdu devlet?"
"— Benim, halka müşkülat çıkardığım yok, efendim."
Alabildiğine açtı soluk mavi gözlerini Müfettiş :
"— Halka müşkülat çıkardığınız yok da,
memleket eşrafına saygınız var mı?
Meclis-i Umumî azası ne demek bilir misiniz?"
"— Bilirim, efendim."
"— Yalan,
hiçbir şey bilmiyorsun.
Koyunzade Şerif Beyin neden pirincini almadın?
Rüşvet vermiyor diye mi?"
"— Ben rüşvet yemem.
Koyunzade'nin pirinci bütün çürümüş.
Alırsam mesul olurum ve hazine zarar görür."
"— Size mi kaldı hazineyi düşünmek?

Biz neciyiz?
Biz hazineyi düşünmüyoruz, öyle mi?
Haydi, gidiniz,
pirinci alınız hemen
35 kuruştan.
Sizin ambarın önüne kadar getirmiş zaten.
Bu kadar da hüsnü niyeti var adamcağızın.
Müstahsile müşkülat çıkarma, oğlum.
Millî serveti korumak ödevimizdir.
Kolaylık göstermeliyiz Cumhuriyet ekonomisine.
Anladınız mı, evladım?
Kırtasiyecilikle değil,
halka yardım ederek kendini göster.
Altı umdemizden birisi halkçılıktır.
Haydi oğlum,
mahcup etme beni,
Şerif Beye söz verdim."
Kemal ezildi, büzüldü
ve inadederek değil, adeta yalvararak konuştu :
"— Yapamam, beyim, mesul olurum..."
Müfettiş tiksintiyle baktı Kemal'in ela gözlerinin içine :
"— Giritliler'den almak isterken mesuliyeti düşünmedin mi?"
"— Onların malı çürük değildi, efendim,
kırıktı biraz,
35 verdim."
Müfettiş kısa kollarını kaldırdı havaya :
"— Giritli şirketin pis, kırık pirincine 35 veriliyor,
fakat beğenilmiyor bir öz Türk'ün malı.
Sonra bu buhranlı yıllarda biz uğraşıp duralım,
parti, hükümet, meclis,
Türk vatanında Türk'ü hâkim kılacağız diye!"
Müfettiş kollarını indirdi,
sustu.
Dolaştı biraz.
Durdu pencerenin önünde
tekrar trampet çaldı.

Döndü ve tekrar Kemal'in karşısına dikilip
eğildi delikanlıya doğru
ve sordu tokatlıyormuş gibi :
"— Sen nerelisin?"
"— Akşehirli."
"— Yalan,
Akşehirliler Türktür ve merttirler.
Siz düşmanlık ediyorsunuz Türk ırkına.
Bana bak delikanlı, bana,
(iki parmağını uzattı Kemal'in yüzüne doğru)
ben adamın gözünü çıkarırım,
benim kim olduğumu biliyor musun?"
Kana batmış gibi kızardı ince uzun yüzü Kemal'in,
omuzlarıyla kolları titremeye başladılar
ve isyan eden çaresiz bir çocuk gibi boşandı hıçkırıklarla.
Kendini tutmaya çalışıyor
fakat ara vermeden geliyordu hıçkırıklar
ve yağmur gibi iniyordu esmer yanaklarına gözyaşları.
Nihayet haykırabildi bir solukta :
"— Almayacağım
Koyunzade'nin pirincini almayacağım
almayacağım..."
Ve kapattı yüzünü elleriyle
geri geri çekildi, adım adım,
döndü,
ve başı önde, fırladı odadan.

. . . .
. . . .
. . . .

O gece Kemal uyumadı sabaha kadar :
haksızlığa isyan ve işten atılmak korkusu.
Gecenin ilk saatlerinde isyanıydı üste çıkan
fakat sabaha karşı korkusu geçti öne.
Ve saat sekizde Ofis'te masasına oturduğu zaman

Kemal Bey yenilmişti büsbütün :
"Sen enayinin birisin,
sen eşşşoğlu eşeksin," diyordu kendi kendine.
Ve Ankara'dan telgıraf gelecek diye bekledi :
"Derhal istifa ediniz."
Ve telefon çalacak diye bekledi :
"Koyunzade beş kuruş iniyor,
sen de uzun etme, otuzdan al."
Ne telgıraf geldi, ne telefon,
fakat gürültüler ve haykırışmalar geldi dışardan
saat dokuza doğru
ve kırılan camların şangırtıları.
Muhasebeci girdi telaşla odaya,
kısa boylu, şişman
ve elleri ceketinin çok uzun kolları içinde kaybolmuş bir adamdı.
"— Kemal Bey," dedi, yanaklarını şişire şişire,
"Borsayı bastılar Kemal Bey.
Geliyorlar bizim tarafa..."
"— Basan kim, ne oluyor?"
"— Ahali bastı.
Şehrin bütün baldırı çıplakları merdivenlerde.
Buğday istiyorlar."
"— Siz derhal polise telefon edin,
ben gidip bakayım."
Muhasebeci polise telefon ederken Kemal'in masasından
Kemal fırladı dışarı.

İnsanla doluydu :
Ofis kapısının önü, Borsa salonu, merdivenler.
Yüz yüz elli kişi kadar vardılar
fakat Kemal'e milyonlarcaymışlar gibi geldi.
Kadın, erkek, çoluk çocuk,
yalnayak, takunyalı, kasketli, başörtülü, baş açık
uzamış tıraşları ve fıldır fıldır gözleriyle
milyonla karınca gibi milyonla insan.
Salonun camekânı parçalanmıştı.

Başı döndü Kemal Beyin
ve kararan gözlerinin içinde bir çocuk gördü yalnız,
cam parçalarıyla kesilmişti çamurlu, çıplak, minimini ayağı,
kan akıyordu
ve kımıldanan siyah bir eteklığin altında yere oturmuş
ağlıyordu çocuk.
Kemal'in gelmesiyle bağrışmalar çoğaldı :
"— Ekmek isteriz."
"— Buğdayı çıkarın ortaya, kime saklıyorsunuz?"
"— Kendileri has ekmek yer domuzlar."
"— Elbette yiyecekler, buğday ellerinde."
"— Buğday almadan şurdan şuraya gitmem..."

Şehrin varoşlarından gelmiştiler,
kamış damlı balçık kulübelerden.
Pirinç tarlalarının ırgatlarıydılar.

Dört polis göründü aşağıda.
Çıkmak istediler merdivenleri.
Halk bırakmadı.
İkisi ısrar etti, dayak yediler.

Koşarak döndü odasına Kemal,
valiyi buldu telefonda :
"— Beyfendi, burası Ofis,
halk yığıldı."
"— Biliyorum,
benim burda da belki beş yüz kişi var.
Bir kısmı da Koyunzade'nin pirinç çuvallarını yağma ediyorlar
sizin ambarın önünde.
Geliyorum."

Vali geldi.
Otomobilinin arkasında koşan yüzlerce insanla beraber.
Doldu ağız ağıza akasyalı cadde.

Bağıra çağıra valiye yol verdiler
bir mısır koçanı attı birisi arkasından.
Vali yukarı çıktı.
Fakat peşinden çıkmak isteyen üç polisi bırakmadılar.
Vali girdi Kemal'in odasına.
Dilenciymiş de para istiyormuş gibi yalvardı :
"— Buğday dağıtınız Allahaşkına, çabuk."
Kemal baktı valinin sapsarı ve terlemiş yüzüne :
"— Umum Müdürlükten emir gelmezse dağıtamam, beyfendi,
    mesul olurum."
Vali, kulağını çekiyorlarmış gibi bağırdı;
platindi, parladı önde iki dişi :
"— Sen mesul olursun da, ya ben ne olurum!
    İsyan edecekler, isyan,
                    kan dökülecek..."
Ve bıraktı kendini Kemal'in iskemlesine,
                    bitkin, fısıldadı :
"— İş büyürse azlederler beni.
    Çoluk çocuğum var, oğlum.
    Sen gençsin, bekârsın."
"— Umum Müdürlüğe tel çekelim, Vali Bey, Ankara'ya."
"— Cevap gecikir.
    Beklemeye vakit yok."
"— Siz bana yazılı emir veriniz, Vali Bey."
"— Veremem
    mesul olurum
    selahiyetimin haricinde iş göremem."

Dışarda uğultular köpürdü.
Bir taş attılar sokaktan pencereye
ve odanın kitli kapısı tekmelendi.
Polis düdükleri ötüyor artsız arasız.
Vali fırladı yerinden :
"— Alaya telefon edeceğim, asker yollasınlar.
    Polisler baş edemiyor."
Açtı telefonu,

baktı imdat arar gibi Kemal'e.
Kemal ses çıkarmadı.
Vali kapattı telefonu.
"— Olmaz,
alaya telefon etmek olmaz, değil mi?
Bu kadarcık işi idare edemedin derler adama,
öyle değil mi?
Cevap versenize.
Niye konuşmuyorsunuz?
Bana bir akıl verin."

Birdenbire müthiş bir kibirle kızardı Kemal'in ince uzun yüzü
ve fedakârlığın gizli hodbinliğini
kendi kendine karşı ince bir merhamet
ve durdurulmaz bir hamle halinde duydu
ve konuştu sesi boğularak :
"— Peki ben vereceğim buğdayı,
bütün mesuliyet bende kalsın.
İsterlerse mahkemeye sevketsinler beni.
Kaç ton buğday istiyorsunuz, beyim?"
"— Elli,
ne bileyim
altmış ton olsun."
"— Ben size dört yüz ton vereceğim."

Buğdayı verdi
ve derhal tel çekti Ankara'ya.
İki gün sonra geldi cevap :
"Vaziyeti idarede devam ediniz."
Mesele, kalmamış oldu böylelikle.
Ve o kadar keyiflendi, kendini öyle kudretli duydu ki Kemal
ve o kadar bahtiyardı ki :
"Parti Müfettişinin de hatırı kalmasın," dedi,
"Koyunzade'nin pirincini de al."
Ve yağmadan kurtulanları aldı 40 kuruştan.
Ve mavi bir zarfın içinde soktu ceketinin dış cebine ilk rüşvetini.

Ve ertesi gün gitti. D... şehrine :
göresi gelmişti iki çocuklu esmer tazenin utunu
ve etini....

İKİNCİ KISIM

I

Atlantiğin dibinde upuzun yatıyorum, efendim,
Atlantiğin dibinde
dirseğime dayanmış.
Bakıyorum yukarıya :
bir denizaltı gemisi görüyorum,
yukarda, çok yukarda, başımın üzerinde,
yüzüyor elli metre derinde,
balık gibi, efendim,
zırhının ve suyun içinde balık gibi kapalı ve ketûm.
Orası camgöbeği aydınlık.
Orda, efendim,
orda yeşil yeşil,
orda ışıl ışıl,
orda yıldız yıldız yanıyor milyonlarla mum.
Orda, ey demir çarıklı ruhum,
orda tepişmeden çiftleşmeler, çığlıksız doğum,
orda dünyamızın ilk kımıldanan eti,
orda bir hamam tasının mahrem şehveti,
mahrem şehveti, efendim,
gümüş kuşlu bir hamam tasının
ve koynuna ilk girdiğim kadının kızıl saçları.
Orda rengârenk otları, köksüz ağaçları
kıvıl kıvıl mahlukları deniz dünyasının,
orda hayat, tuz, iyot,
orda başlangıcımız, Hacıbaba,
orda başlangıcımız
ve orda hain, çelik ve sinsi
bir denizaltı gemisi.

400 metroya kadar sızıyor ışık.
Sonra alabildiğine derin
alabildiğine derin karanlık.
Yalnız ara sıra
acayip balıklar geçiyor karanlığın içinden
ışık saçarak.
Sonra onlar da yok.
Artık dibe kadar inen
kat kat kalın sular katî ve mutlak
ve en dipte ben.
Ben, upuzun yatıyorum, Hacıbaba,
upuzun yatıyorum dibinde Atlantiğin
dirseğime dayanmış,
bakıyorum yukarlara.
Avrupa Amerika'dan Atlantiğin yüzünde ayrıdır
dibinde değil.
Gazgemileri gidiyor yukarda, çok yukarda, birbiri peşi sıra.
Omurgalarının altını görüyorum,
omurgalarının altını.
Dönüyor keyifli keyifli pervaneleri.
Dümenleri ne tuhaf suyun içinde
insanın teker teker tutup kıvırası geliyor.
Köpekbalıkları geçti gemilerin altından,
karınlarını gördüm
ağızları da orda.
Gemiler şaşırdılar birdenbire,
herhalde köpekbalıklarından değil.
Denizaltı gemisi bir torpil attı, efendim,
bir torpil.
Gemilerin dümenlerine baktım :
telaşlı ve korkaktılar.
Gemilerin omurgalarında imdat arar gibi bir hal vardı,
gemiler bir bıçak darbesinden en yumuşak yerini
karnını saklamak isteyen insanlara benziyorlardı.
Denizaltılar birken üç oldular, derken, altı, yedi, sekiz.

Gazgemileri düşmana ateş açarak
insanlarını ve yüklerini suya döküp saçarak
batmaya başladılar.
Mazot, gaz, benzin,
tutuştu yüzü denizin.
Bir alev deryasıdır şimdi yukarda akan,
yağlı ve yapışkan
bir alev deryası, efendim.
Kıpkızıl, gömgök, kapkara,
arzın ilk teşekkülü hengâmesinden bir manzara.
Ve denizin yüzüne yakın suyun içi allak bullak.
Köpürüp, dağılıp parçalanmalar.
Yukardan dibe doğru inen gazgemisine bak.
Gece uykuda gezenler gibi bir hali var :
lunatik.
Geçti kargaşalığı,
girdi deniz dünyasının cennetine.
Fakat durmadan iniyor.
Kayboldu ıslak karanlıkta.
Artık baskıya dayanamaz, parçalanır.
Ve direği, efendim, bacası yahut
nerdeyse yanıma düşer.
Yukarda insanla dolu denizin içi.
Bir tortu gibi dibe çöküyorlar
tortu gibi çöküyorlar, Hacıbaba.
Baş aşağı, baş yukarı,
uzanıp kısalıyor, bir şeyler aranıyor kolları bacakları.
Ve hiçbir yere, hiçbir şeye tutunamadan
onlar da iniyorlar dibe doğru.

Birdenbire bir denizaltı düştü yanıbaşıma.
Parçalanmış bir tabut kapağı gibi açıldı köprüüstü kaportası
ve Münihli Hans Müller dışarı çıkıverdi.

39 ilkbaharında denizaltıcı olmadan önce
Münihli Hans Müller
Hitler hücum kıtası altıncı tabur
birinci bölük
dördüncü mangada sağdan üçüncü neferdi.
Münihli Hans Müller
üç şey severdi :
1 — Altın köpüklü arpa suyu.
2 — Şarkî Prusya patatesi gibi dolgun ve beyaz etli Anna.
3 — Kırmızı lahana.
Münihli Hans Müller için
vazife üçtü :
1 — Çakan bir şimşek
gibi mafevke selam vermek.
2 — Yemin etmek tabancanın üzerine.
3 — Günde asgarî üç çıfıt çevirip
sövmek sinsilelerine.
Münihli Hans Müller'in
kafasında, yüreğinde, dilinde üç korku vardı :
1 — Der Führer.
2 — Der Führer.
3 — Der Führer.
Münihli Hans Müller
sevgisi, vazifesi ve korkusuyla
39 ilkbaharına kadar
bahtiyar
yaşıyordu.
Ve Vagneryen bir operada do sesi gibi heybetli
Şarkî Prusya patatesi gibi dolgun ve beyaz etli
Anna'nın
tereyağı ve yumurta krizinden şikâyet etmesine
şaşıyordu.
Diyordu ki ona :
"— Bir düşün Anna,
yepyeni bir manevra kayışı takacağım,
pırıl pırıl çizmeler giyeceğim ben.

Sen beyaz ve uzun bir entari giyeceksin,
balmumundan çiçekler takacaksın başına.
Tepemizde çatılmış kılıçların altından geçeceğiz.
Ve mutlak
hepsi erkek 12 çocuğumuz olacak.
Bir düşün Anna,
tereyağı, yumurta yiyeceğiz diye
top, tüfek yapmazsak eğer
yarın 12 oğlumuz nasıl muharebe eder?"

Münihlinin 12 oğlu muharebe edemediler,
çünkü doğamadılar,
çünkü henüz, efendim, Anna'yla zifaf vâki olmadan önce
bizzat harbe girdi Hans Müller.
Ve şimdi 41 sonbaharı sonlarında
dibinde Atlantiğin
benim karşımda durmaktadır.
Seyrek sarı saçları ıslak,
kırmızı sivri burnunda esef,
ve ince dudaklarının kıyılarında keder.
Yanı başımda durduğu halde
yüzüme çok uzaklardan bakıyor,
insanın yüzüne nasıl bakarsa ölüler.
Ben biliyorum ki, o bir daha görmeyecek Anna'yı,
ve artık bir daha arpa suyu içip
yiyemeyecek kırmızı lahanayı.
Ben bütün bunları biliyorum, efendim,
ama o bütün bunları bilmiyor.
Gözü bir parça yaşlı,
silmiyor.
Cebinde parası var,
çoğalıp eksilmiyor.
Ve işin en tuhafı
artık ne kimseyi öldürebilir
ne de kendisi ölebilir bir daha.
Şimdi şişecek birazdan,

yükselecek yukarıya,
sular sallayacak onu
ve balıklar yiyecek sivri burnunu.

Ben
Hans Müller'e bakıp, Hacıbaba, bunları düşünürken
yanımızda peyda oluverdi
                    Liverpul Limanından Harri Tomson.
Gazgemilerinden birinde serdümendi.
Kaşları ve kirpikleri yanmıştı.
Gözleri sımsıkı kapalıydı.
Şişman ve matruştu.
Bir karısı vardı Tomson'un :
tavan süpürgesi gibi bir kadın,
tavan süpürgesi gibi, efendim, zayıf, uzun, titiz, temiz
ve tavan süpürgesi gibi münasebetsiz.
Bir oğlu vardı Tomson'un :
altı yaşında bir oğlan, Hacıbaba,
tombul mu tombul, pembe beyaz, sarı papa mı sarı papa.
Tuttum Tomson'un elinden.
Açmadı gözlerini.
"— Vefat ettiniz," dedim.
"— Evet," dedi, "İngiliz İmparatorluğu ve hürriyet için :
      Canım isterse, harp içinde bile Çörçil'e sövmek hürriyeti
      ve canım istemese de aç kalmak hürriyeti uğruna.
      Fakat değişecek hürriyette bu son bahis,
      harpten sonra artık işsiz ve aç kalacak değiliz.
      Planı hazırlıyor Lordlarımızdan biri.
      Adalet : ihtilalsiz.
      Ben İngiliz İmparatorluğu'nu dağıtmaya gelmedim, dedi Çörçil.
      Ben de ihtilal çıkarmaya gelmedim :
      buna Kenterburi başpiskoposu,
                              bizim tredünyonun reisi
                                                  ve karım razı değil.
      Ay bek yur pardın.

İşte bu kadar,
nokta, son."

Sustu Tomson.
Ve ağzını açmadı bir daha.
İngilizler fazla konuşmayı sevmezler,
hele hümoru seven ölü İngilizler.

Tomson'la Müller'i yan yana yatırdım.
Şiştiler yan yana,
yan yana yükseldiler yukarı doğru.
Balıklar Tomson'u afiyetle yediler,
fakat dokunmadılar ötekisine,
Hans'ın etiyle zehirlenmekten korktular anlaşılan.
Hayvan deyip geçme, Hacıbaba,
sen de hayvansın ama
akıllı bir hayvan...

Ve Cevdet Bey baktı muhabbetle leyleğe.

Gece buram buram turunç kokuyor.
Cevdet Bey bahçesinde leyleğiyle beraber.
Bahçeye bir radyo indirmiştiler.
Londra, Atlantik Harbi haberlerini okuyor.
Demleniyordu Cevdet Bey
ve kendini Atlantiğin dibinde görüp
geçiyordu dalgasını.
Beyaz göğsüne eğmişti, leylek,
kırmızı uzun gagasını,
kanatları hep öyle kesik
ve tek ayak üstünde uyukluyor.
Aşağıda limanda genç bir anne gibi Akdeniz
çıplak, cömert memeleri
içi gülen gözleriyle.
Ve yukarda hüsnüyusufların ince uzun boyunlarını uzatıp
havayı dinlemeleri.

Yıldızlar turunç yapraklarının arasında.
Ve şimdi bahçede ve kadehte ve yüreğinde Cevdet Beyin
bir türlü unutulmayan iyi bir kadının hatırası.
Şimdi artık ne dibi Atlantiğin
ne de Atlantiğin dibindekiler.
Bizden uzak ölenleri kovuyor
yanımızda ölenler.
Ve beş yıl önce Cevdet Beyin karısı Leylâ Hanım
(Ne Hitler için
ne de İngiliz imparatorluğu ve Çörçil'e sövebilmek hürriyeti uğruna,
hatta zatürreeden, kanserden filan bile değil)
sadece günü yetip,
yani mevut eceliyle
öldü Cevdet Beyin kucağında.

"— Moskova'ya girdiler mi, Cevdet Bey?"
"— Cevdet Bey, gözünü seveyim, müjdeyi ver."
"— Cevdet Bey, Londra'dan ne haber?"
"— Moskova'ya girdiler mi, Cevdet Bey?"

Cevdet Bey silkindi dalgınlığından
birdenbire üşümüş gibi ürperdi.
Baktı seslenenlere.
Bahçe kapısı önündeydiler :
Giritli Cemil Bey, Mustafa Şen ve Koyunzade,
vilayetin beş büyük efendisinden üçü.
Kulüpten dönüyordular,
çakırkeyiftiler biraz.
Dehşetli memnundular hayatlarından :
bu ılık ve bahtiyar Akdeniz gecesinin içinde
ve altında akasyaların.

"— Cevdet Bey, Londra'dan ne haber?"
"— Moskova'ya girdiler mi, Cevdet Bey?"

Ve beklemeden karşılığını Cevdet Beyin

ağızdolusu gülüştüler
ve uzaklaştılar belli belirsiz sallanarak.

Cevdet Bey kendini şezlonga sırtüstü bıraktı,
turunçlara ve yıldızlara baktı :
turunçlar yakın, yıldızlar uzaktı.
Ve Cevdet Beyin içinden gelen
                    turunçlara değil yıldızlara dokunmaktı.
Doğrulmadan gözlüğünü taktı
ve yine hep öyle uzanmış
                ve başını çevirmeden
                                buldu radyoda Moskova'yı el yordamıyla :
Dünya ve yurt,
ev ve ağaç,
insan ve çakal ve kurt,
ve bütün akarsular :
Ganj, Amazon, Nil, Volga, Menderes,
sözlerin ve hareketlerin hepsi :
hızla yükseldi, yakınlaştı ses,
                        ulu bir besteyle doldu Akdeniz bahçesi.
Yumdu gözlerini Cevdet Bey
ve elini bırakır gibi içine denizin
bıraktı ihtiyar yüreğini çalınan senfoniye.

Sekiz lambalı ve 39 modeliydi turunç bahçesindeki radyo.
Ve pırıl pırıldı isimleri istasyonların,
peri padişahının gizli memleketi gibiydi.

Dört lambalı ve 29 modeliydi hapisanede radyo.
On beş gün önce yolladılar Halkevinden.
Ve koridora kurdular.

Dışarda soğuk ve cam gibi bir gecenin altında
tüyleri diken diken, kaskatı donmuştu bozkır.
İçerde, hapisane, uykusundadır.
İçerde yalnız üç kişi uyanık :

nöbet yerinde gardiyan
(taşlığa ateş yakmış ısınmakta),
ve radyo başında Halil, Ressam Ali ve Bethoven Hasan.
Sesi kısmışlar.
Ve beş yüz kilometre güneylerinde turunç bahçesini dolduran sen-
foniyi
dinliyorlar binlerce kilometre kuzeydoğularındaki Moskova'dan.
Başını avuçlarına almış Bethoven Hasan,
sokmuş kıvırcık, siyah uzun saçlarına parmaklarını.
Fildişinden oyulmuş gibi Ressam Ali'nin yüzü
ve durmadan yalıyor kırmızı, kalın dudaklarını.
Ayakta Halil.
Öfkeli mi, kızgın mı, yoksa dehşetli kaygılı mı, belli değil.
Bu anda sadece göğsünü yarıp
kurtulmak istiyor,
sevgili insanlarına bir hamlede topyekûn verip
yüreğini.

Ve devam ediyor senfoni.
Soprano, alto, tenor,
kemanlar insan
kemanlar insan ve mağrur
soruyor :
"Beyaz, sarı, kızıl, kara,
ırkların ırklara
milletlerin milletlere kulluğunu
ve insanın insanı sömürmesini reddetmediler mi?
İnsan emeğini kutsal bilen
en büyük hürriyeti mümkün kılan onlar değil midir?"

Ve fülütler konuşuyor kızkardeşimin sesiyle :
"Saygıları : çocuklara, yıldızlara, şarkılara,
toprak, motor ve kitap sevgileri,
ve evlerinin güneşte saadetle pırıldayan camları
ve yaratmak ihtiraslarıyla durup dinlenmeden
hayatın ve aşkın adamları."

Fülütlerden son cümleyi alıp
birdenbire bir bıçak gibi yürekte altosu viyollerin :
"Hayatın ve aşkın adamları
tepeden tırnağa kan içindeler,
ve gözlerinde henüz şaşkın duran intikamları,
hayatın ve aşkın adamları
çekiliyorlar içerlere doğru çarpışarak.
Yanıyor
alabildiğine,
yanıyor alabildiğine arkalarında toprak."

Şimdi kornetlerle kontrbaslar aldı sözü :
bütün seslerin üstünde ağırlıkları.
Ve itham ediyorlar, adaletlerinden emin :
"Düşman gadredici, hilekâr ve amansızdır,
zırhlarının içinde gelenler ölüme tapınırlar.
İnsanı doğuştan günahkâr sayan,
insanda aklı öldürenlerdir.
Ve kitapları yaktılar...
Alınları taştan,
soluklarında : yosunlu su
çürümüş ot
ve leş kokusu,
ve elleri yırtıcı kuş pençeleri gibi sarılmış makanizmalara,
ve kendilerine teslim olmayan
bir tek yeşil fidan
ve hayat gibi umutlu bir tek insan bırakmamak için
geliyorlar tanklarının arkasında iki büklüm.
Çekirge sürüleri gibi yok ediliyorlar,
boşluklar açılıyor saflarında,
boşlukları doldurup saldırıyorlar yine.
Kiyef'i zaptettiler,
ve kış bastırmadan önce girebilmek için
yürüyorlar Moskova ve Leningrad üzerine."

Bütün sazlar birdenbire sustu,
şimdi gümrah ve tenor

bir tek viyolonsel konuşuyor :
"Yurttaşlar,
kardeşler ve kızkardeşler,
ordumuzun ve donanmamızın erleri,
dostlarım size hitabediyorum.
Ölümün adamlarına ölüm..."

Bu hitaba cevap verip
Maestro bütün aletleri getirdi harekete.
Bir Kuzey fırtınası geçti bir gürgen ormanından,
sonra yavaş yavaş ilerledi klarnetler
ve anlattılar hikâyesini cevap verenlerden birinin :
"Köyde doğdu.
Kolhozda büyüdü.
Çalıştı elektrik santralinde.
Okumayı ve insan yavrularını seviyordu.
Ve askere alındığı zaman
kopça burunlu İvan
çocuk bahçesinin kitabevi müdürüydü.
Belorusya - Lehistan sınırındaydı kıtası.
Sabaha karşı çıktı nöbetten.
Yeni sağılmış süt gibiydi ortalık,
toprak yumuşacık, ıslaktı,
ağaçlar buğuluydular.
Ve kuşlar nerdeyse cıvıldayacaktı.
Tozpembe söktü şafak.
Ne güzel şey, şafak vakti sıhhatli ve genç olmak.
Çekik, maviş gözleriyle İvan etrafına baktı :
Teslim etmiş kendini
dümdüz uzanıyordu ova.
Ilık uykularından başlamışlardır uyanmaya
doğuda, içerlerde kolhozlar.
Ve kalın, beyaz baldırlı kızlar
nerdeyse binerler traktörlere.
Kara tütünü sert bir cıgara yaktı İvan.
Ve kopça burnu yüzünde büsbütün kaybolarak
gülümsedi, memnun vatanından.

Yürüdü.
Ve kapıda bir daha dönüp bakarak arkasına
girdi bölüğün barakasına.
Arkadaşlar uyuyor mışıl mışıl.
Solunda Türkistanlı Ahmet yatıyor,
sağında Ukraynalı Yurçenko,
üst ranzada Ermeni Sagamanyan.
Erkek teri ve asker kaputu kokusu.
Ceketini çıkardı astı yerine.
Kadife bir kumaş gibi indi birdenbire gözlerine uykusu.
Yatağına oturdu İvan
ve eğildi esneyerek çizmelerine.
Solunu çıkardı.
Doğruldu kulak verdi :
dışarda bir uğultu vardı.
Birdenbire kapı açıldı ardına kadar
ve nöbetçi düdük çalıp haykırdı : — Silah başına.
Fırladılar.
İlk çıkan İvan oldu.
Bir ayağında çizmesi var
öbüründe yok.
Yanıyor kuzeybatıda büyük orman,
durmadan akan kan gibi hava.
Top sesleri, top sesleri.
Bir uçak filosu geçti çok yukardan.
Ve ilk düşman tankları göründü güneyde :
birbiri arkasında
demirden, simsiyah altı hayvan.

Yılardan : 1941.
Günlerden : 22 Haziran.

Ömründe hiç kimseyle kavga etmemişti İvan,
(hatta iyi yürekli, fakat çok aksi bir adam olan
Ermeni Sagamanyan'la bile),
korkaklığından değil
barışseverliğinden.

Ve hiçbir millete düşmanlığı yoktu.
Büyük bir kusuru vardı İvan'ın :
şaşmak bahsinde çocuktu.
Ve tuhaf bir acıyla şaşmıştı
Hitler Alamanya'da yerleştiği zaman.
'Marks'ın, Engels'in, Bethoven'in ve Şiller'in milleti,
proletarya, komünist yoldaşlarımız ve Telman
Sosyal-demokratların ihanetine rağmen
nasıl olsa devirirler iti,'
diye düşündü.
Hitler devrilmedi.
Biraz daha şaştı, biraz daha üzüldü İvan.
Ve şimdi
22 Haziran şafak vakti :
'Gelenler Faşistlerdir,' diye düşündü,
'biz burdan, Alaman milleti içerden
temizledik demektir işi.'

İvan dayandı burdan.
Alaman, Rumen, Fin, İtalyan, Macar,
bir tek ölüm bayrağı altında saldırıyordular.
Çekoslovak, Belçika, Hollanda, Fıransa fabrikaları
emrindeydi gamalı haçın.
Hitler'in uçakları ve tankları çoktu,
İvan'ın askerlik sanatında henüz yeter bilgisi yoktu
ve her şeye rağmen
bu işe bir parça hâlâ şaşan bir çocuktu.
Çekiliyordu içerlere doğru çarpışarak.
Yanıyordu alabildiğine
yanıyordu alabildiğine arkada toprak.
Dayanıyordu İvan.
Fakat Alaman milleti
Hitler'e av köpekliğinde
ve İvan'ı şaşırtmakta devam etti.
Ve bu şaşkınlık sürdü ilk Alaman esirini görünceye dek.
Kızılordu erleri toplanmışlardı esirin başına.

Görülmedik bir alete bakar gibi bakıyorlardı yüzüne.
İvan da baktı
ve bir daha hiçbir şeye şaşmamak üzre
hayretini oracıkta
eski bir diş fırçası gibi bıraktı.
Çünkü anladı ki İvan :
karşısında duran
yarı hayvan, yarı insan
gelmişti Vels'in romanı Doktor Moro'nun Adası'ndan."

Soprano sesleri çoktan geçmişlerdi arkaya
renkleri : açık mavi, açık pembe, açık yeşil.
Ve altolarla tenorlar ikinci plandaydı :
turuncu, kestane ve gülkurusu.
Ve en önde kıpkızıldı baritonlarla baslar :
"Karıncalar taşıyor sel basan yuvalarını.
Bir memleket
bir halı gibi katlanıyor bir ucundan.
Elleriyle arpa yoluyor bir kadın,
düşmana bırakmamak için
ve kan sızıyor avucundan.
Bir memleket yükleniyor :
yürekleri-yelken, insan denen gemilere.
Ve çocuklarını beşiğinden alıp yangından kaçıran anneler gibi
tezgâhları söküp götürüyorlar gerilere :
bazan altlarında ezilerek
fakat bir bayrak gibi elden ele geçirip
ve bir tek vidasını düşürmeden yere.
Kabil olsa şehirleri, ormanları, nehirleriyle toprağı omuzlayıp
ve arkada partizanlardan başka bir şey bırakmadan
göçecekler doğuya doğru topyekûn,
göçecekler dönüm yerine kavganın.
Elleriyle arpa yoluyor bir kadın,
ve kan sızıyor avucundan.
Arpa yolan kadını gördü İvan.
Göz göze geldiler.

Dişi gözler erkek gözlere :
'— Nereye gidiyorsunuz,' dediler,
    'arpalar yolunup bitmedi henüz.'

Bir ikindi üstü stepte bir yola düştü çekilen taburu İvan'ın.
Yol geniş
yol uzun.
Yürekler postalların içinde
postallar içinde taşın, tozun.
Ricatta ağrıyan ayakların değil, silah taşıyan omuzun.
Bir ucu mağrıpta yolun, bir ucu maşrıkta.
Yol geniş
yol uzun.
Yolun üstü darmadağın :
                        semaver
                                yatak
                                    yorgan.
Ve patates çuvalları : karınları patlak.
Düşman uçakları geçmiş besbelli burdan
                                çok alçaktan uçarak.
Göç eden kolhozlular baskına uğramış burda,
belki bir öğle sıcağında yürürken yakalanmışlar.
Arabalar sırtüstü : havada tekerlekleri.
Havada tekerlekler
        dokunsan dönecekler.
Ölüler yatıyor iki yanında yolun.
Ölüler yatıyor üstünde buğdayların.
Kaçışırken peşlerinden yetişti kurşun.
Kaçışırken kapaklandılar yüzükoyun.
Gergin sırtlarında aynı anın içinden bakıyor :
                                                hareket ve sükûn.
Yulaf tarlasında dolaşan kim?
Yulaf tarlasında dolaşan ne?
Yulaf tarlasında otluyor başıboş bir inek
            zaman zaman sol omzunda yarasını yalayarak.

Ve görünmez bir ipliğin ucunda kanatlı bir böcek
konup kalkıyor bir beygir leşinin üstüne.
Hava sıcak.
Havada pırıltılar yükseliyor döne döne.
Bir ağaç.
Bir elma ağacı.
Elmalar yeşil.
Elmalar acı.
Ağacı gördü İvan.
Ağaç dile geldi :
'— İvan beni bırakıp,
nereye İvan?' dedi.

Bir ölü.
Bir kız çocuğu ölüsü.
Al entarisi ak benekli.
Çıplak bacakları çöp gibi ince, dal gibi uzun.
İvan eğildi.
Okşadı saçlarını ölü çocuğun.
Saçlar dile geldi :
'— İvan beni bırakıp
nereye İvan?' dedi.

Ve İvan kendi kendine soruyor :
'— Nereye, nereye, nereye?
Nerde duracağız?
Nerde, nasıl, ne zaman?'

Kin duymayı öğrendi İvan
vahşi fakat cana yakın bir şarkı öğrenir gibi.
Ve sırtları beyaz haçlı tankları yakıp
ve her köpek leşini serdikçe yere
gözünde bir kat daha aziz oldu vatan.
Sessiz ve öfkeliydi doludizgin.
Ve artık nefret etmeyi
ve affetmemeyi biliyordu.

Ortaçağ sürüleri habire geliyordu,
paraşütlerle inen
motosiklete binen
Ortaçağ sürüleri.
Subayları başlarındaydı :
yobaz
inanmış,
sormak
yasak,
düşünmek günah.
Ve kalkık bir kaşın altında tek gözlük gibi küstah.
Ve zırhlarının içinde balık gibi mağrur
üstinsan
Irz düşmanı ve dehşetli obur.

Kiyef'e kadar bu subaylardan beşini gebertti İvan.
Kiyef kapılarında yanı başında düştü Ermeni Sagamanyan.
Sessiz kucaklaştılar.
Ve yüzü gülmeyen aksi, esmer adamın,
ilk defa güldü yüzü :
'— Bana bir cıgara ver,' dedi.
Halbuki o hiç kimseden cıgara istememişti şimdiye kadar.
İki kat dövüştü İvan.
Ve başçavuş oldular Türkistanlı Ahmet'le aynı günde.
'— Çekiliyoruz, evet,
ama Avrupa'yı kurtardığımız zaman
generallik isterim,' dedi Ahmet.
Şimdi çekiliyorlardı.
Önlerinde Avrupa uzaklaşıyor
arkalarında yaklaşıyordu Moskova.
Fakat emindiler :
dünya geri dönmeyecek Ortaçağa
ve olduğu yerde saymayacak.
Bu bir doğum ağrısıdır
gebedir toprak.

Dostlarım size hitabediyorum,
dostlarım dinleyin beni."

Ve temiz bir kırmızının üstünde bahar renkleriyle
vekarlı ve aydınlık, bitti senfoni.
Bethoven Hasan
çekti parmaklarını kıvırcık siyah saçlarından,
doğruldu, sordu :
"— Hocam, bu ne güzel şey,
Bethoven'in mi?"
Radyoyu saygıyla kapattı Halil :
"— Hayır."
Sordu köylü Ressam Ali :
"— Sovyetler kazansın istiyorsun değil mi hocam?"
"— Evet,
ya sen?"
"— Ben de Sovyetlerin."
"— Neden?"
"— Sen öyle istiyorsun diye."
"— Öyle şey olur mu?"
"— Neden olmasın hocam?
Sen iyi adamsın,
iyi adam kötü şey ister mi?"
Halil güldü,
sonra azarlar gibi konuştu :
"— İyi adam, kötü adam,
şimdi bunları bırak.
Memleketini seversin değil mi Ali?
Köyünü değil,
köyün de dahil
Anadolu'yu, Rumeli'yi?"
"— Elbette,
memleket sevilmez mi, sevilir hocam..."
"— Öyleyse dinle :
Memleketini seven adam,
ama yalnız bizim burda değil, her yerde,

Asya'da Avrupa'da, Amerika'da, Afrika'da,
ama sahiden seven,
hanı, hamamı, çıkarı için değil de
şöyle candan, yürekten,
halkın sevdiği gibi memleketini seven insan,
ve kendi halkından korkacak iş yapmamış
ve memleketini satmayan
Türk olsun, Bulgar olsun, Fıransız, ne bileyim, Sumatralı,
hatta Alaman,
onların kazanmasını ister."
Halil sustu.
Bekledi ve konuştu :
"— Peki, sorsana, neden?"
"— Niye sorayım hocam?
Biliyorum :
onlar kazanırsa fukara köylü milleti rahata çıkar.
Hep köylü, işçi filanmış baştaki generaller.
Gazetede okudum :
Alaman'ın komutanlarını övüp durur,
hepsi asilzadeymiş ve cedbecet general çocuğu.
Bir de memleketleri var :
Şarkî Prusya.
Sovyetlerinkini de yazmış,
sanki alay edecek,
hep köylü filanmışlar.
Demek ister ki yenilecek onlar.
Ama yenilmeyecek.
Değil mi ki generaller köylüden.
Sen köylüyü bilirsin,
plancı kurnaz milletizdir.
Hele büsbütün bizim olursa vatan,
dağ dayanmaz karşımızda, nerde Alaman..."
Güldü Bethoven Hasan :
"— Alaman'ı geç, sana model dayanmıyor."

Köylü Ressam Ali 25'inde vardı.

Ağanın oğlunu vurmuştu bir kız meselesinden.
Kâat gibi beyazdı yüzü.
Gözleri bir buzağının altın gözleriydi
ve dudakları kalın, kırmızı,
Ali diplomalıydı üç sınıflık köy okulundan.
Üç ay önce başlamıştı yağlıboya resme.
Halil'i bir gün resim yaparken gördü.
Uzun parmaklarını ilkönce çekinerek
sonra cesaretle tuvale sürdü.
Sonra sıcak soluğu ayrılmadı Halil'in ensesinden iki gün.
Sonra boya istedi Halil'den
ve bir tahtanın üstünde kendi resmini yaptı aynaya bakarak.
İnanılmaz şeydi eser.
Hemen İstanbul'dan resme dair kitap getirttiler.
Bir gecede ve hiçbir şey anlamadan okudu Ali.
Ve ertesi gün sordu Halil'e :
"— Hocam, akademi çalışmak ne demek oluyor?"
"— Akademi demek,
yani çıplak insan resmi yapmak.
Bu mutlak lazım sana Ali, mutlak."
Ali anladı
ve üç gün sonra zatürreeden revire yattı Bethoven Hasan.
Çünkü koğuşta çırılçıplak
(yalnız edep yeri örtülü)
oturtmuştu Hasan'ı açık pencerenin önüne Ali.
Ve akademi çalışmıştı.
Bethoven'i ölümden zor kurtardılar.

İstanbullu ve mürettipti Bethoven Hasan.
Hapse on altı yaşında, yedi yıl önce girerken
üç büyük merakı vardı :
sinema, spor ve alafranga müzik.
Hapsine sebep ilk iki merakıdır :
bilmem nerdeki olimpiyatı gidip yerinde görmek istedi.
Parası yoktu.
Bilmem hangi filimdeki gangıster gibi yaparım, dedi.

Yapamadı, yakalandı.
Ve tam on altı yaşında yedi buçuk sene yedi :
sporun vücudu geliştirebileceğini sanmadılar,
nüfus tezkeresine inanmadılar.
Üçüncü merakına borçludur Bethoven lakabını.
Nota bilmiyor ve hiçbir saz çalmıyordu
senfoniler yapıyordu fakat.
Fikirlerini yazıp bir mürettip özeniyle alt alta dizerdi kâada
sonra ağzıyla seslendirirdi onları.
"— Yüreğim bir senfoni cennetidir
                                        orkestram ağzım,"
                                                                derdi.
Kaç kerre koğuşta köylü mahkûmlara konser verdi.
Ve alay etmediler,
çünkü hiç kimseye kötülüğü yoktu
                                  ve kuvvetliydi yumruğu.

"— Hocam, bir senfoni yapacağım :
     Sizin anlattıklarınız,
                                     Ali'nin karşılığı
                                            ve benim düşündüklerim.
     İsmi : Onlar Yenilmeyecek.
     Bakın, şöyle başlayacak : "
Ve başladı mırıldanmaya Bethoven Hasan.
Sonra birdenbire durdu.
Kara gözlerinde haksız yere dayak yemiş bir çocuğun kederi
                                                       ve affetmeyen hıncı vardı.
Halil sordu :
"— Niye kestin, Hasan?"
"— Hocam, hakkım yok benim böyle bir senfoni yapmaya :
                                                              ben bir hırsızım,
                                                              bir gangıster."
Halil tutup çekti kara saçlarını Hasan'ın :
"— Hayır, Hasan,
              sen bir mürettip
              ve namuslu bir bestekârsın.

Devam et güzel ve büyük işine oğlum.
Saat da bire geldi çocuklar,
artık yatalım."

Bozkırda hava
bir buz kalıbı gibi donmuştu adeta.
Demirinden tutmaya gelmez, eline yapışır nacak.
Ortalık öyle ayazdı ki tilkiler bakır sıçacak.

Kararı kararıveriyor kömür kestane.
Sırtında pırtıları
ve titriyor eğilmiş sac mangalın üstüne
hapisane.

Yaymıştı Halil Doğu cephesi hartasını
odanın ortasına, betona.
Gazetelerden kesilip yapıştırılmış
ve ölçüsü ayrı her parçanın.
Baltık, Karadeniz'e dehşetli yakın.
Varşova burnu dibinde Kiyef'in.
Orel, Briyansk'tan alabildiğine uzak.
Ve Halil'in hartasında Moskova'ya varabilmek için
bazan bir arpa boyu, bazan bir dünya boyu yol aşılacak.

Halil göz resimleri çizmiş kıyılarına hartanın.
Gözlerin kimi önden, kimi yandan,
İnatla ve ısrarla bakan
bir gözün yarılmış kaşı
ve pınarından sızmakta kan.
Gözlerin kimisi çift, kimisi tek.
Tek gözlerin kimisi
bir denizaltı periskopu gibi sinsi.
Gözlerin bazıları alt alta, üst üste, karmakarışık.
Gözlerin bazıları alabildiğine açık
okunuyor dehşetle yazıları.
Ve kilitli ceviz kutular gibi bazıları :

içlerinde saklanan nedir?
Gözler var :
        annedir.
Gözler var :
        bebeklerinde yanan iki damla ışıkla
                                    nefret ve kinden ibaret.
Gözler var :
        muhabbet.
Gözler var :
buğdayları güneşli bir harman manzarası gibi bakıyorlar.
Ve sonra ikide bir
ve sonra yine o göz :
                inatla ve ısrarla bakan
                        ve yarılmış kaşı
                        ve pınarından sızmakta kan.

Hartanın başına betona çömelmiş Halil
ve gözlüklerinin altında kendi gözleri :
er geç aydınlığı kaybedecek olan.
Ve Halil seçemiyor :
                damarların dumura uğrayış ağrısı mıdır gözlerindeki,
yoksa dünya dövüşürken
                kolu bağlı oturmanın acısı mıdır?
Şimdi donmuş göllerinde Finlandiya'nın,
şimdi Libya çöllerinde yahut,
yahut Yugoslav dağlarında
şimdi İstanbul'da, İzmir'de : cephede,
Paris'te Gabriel Peri'nin yanında olmak.

Ankara radyosu :
"— On güne kalmaz," dedi,
"Führer'in tankları Moskova'da geçit resmi yapabilir."
Halil biliyor ki yapamazlar.
Fakat orda etinle, kemiğinle
            yaptırmayanların arasında olmamak
ve çömelip betona,

ve hasta gözlerine batan iğneler,
ve Lüminal :
iki saat olsun uyuyabilmek için,
ve çömelip betona
çizmek Moskova dolaylarının son cephe durumunu.
Kurşunkalemle çizmek bunu
                    onların kanlarıyla çizdiklerini.

Ve Halil
ince uzun parmakları boğumlu esmer eliyle
ve dişlene dişlene tahtası tiftiklenmiş kurşunkalemiyle
çiziyor Moskova dolaylarının son cephe durumunu.
Çizgi başladı Kalinin'den
                          ve meyillenip doğuya doğru biraz
                                        bitti Efremof üzerinde.
Moskova'ya cephe yetmiş kilometreden az.
Yayan 12 saat,
uçakla 10 dakka,
ve hartanın üstünde bir buçuk santim.
Hartanın üstünde kar yok
                                  rüzgâr yok,
gece gündüz yok, ölen yaşayan yok
                                      insan yok.
Harta kâat,
harta resim.
Hartanın üstünde cephe Moskova'ya bir buçuk santim.
Ve karın yağdığı toprağın üstünde yetmiş kilometreden az.
Karın yağdığı toprağın üstünde fakat
dövüşüyor ölüme karşı pırıl pırıl hayat.
Ve düşman
          inanılmayacak kadar uzak :
          yepyeni bir insan boyu uzak Moskova'dan.

41 yılı Kasım ayının on altısı.
On üçü zırhlı 50 tümen,
3000 top,

ve 700 uçak
Moskova'ya bir kerre daha saldıracak.
Plan :
Bolşevik başkentini sarmak iki yandan
ve kuzeyde ve güneyde derinliğine dalıp
ve şehri tutan kuvvetleri parça parça çember içine alıp
                                                            yok etmek.
Hitler, tank sayısı bakımından üstün durumdadır.
Tank
      önemli alettir inkâr eden yok.
Fakat bizde insanlar kullanır tankları
                  onlarda tanklar insanları.

Tankların kullandığı insanlar
                        bir yaz sabahı başlamışlardı yürümeye.
Saçları taranmış ve üniformaları şıktı.
Yürüdüler kanayarak, yürüdüler iki mevsim boyu
ve bir kış gecesi cennet karşılarına çıktı.
Ama artık
        ne saçları taralı, ne üniformaları şık.
Yarı bellerine kadar kar içinde
ve boyunlarına gömülü başları,
uzamış tıraşları
ve alınlarında pafta pafta çatlamış deri.
Moskova'yı fethe gelen ordu
          yaralıydı, açtı, üşüyordu.
Omuzlarında kadın eteklikleri
ve eldiven diye çocuk çoraplarına kadar
                  her ısıtabilen şeyi zorla çekip almıştılar.
Ve karşıda cennet.
Ara yerde fakat
          o bitip tükenmeyen
          o aklar giyinmiş kızıl şeytan sürüsü.
Etrafta uçsuz bucaksız bembeyaz ova.
Karşıda cennet,
Karşıda Moskova, Moskova,

açlığın, kanamanın, soğuğun sonu,
Moskova, Moskova
                    yakıncacıktı.
Moskova bir kaloriferdi,
Moskova bir kilerdi,
Moskova bir kuştüyü yastıktı.
Musluklarda kaynar sular.
Mağazalar kürkle dolu.
Süngünün ucuyla kilidi kır :
en ısıtan, en yumuşak deri sırtındadır.
Adım başında havyar,
adım başında sucuk,
ve tereyağlar dağlar gibi.
Sonra yastık, yatak
ve karnı tok
                    uyumak.
Artık ne baskın, ne cephe, ne partizan.
Uyu
uyan
ısın
ye.
Uyu
uyan
ısın,
ta ki yakılmadık bir gıram kömür
içilmedik bir kadeh votka kalmasın.
Sonra harp bitsin artık
ve dönülsün :
                    kahraman.

Moskova'yı fethe gelen ordu
yaralıydı, açtı, üşüyordu.
Ve bir hayyvan içgüdüsüyle
    — karlı bir ovada kalan
            yaralı, aç ve üşüyen bir hayvan —
                    bir hayvan içgüdüsüyle

gözü dönmüş, başı önde, kuyruğu gergin,
sıcağa ve yemeğe kavuşabilmek için
dövüşüyordu.
Dövüşüyordu : tüyleri diken diken.
ve Moskova tehlikedeydi her şeye rağmen.

41 yılı Kasım ayının on altısı.
Volokolamsk şosesinde karın üstünde
Alaman tanklarının karaltısı.
20 tane.
Simsiyah.
Koskocaman.
Herbiri kör bir gergedan gibi yürüyor
öyle acıklı ve korkunç.
Ve aptal bir pehlivan gibi çirkin.
Ve hiç benzemedikleri halde akrebe benziyorlar.

Petelino-garda, siperde 28 insan gördü gelenleri.
Ve yorgun baktılar birbirlerinin yüzüne.
Saatlerce dövüşmüş
ve az önce bitirmişlerdi işini bir düşman bölüğünün.
Ve yan yana, üst üste kadavra doluydu siperin önü.
Tanklar yaklaşıyordu homurdanarak.
Siperde, kıstı kara üzüm gözlerini Mustafa Sungurbay :
"— Vay anam," dedi, "vay,
20 tane be."
Ve yirmi kurda rastlayan bir avcı gibi güldü.
Kloçkof, arkadan atladı sipere,
bölüğün siyasal komiseriydi,
komünist,
"— Merhaba çocuklar," dedi.
Ve büyük bir müjde verecekmiş gibi sustu, bekledi.
Bölükte "Diev" diye çağırırlardı onu.
Ukraynalı Bondarenko takmıştı bu adı ona :
durup dinlenmeden çalışmasından ötürü.*

* "Diev" : Ukraynaca "Çalışmak" demek.

Bir zeytin ağacı gibi verimli,
bir karınca gibi hamarat,
ne zaman âşık olur, ne zaman yemek yer, ne zaman uyurdu,
durup dinlenmeden yuğrulan bir hamurdu
                    Kloçkof Diev'in kocaman ellerinde hayat.
Siperdekiler sevinçle baktılar Diev'e.
Ayarladı sesini Kloçkof Diev
                ve müjdesini verdi :
"— Hesapladım çocuklar,
    gelenler 20, biz 29 :
    bir tam sayı yüzde kırk beş adama
                        bir tam sayı tank düşüyor.
    Biz tanklardan yüzde kırk beş fazlayız."

Diev hesabında yüzde beş yanıldı yalnız :
29'un biri korkaktı.
Sipere ilk yaklaşan tankın içinden Alaman :
"— Teslim olun," diye bağırınca,
                  kollarını kaldırıp ayağa kalktı.
Siperde kumandasız bir salvo sesi
                    ve korkanın kalkmasıyla düşmesi bir oldu.
Siperde 28 kaldılar.
Kavga dört saat sürdü.
Tankların on dördü
            insanların yedisi hareketsiz kaldılar.
Kavga kazanılmış gibiydi.
Fakat Kloçkof Diev
                      30 tank daha gördü.
Geliyorlardı akşam karanlığını yarıp.
Ötekilerden iriydiler.
Balestik, radyo, motor, çelik :
yirminci yüzyılın bütün teknik hünerlerini taşıdıkları halde
Ortaçağ aletlerine benziyorlardı :
bir şeyler vardı biçimlerinde falan
ilmi-simyayla, büyüyle filan ilgiliymişler gibi.

Kloçkof Diev sordu siperdekilere :
"— Yeni gelenleri saydınız mı?"
"— Hayır."
"— Ben saydım : 30
                        altı tane de eskiden kalan, etti 36.
    Biz yirmi biriz.
    İnce eleyip sık dokumazsak
                        bir adama iki tank düşüyor diyebiliriz.
    Ve çekilmek imkânı yok :
    arkamız Moskova.
    Yani, demek isterim ki..."

Kujebergünof konuştu :
"— Kucaklaşalım."
Hepsi biraz şaşırmış baktılar Kujebergünof'a :
insanın canını sıkacak kadar ağırbaşlı bir adamdı.
Türkü söylemez, şakalaşmaz,
sorulmadan ağzını açmaz
ve ancak kendi sularında yaşayan balıklar gibi
                                    yaşardı kendi içine gömülü.
Tekrarladı Kujebergünof :
"— Vakit varken kucaklaşalım."
Kucaklaştılar...
Yeni gelen tanklar iyice yaklaşmıştı sipere.
Kavga yarım saat sürdü.
Tanklardan yedi sekizini daha
ve insanlardan daha on altısını götürdü.
Tükendi cephaneleri insanların.
Bir tek bombaları kaldı elinde Kloçkof Diev'in.
Tükendi cephaneleri insanların,
fakat insanlar biliyorlardı yenilmezliğini
                        namlusu insan yüreği — devin.

        Beraber yaşanır,
        dövüşülür beraber
        ama herkes kendi payına ölür.

Cephane bitince Kujebergünof fırlayıp çıktı siperden
yerden su fışkırır gibi.
Ve kollarını kavuşturup göğsünün üzerinde
dimdik yürüdü tanklara doğru.
"Var olmak, yahut var olmamak"
Kujebergünof bu bahsin dışındaydı
çünkü boylu boyunca hayatın içindeydi.
Kurşunlar karnını biçtiler.
Mağrur güldü.
Kavuşuk kollarını çözmeden büküldü.
Kujebergünof böyle öldü.

Tutuşmuş yanan bir tankın kapağından
dışarı çıkmak istiyor üç kişi.
Gördü Mustafa Sungurbay.
"— Vay anam," dedi, "vay..."
Sıyırdı, aldı ağzına bıçağını.
Çelikte sevinçle parladı iki ön dişi.
Ve Mustafa telaşsız çıktı siperden
yerden akan bir su gibi.
Ve kaydı bir avcı ustalığıyla emekleyerek.
Tanktakiler bıçaklandılar.
Ve yandılar Mustafa Sungurbay'la beraber.
Mustafa Sungurbay böyle öldü.

Nikolay Maslenko
cephane bitince bir avuç kar attı tanklara.
Küfretti, bağırdı, alamadı hırsını,
yapıştı elleriyle en yakın tankın zincirine
ve ezildi altında ağır, çelik paletlerin.
Fakat yapıştıkları yerde kaldı bileklerinden kopan parmakları
çünkü zincir onlara değil
onlar zincire gömüldü.
Nikolay Maslenko böyle öldü.

Kloçkof Diev attı son bombayı,
tank durdu ve göçtü ve göçerken ateş açtı.
Kloçkof yıkıldı delik deşik.
Gözleri yumuşacık örtüldü.
Nefes aldı : DOYMUŞ ve rahat
ve sanki yüz yaşında
ve beyaz yatağında öldü.

Natarof'tu siperde son sağ kalan.
Yaralıydı. Gece bastı, çıktı siperden.
Ormana girdi dirseklerinin üstünde sürünerek.
Dolaştı kanayarak günlerce.
Bağırmıyor, inlemiyor, sesini saklıyordu
saklıyordu bir emanet gibi onu.
Rastladı dostlara nihayet.
Sesini bir solukta devretti onlara :
hikâyesini anlattı yirmi sekizlerin
ve öldü.
Natarof böyle öldü.

Arkada Moskova ayaktaydı.
Beyaz sargılarında kan.
200 milyon nüfuslu bir tek insan.
Arkada Moskova ayaktaydı.
Sükûnetli ve emindi yaşamaktan.
Uçaksavarlarla ateş ediyor
ve cebinde şiir kitabında bir yaprağın kıvrılmış ucu.
Tiyatroya, sinemaya, konsere gidiyor
dinliyordu Ştravs'ı ve Çaykofski'yi
top sesleri arasında.
Ve satranç oynuyordu siyah perdeleri inik camların arkasında.
Genç işçilerini ileriye, cepheye
genç tezgâhlarını gerilere gönderdi.
İhtiyar işçiler hurdadan çıkarıp ihtiyar tezgâhları
saat gibi işlettiler.
Moskova barikatlar yapıyor, tank çukurları kazıyordu.

Ve Puşkin'i dökme tunç mantosunun omuzlarında kar
ve ayakta, dalgın,
belki de yeni bir "Evgeni Annegin" yazıyordu.
Ve Kremlin'de çelik-adam
ve Kremlin'de Bolşevik
telaşa düşmeyen, şaşırmayan, tereddütsüz gözleri
ve pos bıyıklarıyla örtülü
            yirminci yüzyılın en akıllı ağızlarından biri.
Ve granit kabrinde Lenin.
Ve karların üstünde muzaffer gülümseyişi onun.

Düşman ulaştı Moskova kuzeyinde Yakroma'ya
                        ve güneyinde Tula şehrine.
Ve kasımın sonu
ve aralık ayının ilk günlerinde
harcamış bulunuyordu ihtiyatlarını
                    bütün cephe üzerinde.
Ve aralık ayının ilk günlerinde,
en nazik safhasındaydı durum.

Ve aralık ayının ilk günlerinde,
Petrişçevo'da Vereiya şehri dolaylarında,
kar gibi mavi bir gökyüzünün üzerinde
Alamanlar 18 yaşında bir kız astılar.
18 yaşındaki kızlar belki nişanlanır
                        astılar onu.

Moskova'dandı.
Genç komünistti, partizandı.
Sevdi, anladı, inandı
                ve geçti harekete.
İpin ucunda ince uzun boynundan sallanan çocuk
                            bütün azametiyle insandı.

Çevirir gibi yapraklarını "Harp ve Sulh" romanının
dolaştı karlı karanlıkta bir genç kızın elleri.
Kesildi Petrişçevo'da telefon telleri,

sonra Alaman ordusundan 17 beygirli bir ahır yandı.
Ertesi gün partizan yakalandı.

Yeni hedefin önünde yakalandı partizan,
birdenbire, kıskıvrak, arkadan.
Gökyüzü yıldızla,
yürek hızla,
bilek nabızla,
şişe benzinle dolu
ve kibrit çakılmak üzereydi.
Ve kibrit çakılamadı fakat.
Tabancaya davranmak istedi.
Çullandılar.
Alıp götürdüler.
Alıp getirdiler.
Odanın ortasında dimdik durdu partizan :
torbası omuzunda,
başında kürk şapkası, sırtında gocuk,
bacaklarında pamuklu külot pantolon ve keçe çizmeler.
Subaylar baktılar partizana yakından :
badem nasıl kabuğunun içindeyse
filiz gibi bir kızdı kürkün, keçenin ve pamuklunun içindeki.

Kaynıyor masada semaver.
Satrançlı örtüde bir tabanca, beş kayış kemer,
ve yeşil bir şişe konyak.
Tabakta domuz sucuğu ve ekmek artıkları.

Ev sahipleri mutfağa gönderildiler.
Lamba sönmüştü.
Ocağın ateşiyle kızılca karanlıktı mutfak.
Ve ezilmiş hamam böceği kokuyordu.
Ev sahipleri : bir çocuk, bir kadın, bir ihtiyar,
sokuldular birbirlerine :
dünyadan uzak
ıssız bir dağ başında kurda kuşa karşı yapyalnız kalmıştılar.

Sesler geldi bitişikten :
Soruyorlar :
"— Bilmiyorum," diyor.
Soruyorlar :
"— Hayır," diyor.
Soruyorlar :
"— Söylemem," diyor.
Soruyorlar :
"— Bilmiyorum," diyor, "— Hayır," diyor, "— Söylemem," diyor.
Ve yeryüzünde bu üç sözden başkasını unutan ses
sıhhatli bir çocuk teni gibi pürüzsüz
ve iki nokta arasındaki en kısa yol gibi düz.

Bir kayış şakladı bitişikte :
Partizan sustu.
Çıplak bir insan eti ses verdi.
Kayışlar şaklıyor arka arkaya.
Yılanlar güneşe doğru sıçrayıp düşerken ıslık çalıyorlar.
Genç bir Alaman subayı geldi mutfağa.
İskemleye çöktü.
Kapadı avuçlarıyla kulaklarını.
Ve gözleri sımsıkı yumulu
ve öylece kaldı orda kımıldamadan sorgunun sonuna kadar.
Kayışlar şaklıyor bitişikte.
Saydılar ev sahipleri :
200...
Sorgu tekrar başladı :
Soruyorlar : "— Bilmiyorum," diyor,
Soruyorlar : "— Hayır," diyor,
Soruyorlar : "— Söylemem," diyor.
Ses kibirli
fakat artık pürüzsüz değil
kanayan bir yumruk gibi boğuktu.

Partizanı dışarı çıkardılar.
Başında kürk şapkası, sırtında gocuk,

bacaklarında pamuklu külot pantolon ve keçe çizmeler
yoktu.
Bir don bir gömlekti.
Beyaz, genç dişleriyle ısırılmaktan şişmiş dudakları.
Bacaklarında, boynunda, alnında kan.
Kolları iple bağlı arkadan,
çıplak ayakları karda,
iki yanda süngülüler,
yürüdü partizan.

Soktular partizanı Vasili Klulik'in izbasına.
Oturdu tahta sıranın üstüne.
Çatık bir dalgınlık içindeydi.
Su istedi.
Nöbetçi verdirmedi suyu.
Alaman askerleri geldiler.
Böcekler gibi üşüştüler başına,
çekiştirdiler, tartakladılar.
Birisi art arda kibrit yakıp tuttu altında çenesinin,
bir bıçkı sürttü sırtına bir başkası
dişli demir kanlanıncaya kadar.
Sonra gittiler uyumaya.
Nöbetçi süngünün ucunda çıkardı partizanı sokağa.

Mavi gözleri yuvarlak
bir çocuk bakıyor camdan :
dünya buzların içinde,
karın altında yapyalnız sokak
yıldızların içinde.

Mavi gözleri yuvarlak
bir çocuk bakıyor camdan.
Gördüklerini unutacak,
büyüyecek, evlenecek,
ve bir yaz gecesinde
bir öğle uykusunda yahut

rüyasına girecek ansızın
karda yıldızlara basan çıplak ayakları bir genç kızın.

Karın altında bir uçtan bir uca
karın altında yapyalnız sokak.
Karın üstünde partizan :
ayakları çıplak,
kolları bağlı arkadan,
bir don bir gömlek,
yürüyor önünde süngünün
                bir uçtan bir uca gidip gelerek.

Üşüdü nöbetçi, döndüler izbaya.
Isındı nöbetçi çıktılar.
Bu böyle sürdü saat 22'den ikiye kadar.
İkide nöbetçi değişti
ve artık partizan kımıldanmadan kaldı tahta sıranın üzerinde.
Partizan
18 yaşında.
Partizan
öldürüleceğini biliyor.
Ölmek ve öldürülmek :
hıncının kızıltısında belli belirsizdi bu fark.
Ve ölümden korkmayacak
                ve keder duymayacak kadar sıhhatli ve gençti.
Bakıyor çıplak ayaklarına :
Şişmiştiler,
çatlayıp donmuştular kıpkırmızı.
Fakat partizan
                dışındaydı acının.
Ve nasıl derisinin içindeyse
            öyle içindeydi öfkesinin ve inancının.
Zaman zaman annesi geliyor aklına.
Mektep kitapları geliyor aklına.
Cilalı toprak bir çanak geliyor aklına
                        İliç'in resmi önünde duran
                        ve içinde masmavi çiçekler.

Çocukluğu geliyor aklına,
bu o kadar yakın ki
    kısacık entarilerin renkleri bile
        tutulacak gibi elle.
İlk hava bombardımanı geliyor aklına.
Cepheye giden işçi taburları geliyor aklına
            sokaktan geçiyorlar şarkı söyleyerek
            ve çocuklar koşuyor peşlerinden.
Zaman zaman bir tramvay durağı geliyor aklına
                annesiyle orda vedalaştılar.
Bir komsamol toplantısı geliyor aklına,
bu o kadar yakın ki
kırmızı örtülü masada su bardağı
        ve kesik kesik konuşan kendi sesi bile
            tutulacak gibi elle.
Ve artık durup dinlenmeden kendi sesi geliyor aklına :
düşmanın karşısında dimdik duran sesi,
Hayır, diyen,
Söylemem, diyen
ve düşmana hiçbir şeyi doğru söylememek için
                kendi adını bile gizleyen.
        ZOE'ydi adı,
        ismim TANYA, dedi onlara.

        (Tanya,
        Bursa Cezaevi'nde karşımda resmin.
        Bursa Cezaevi'nde.
        Belki duymamışındır bile Bursa'nın adını.
        Bursa'm yeşil ve yumuşak bir memlekettir.
        Bursa Cezaevi'nde karşımda resmin.
        Sene 1941 değil artık
                sene 1945.
        Moskova kapılarında değil artık
                    Berlin kapılarında dövüşüyor seninkiler,
                                bizimkiler,
                    bütün namuslu dünyanınkiler.

Tanya,
senin memleketini sevdiğin kadar
          ben de seviyorum memleketimi.
Sen komsamolkaydın, genç komünisttin,
ben 42 yaşında ihtiyar komünist,
                              sen Rus, ben Türk,
                              ama ikimiz de komünistiz.
Seni astılar memleketini sevdiğin için,
ben memleketimi sevdiğim için hapisteyim.
Ama ben yaşıyorum,
ama sen öldün.
Sen çoktan dünyada yoksun,
zaten ne kadar az kaldın orda :
                                on sekiz senecik.
Doyamadın güneşin sıcaklığına bile.

Tanya,
sen asılan partizan,
ben hapiste şair.
Sen kızım, sen yoldaşım.
Resminin üstüne eğiliyor başım :
kaşların incecik,
gözlerin badem gibi,
ama renklerini fotoğraftan anlamam mümkün değil.
Fakat yazıldığına göre
                    koyu kestaneymişler.
Bu renkte gözler çok çıkar benim memleketimde de.
Tanya,
saçların ne kadar kısa kesilmiş,
oğlum Memet'inkilerden farkı yok.
Alnın ne kadar geniş,
ay ışığı gibi,
rahatlık ve rüya veriyor insanın içine.
Yüzün ince uzun,
kulakların büyücek biraz.
Henüz çocuk boynu boynun :

henüz hiçbir erkek kolu sarılmamış anlıyor insan.
Ve püsküllü bir şey sarkıyor yakandan :
süsünü sevsinler mini mini kadın.

Arkadaşları çağırdım, bakıyorlar resmine :
— Tanya,
senin yaşında bir kızım var.
— Tanya,
kız kardeşim senin yaşında.
— Tanya,
senin yaşında sevdiğim kız.
Bizim memleket sıcaktır
bizde kızlar tez kadınlaşır.
— Tanya,
senin yaşında kızlarla okulda, fabrikada, tarlada arkadaşız.
— Tanya,
sen öldün,
ne kadar namuslu insanlar öldürüldü ve öldürülmekte,
ama ben,
söylemesi ayıpmış gibi geliyor bana,
ama ben,
yedi yıldır kavgada hayatımı tehlikeye koyamadan
hapiste de olsa bal gibi yaşıyorum.)

Sabah oldu Tanya'yı giydirdiler,
ama çizmeleri, şapkası, gocuğu yoktu,
iç etmişlerdi onları.
Torbasını getirdiler :
torbada benzin şişeleri, kibrit, kurşun, tuz, şeker.
Şişeleri boynuna astılar,
torbasını verdiler sırtına.
Göğsüne bir de yazı yazdılar :
"PARTİZAN".

Köyün alanına kuruldu darağacı.
Atlılar çekmiş kılıcı

halka olmuş piyade askeri.
Zorla seyre getirdiler köylüleri.

İki sandık üst üste,
iki makarna sandığı.
Sandıkların üstüne
        yağlı urgan sallanır,
                  urganın ucu ilmik.

Partizan kaldırılıp çıkarıldı tahtına.
Partizan
kolları bağlı arkadan
durdu urganın altında dimdik.

Nazlı, uzun boynuna ilmiği geçirdiler.

Bir subay fotoğrafa meraklı,
bir subay, elinde makina : Kodak,
bir subay resim alacak.
Tanya seslendi kolhozlulara ilmiğinin içinden :
"— Kardeşler, üzülmeyin.
     Gün yiğitlik günüdür.
     Soluk aldırmayın faşistlere,
     yakın, yıkın, öldürün..."

Bir Alaman vurdu ağzına partizanın,
genç kızın beyaz, yumuk çenesine aktı kan.
Fakat askerlere dönüp devam etti partizan :
"— Biz iki yüz milyonuz.
     İki yüz milyon asılır mı?
     Gidebilirim ben.
     Ama bizimkiler gelecekler.
     Teslim olun, vakit varken..."

Kolhozlular ağlıyordu.
Cellat çekti ipi.

Boğuluyor nazlı boynu kuğu kuşunun.
Fakat dikildi ayaklarının ucunda partizan
ve hayata seslendi İNSAN :
"— Yoldaşlar
        hoşça kalın.
    Yoldaşlar
        kavga sonuna kadar.
    Duyuyorum nal seslerini
                geliyor bizimkiler!"

Cellat bir tekme attı makarna sandıklarına.
Sandıklar yuvarlandılar.
Ve Tanya sallandı ipin ucunda.

Altı Aralıkta Kızılordu Moskova cephesinde karşı taarruza geçti.
Aynı ayın on birinde şöyledir durum :
Kuzey'de : Rogaçef'e girilmiş, Klin sarılmıştır,
düşman atıldı Yakroma'dan,
ve İstra şehri kurtarılmıştır.
Kuzey'de on üç tümendir bozguna uğratılan :
yedisi tank, ikisi motorlu, üçü piyade, biri S.S. ...
Ve merkezde parçalanan dört piyade tümeni daha...
Güney'de : iki tank tümeni ezilerek
ve "Büyük Alamanya" S.S. alayı katılıp öne
Tula kuzey-doğusunda ilerleniyor.
Ve on yedinci tank tümenini dağıtan atlılar
biri motorlu iki piyade tümenini de doğrayıp
ve kılınç-artıklarının peşini bırakmadan,
ve gökyüzüyle karların arasında kartal kanatları gibi uçarak yamçıları
                        girdiler rüzgârla beraber Venev şehrine.
Ve daha güneyde
bir tank tümeni ve bir motorlu-tümen itiliyor güney-batıya doğru.
Dört günde dört yüz barınak kurtarıldı,
        (ve ben şimdi bile bunları yazarken yerimde duramıyorum),

ve öldürüldü otuz binden fazla düşman subay ve eri.
Aralık ayının on birinde böyledir durum.

Gabriel Peri,
Moskova tehlikede değil artık dört günden beri.
Gabriel Peri,
senin bundan haberin yok,
yok Paris'in haberi.
Paris sokaklarında topuklarını bilhassa çarparak yere
nalçalı çizmeleriyle gezenleri
Moskova kapılarında yendiler.

Paris,
Paris ışık şehri, ihtilal şehri,
Paris satıldı, Paris esir
ve hapiste Gabriel Peri.

Gabriel Peri, Fıransa'nın Tulon şehrinde doğdu
(1902).
Havada balık kızartması, çam ve yasemin kokusu,
ışıkta Akdeniz'in akıllı maviliği,
ve limanda, yağlı suyun üstünde
hantal, ağır zırhlıların çeliği.

Babası, Dokların Teknik İşleri müdürüydü.
Anasının sımsıkı taranmış saçı,
anasının boynunda gümüş haçı,
anası dindar.

914'ten 18'e kadar
Gabriel Peri dört yılda on dört yıl büyüdü birden.
Ve insanlar öldürürken ve öldürülürken
dolaştı rıhtımlarda kumral bir çocuk :
geniş güzel alnında henüz ergenleşmeyen eli,
gözleri kederli bir sorguyla açık
kara kehribar gözleri pırıl pırıl öfkeli.

919'da girdi Sosyalist Partisi'ne
ve sonunda 20'nin
                    Komünist Partisi'ni kuranlardan biridir.
Yaktı, karanlık sularda demirli duran,
yaktı, aydınlığa götürmeyen bütün gemilerini,
muzaffer çıktı nefsin ıstırabından.
Ve okunur oldu artık bir insanın ömrü
bir parti, bir memleket ve dünya kitabından.

Beyaz deniz kuşları gibi uçardı kahkahası
                    bir liman gibi dumanlı yazı odasında "Humanité"nin.
Ve her yerde hazırdı çarpan bir yürek gibi kafası :
                                        Habeşistan'da, İspanya'da, Çin'de.
Ve insanı sabırlı bir dikkatle bir dinleyişi vardı :
                makası kusursuz elbisesi, piposu, benekli papiyonu
                ve hafif tertip alaycı nezaketinin içinde.
Ve kaç kerre mitinglerde gördük onu :
                insanlara saadeti müjdelerken
                        her şeyden dolayı ve her şeye rağmen.
Ve Burbon Sarayı'nda
kız kardeşinin ırzı gibi korurken Fıransa'yı.

Ve gün geldi, dışardan kapıya dayananlarla
                        içerden kapıyı açanlara karşı
ve artık Burbon'da değil
teslim olmayan gecelerin içinde
ve kaldırımlarda korurken ırzını Fıransa'nın
                                        satılıp yakalandı.

Bu son gecesidir Gabriel Peri'nin.
Hücreye geldiler demin
durdular altında elektrik ampulünün :
parladı apoletleri ve kısa kesilmiş sarı saçları.
"— Öleceksin," dediler,
        "iltica et, hayatın bağışlanır."

Bunu çıplak bir kılınç gibi açık ve uzun söylediler.
Gabriel Peri dikkatli bir sabırla
ve hafif tertip alaycı nezaketiyle dinledi.
"— Hayır," dedi.

Tırmanmak bir dağın yamacına
ve ordan masmavi denizi görmek.
Hayatının amacına sadık kalıp ölmenin sükûneti.

Dostlarına ve yurttaşlarına yazdı son mektubunu.
Lüzumsuz bir tek virgül bile koymadan
tasnifli, berrak,
ve sözü doğrudan doğruya söyleyerek
her seferki dikkatiyle yazdı bunu.
İmzasını attı.
Zarfı kapattı.
Ve dinledi kendi kendini son defa :
Pişman değildi.
902'de başlayan
ve bu sabah
941 yılı Aralık ayının on beşinde
bu sabah şafakla bitecek olanı
elden gelseydi tekrarlamak
tekrarlardı aynı yerden başlayıp
aynı yoldan geçerek
ve yine gerekirse aynı yerde bitirmek üzere.
Ve biraz kibirli bir rahatlık duyuyordu.
Kafasıyla, kitapların arasından gelmişti kavgaya
fakat sadık kalmıştı ona namuslu bir amele gibi.

Aziz dostu doğru demiş :
"Dünyanın gençliğidir komünizm"
ve "şarkı söyleyen yarınları hazırlıyor."*

Elektrik ampulü başladı ağarmaya
sökecek birazdan şafak.

Ve bir manga ölümün karşısında kendisi de
şarkı söyleyen yarınları hazırlayacak.
Bu bir ihtilal şarkısı, bu gül kokan bir romans.
"Adyö
e kö viv la Frans!"**

Gelip aldılar.
Söküyor şafak.
Dayadı sırtını.
Gözleri namluların gözlerinde.
Okudu Marseyyezi patriyot
okudu Marseyyezi Fıransız yurtseveri.
Yaylım ateş.
Akdeniz'in en katkısız evlatlarından biri yıkıldı dizüstü :
Okudu Enternasyonali komünist.
İkinci yaylım ateş.
Gün ışığına doğru uzandı elleri
ve kapandı toprağa yüzükoyun Gabriel Peri.

Dördüncü Kitabın Sonu

* Pol Vayan-Kuturyen'in sözü.
** Adieu, et que vive la France: Allahaısmarladık ve yaşasın Fıransa.

BEŞİNCİ KİTAP

I

Söküyor şafak.
Yastıkta koşuştu kırmızı saçlar.
Uyandı Halil'in karısı Ayşe,
açıldı beyaz yüzünde kocaman altın gözleri.
Oda buz gibi soğuk,
yatak
    sıcak.
Ve kadın, hapisteki erkeğini istiyor.

    Karşıda küçücük karyolada kızı Leylâ
    bu kış sabahına İskenderun'dan gelmiş bir yemiş gibi.
    Ve minicik kollarını, dizlerini büküp çenesine doğru
                                        dertop olmuş.
                                        Ve avuçları yumulu.

Ana, gördü uyuyan kızını :
tekrar rahminin içinde duydu onu.

    Perdesiz pencereler.
    Ayşe çıktı yataktan,
    kocasının evde kalan siyah, uzun hırkasını aldı sırtına.
    Mangalda yandı ateş.
    Mavi çinko çaydanlıkta ıhlamur.
    Dışarda Üsküdar uyandı uykudan,
                            ela gözleri mahmur,
            çıplak beyaz ayakları mercan terliklerinde.
    Dışarda semtin uyanışı
                Ayşe'ye hep böyle geliyor.

Dün para geldi Halil'den
bugün cevap yazılıyor :
"Şekerim,
on dört buçuk lirayı
ve makbuzun kenarında 'hasret' yazısını aldım,
teşekkür ederim.
Fakat çok üzüldüm,
pek gücüme gidiyor benim için çalışman oralarda,
nefret ediyorum kendi kendimden.

Dün İstanbul'a indim,
dönüşte ne tuhaf şeyler işittim vapurda.
Hepsi paralarını dışarlara kaçırıyormuş,
hem de kimler,
milyonları varmış İsviçre, Amerika bankalarında.
Memleketlerinden korkuyorlar demek.
Demek, kaçmakta akılları fikirleri.
Paraları Hollanda'daymış bazılarının,
Almanlar el koymuşlar,
ama sonra bizim efendilere cemile olsun diye
yollamışlar Amerika'ya.
Almanya Amerika'yla harbediyor,
ama ordan oraya para gidiyor.
Para : vatansız.
Paraya sahip olan vatanlı mı?
Hem, biraz da vaziyet şöyle gibi :
onlar paranın sahibi değil,
para onların sahibi.
Sonra bir şey daha duydum,
dehşetli sinirlendim :
sözde, İsviçre'ye deyip
Almanya'ya buğday yolluyormuşuz.
İnsan eti yiyenlere
memleketimin buğdayını yedirenlerin
Allah belasını versin.

Bela okumakla bitmesin mektubum.
Sana yeni odamın resmini yapayım...

Bu senin görmediğin üçüncü evimizdir.
Bu iskemle işte, bu masa, bu pencere,
şunlar saksıda kış çiçekleri.
Bu : koltuk, içinde ben varım,
bu : küçük bir karyola, içinde Leylâ uykuda.
Şurası dolap gibi bir şey :
alabilirsem kömürlerimi koyarım.
Bu gördüğün hem yük, hem mutfak.
Şu da senin dede mirası meşhur kütüphanen.
Duvara iyi bak :
resmin,
altında benimkisi.
Odam bu kadar geniş değil,
ya eşyaları küçük yaptım
ya odam büyük kaçtı biraz.
Biçimsiz oldu velhasıl.
Karınız belki bir gün sahici bir ev yapar,
artık erkeği hapsedilmeyen bir ev,
ama resmini yapamaz...
Mektubum bitti şekerim.
Kızınız uyandı, bana bakıyor.
Ellerinizden öperim..."

Günlerden hangi gündeyiz, diye düşündü Ayşe.
Hatırladı : on ikinci ay,
ayın da on beşi.
İmzasını attı.
Ve mektuba tarih koymadan
zarfı kapattı.

Halil'e ayın otuz birinde ulaştı mektup :
akşamüstü Bethoven Hasan getirdi odasına.

Mahzundu Halil :
Bu sabah üçüncü koğuşta, gusülhanede
köylü bir mahpus astı kendini.
Yol parasından yatıyordu.
Onlara tayın çıkmaz.
Bu üçüncü yatışıydı vergi borcundan.
Meydancı haber verdi :
ölüyü indirdiler kuşağının ucundan.
Halil hatırlıyor :
kısa boylu sessiz bir adamdı.
"— Gelmedi bu sefer görüşmecisi filan," dediler,
"kaç kerre yemeğe buyur ettik yemedi,
kimseciklere ağzını açıp bir cıgara verin bile demedi,
acından öldü fakir..."
"— Acından değil be," dedi Asrî Yusuf,
"Bilimiyon,
onurlu adamdı,
kahrından öldü..."

Mahzundu Halil,
Ayşe'nin yazısını görünce unuttu mahzunluğunu.
Bethoven Hasan bir parça alayla seyretti onu,
sordu sonra :
"— Mektup yengeden, değil mi?"
"— Evet, nerden bildin?"
"— Galiba üst üste iki defa okudunuz da, hocam."
"— İki değil, üç."
Bethoven Hasan her nedense utandı bu karşılıktan
değiştirdi sözü :
"— Hocam, bu gece yılbaşı,
ne yapacağız?"
"— Ben başgardiyana söyledim, Hasan,
zaten içerde kumar oynayacak kendisi de.
Biz toplanırız benim odada,
sen 'Onlar Yenilmeyecek' senfonisini okursun
ben, bizim Celâl'in 'Kuvâyi Milliye Destanı'nı.

    Ressam Ali karikatürlerimizi yapar,
    Asrî Yusuf'la İhsan Bey kızdırırlar Bakkal Sefer'i,
    zeybek oynar Aydınlı Ömer,
                İlyas Kaptan lezginka..."
Bethoven Hasan kurnaz gülümsedi :
"— Ben bir kiloluk rakı soktum içeri, hocam,
                onu da içer miyiz?"
"— Neden içmeyelim, içeriz...
    Fakat o kadar parayı nasıl buldun?"
"— Parayla almadım, hocam,
    İzmirli jandarma var ya,
    hani şu tütün işçisiymiş,
    o getirdi,
    hocayla içersiniz, dedi.
    Şişeyi Asrî Yusuf'un dükkânına sakladık.
    Ali'nin de haberi var.
    Yalnız, Bakkal Sefer duymasın,
                idarenin ispiyonudur."

Bethoven Hasan gitti.
Tuhaf bir helecana kapıldı Halil,
hatta, her nedense, biraz da utanıyordu,
ömründe ilk defa rakı içecekti hapiste.
Çıkardı, hohladı, sildi gözlüklerini ve taktı tekrar.
Okudu Ayşe'nin mektubunu bir kerre daha.
Doymadı.
Eski mektupları aldı dosyadan.
Tarihsizdiler.
Halil numara koymuştu hepsine.
Ayşe'den son sekiz ayda gelen mektuplar.
Dizdi mektupları iskambil falı açar gibi üstüne masanın.
Sırayla alıp okudu.
Bu, Ayşe'ye doğru, geçmiş zamana doğru bir yolculuktu.

1.

Bu mektubu yatakta hasta yazıyorum sana.
Burda olsaydın bana ne iyi bakardın.
Leylâ bastı altısına.
Yaşına göre zayıf :
uyutuyorum gündüzleri.
Şimdi uyandırdım :
yanakları pembe pembe
                                        adeta büyük insanlarınki gibi ela gözleri.
(Farkında mısın
                yalnız gözlerimiz değişmiyor,
ve kalıyor hatıralaşmadan orda
                                             iyi ve kötü çocukluğumuz.)
Babaya mektup yazıyorum, Leylâ, dedim.
Baba mı? dedi,
                      esnedi.
Pek uyku sersemi oluyor bu kız.
Ev halkı selam eder
                Leylâ ve ben ellerinden öperiz.

2.

İyileştim.
Buraları pek güzelleşti.
Bahar.
Yemiş ağaçları en güzel şeyi toprağın.
Hapisanede var mı?
Ordakiler de burdakiler gibi bahar açarak
                                             senin dünyanı güzelleştirebiliyorlar mı?
Leylâ ile hep seni konuşuyoruz :
"Babam mektubu ne zaman alacak?" diye soruyor hep...
"Bu gece yatacağız, sonra alacak, değil mi?" diyor.
Peynirli pide yaptık,
                hatırladık seni,
                       bahçede yedik.

Babamız, sizi özledik.

Şimdi Leylâ'nın bir sürü yaramazlığını söylediler.
Onu bir temiz dövmek için mektubu kesiyorum.

Geldi Leylâ.
Azarladım.
Ağlamaya başladı.
Dövemedim.
Koca çınarın altına, iskemleye oturttum,
bir de batan hırkası vardır
                    hiç sevmez
                    giydirdim onu da.
Oturacak minicik burnuyla akşama kadar orda
                                        yapyalnız.
Şimdi sen fena halde acımışsındır.
Ne yapalım fakat,
          adam olması için böyle lazım, babamız.
Başım ağrıyor.
En iyisi hiç çocuğu olmamak,
bunu diyemiyorum bir türlü.
Seviyorum çocukları bütün eziyetleriyle.
On iki çocuğum olsaydı
     dünyanın en bahtiyarı ben olurdum,
düşün :
birinin eksiği ötekinde tamam,
kusurlu ayrı ayrı
              ama on ikisi birleşince mükemmel bir tek adam
                                             ve onun annesi ben.

Hesabettim :
bugün tam
              sen içeri gireli üç sene oluyor
ve ben ağabeyimin evindeyim iki senedir.
"Hapiste günler ağır geçer
                         seneler çabuk," derdin,

hapiste insanı olan için de öyle :
günler ağır
seneler çabuk.

Ellerinden öperim kocacığım,
babacığımız ellerinizden öperiz.

3.

Telaş, kıyamet,
burda bir maskelemektir gidiyor,
herkes maskeliyor evini.
Ben oturmuş, masallar okuyorum :
Leylâ'ya değil, kendime.
"Bir varmış, bir yokmuş," diye başlayan,
"Gökten üç elma düştü : biri size, biri bana,
biri de masalı okuyana,"
diye biten güzel masallar.

İyi günler, iyi günler,
"Onların geleceği yok," diyenin ağzı kurusun.

Dün
yengemin odasında oturuyoruz,
biri geldi :
"Cemilânım'ın," dedi, "evi," dedi, "yanıyor."
Fırladık,
meğerse Şahin Paşaların eviymiş yanan.
Çatısı henüz tutuşmuş, alevler çıkıyordu gittiğimiz zaman.
İtfaiye geç geldi.
Hortumları yoktu.
Hepsi tamam oluncaya kadar ev yandı.
Üç itfaiye neferi düştü balkondan :
birisi ağırca yaralı, ikisi hafif.
Bütün bunlar gözümün önünde oldu.

Hayret ve çaresizlikle bunaldım.
İçindekileri pek tanımam,
ahbaplığım yok,
fakat evi tanırım yirmi seneden beri.
Sanki yirmi yıllık bir dostumu kaybettim.
Alevler karşımda gibi hâlâ.
Sonra düşün ki bugün bir ev, bir şehir, bir dost değil
dünya yanıyor.
Şu bizim çizgili çizgili yusyuvarlak şeyimiz
tutuşmuş dönüyor karanlığın içinde,
(bu işin resmini böyle yapıyorlar da
hep gözümün önünde o.)
Radyo gazetesini dinledim dün akşam :
"Dayandı harp âfeti hudutlarımıza
çepçevre yangındır, dört bir yanımız,"
gibi bir söz.
Aklımda bu söz şimdi.
Şimdi öyle canlı bir şey ki yangın benim için,
şöyle bir yan gözle pencereden geceye baksam
göreceğim sanıyorum bahçede çepçevre bütün ağaçların tutuştuğunu.

4.

Sevgilim,
öyle tuhaf günler geçiriyorum ki anlatamam.
Erkenden kalkıyorum :
ortalığı toplamak
yemek pişirmek
dikiş dikmek filan derken gün tamam.
Hiçbir yere gittiğim yok.
Helecan içinde evde oturuyorum.
Bu günler helecanlıyım pek.
Yalnız ben değil
herkes de öyle ya :

oldukları yere sinerek
kulaklarını dikip
bir şeyler dinleyen tavşanlara benziyorlar.
Hani, höt, dese biri,
fırlayıp kaçacaklar bayır aşağı.

Şekerim,
o kadar inanıyorum ki sana
sana benzemek istiyorum.
Doğru dürüst beş sene beraber yaşadık,
üst tarafını hapislerde geçirdin.
Şikâyet etmiyorum,
hayatımız böyle de güzeldi.
Nerde olursan ol,
uzak, yakın,
insan senin iptilana tutulur.
Sen zatısın iptilanın,
(ne tuhaf söz
başında büyükbabamın fesi,
çenesinde kıranta, çember bir sakal,
ama, söz benim.)
Görüyorsun ya, ey cânü tenim,
(böyle denir mi?
ama içimden geldi)
mektupla halimi arzetmesini bilmiyorum.
Ağzımda sana söylenecek lakırdılar köpürüyor.
Kalemi, kâadı bırak,
yüz yüze gelip
konuşmak seninle :
sesinin yanında
sesimi duymak.

Gözlerinden öperim,
hayır, ellerinden.
Son mektuplarımda "Ellerinden öperim" demiyorum galiba.
Bak da, yaz.

İçim burkuldu,
        nasıl olur da öyle demem?

5.

Bir sürü dünya münasebetsizliğiyle uğraşıyorum.
Hepsini alt etmeye ahdettim.
Yine bekledim piyangoyu
                    çıkmadı.
Yine alacağım, inadettim,
                  hem de bak görürsün, elli bin vuracak.
Komşumuz Cemilânım her gün bana geliyor,
                            ama yalnız bana
                                   biraz da anneme.
Bir saat oturur, gider.
Sen onu tanımazsın,
               ama o seni seviyor,
                            sen de onu sev.
Ne harikulade kadın.
Güzel ela gözlerinde kuyruklu sürmeler,
                      küçücük ağzı boyalı,
                      yaşı altmışa yakın.
Tansiyonu düşük, kalbi var.
İşi gücü, aklı fikri : resim yapmak.
Kızlığından beri yaparmış.
Kocası ölünce on sene evvel
mücevherlerini satıp Roma'ya gidiyor elli yaşında.
Bereket versin ki satmamış burdaki evini
yoksa dönüşünde acından ölecekmiş kadıncağız.
Şimdi geçiniyor alt katı kiraya verip.
Evi bir âlem :
püsküller, saçaklar, incik boncuklar,
sonra dağ taş resim :
        yağlıboya, pastel,
hepsi birbirinden güzel çıplak kadın resimleri.

Bir iki erkek başı da yok değil,
ama onlar da peri padişahının oğlu.
Sonra o ne tatlı, yumuşak renkler :
şarap tortusu, gülkurusu, yavruağzı,
ve karyağdıların, pembelerin çeşidi,
limonküfü, camgöbeği, zümrüt yeşil
ve pırıl pırıl eflatun.
Sabahtan akşama kadar
haşır neşir boyalarıyla hatun.
Burnunda gözlüğü,
(onu yalnız resim yaparken takar,
çünkü dehşetli nefreti var ihtiyarlığı hatırlatan şeylere
gücenip küsüyor ihtiyarlığının ima edilmesine bile,
insana düşman oluyor adeta),
ne diyordum,
burnunda gözlüğü
fırçalar dişlerinin arasında,
(kırmızı saplı, beş kuruşluk küçük tutkal fırçaları,
çünkü ötekiler çok pahalıymış.
Zaten tuvalini bile kendi yapıyor :
patiskayı tutkalla üstübeçleyip),
ne diyordum,
dişlerinin arasında fırçalar
ve sürmeli gözlerini kısıp süzerek
kendini bir kerre kaptırdı mı renklere
dünya yıkılsa farkında olmuyor.
Nitekim farkında olmamış Şahin Paşaların evi yanarken.
Ertesi gün bana :
"Yazık göremedim, resme dalmışım, kızım," dedi,
"fakat yangın yerini gördüm demin
yangın yeri çirkin.
Halbuki alevler güzeldir :
şarabînin, kızılın, turuncunun nüansları,
biraz da gazel yaprağı hatta."
İşte benim Cemilânım böyle, şekerim.

Hamiş :
Cemilânım'ın kedisi
bizim civcivi kaptı.
Leylâ sana bunun resmini yaptı,
şimdi getirdi,
o da zarfa konacakmış.
Leylâ'ya göre en mühim hadise bu.
Belki, hele şükür,
belki, ne yazık,
insan oluyor kızımız artık.
Ellerinden öperim.

6.

Leylâ uyuyor.
Bugünlerde pek iyileşti.
Fakat dün ağzında değnekle iskemleye çıkmış
düşmüş.
Değnek battı damağına.
Bu kadarla geçiştirdik.
Gece yatakta benden gizli ağladı hep.
Ölümden pek korkuyor,
"Ölür müyüm?" diye sorar hemen.
Bu kızda bu ölüm korkusu neden?
Hem anlatsana bana :
nasıl oluyor da çıldırmıyoruz
öleceğimizi bildiğimiz halde?
Yoksa, ben ölmem gibi mi geliyor insana.
Dayım söylüyor :
cephede herkes böyle düşünürmüş,
doğru mu?
Yoksa ölmeye de mi alışıyoruz
ihtiyarlamaya alıştığımız gibi.
Bence bunun sebebi şu :
herbirimizdeki kısalığına rağmen

yaşamak daha kuvvetli ölümden.

Burda herkes dışarlara gidiyor,
ama bizim gibi cesaretle oturanlar da var.

Sana bir havadis :
Dün İstanbul'a inmiş Cemilânım,
bilmem nerde halis İngiliz üstübeci varmış, onu almak için,
çünkü beyaz boyasını kendi yapar cevizyağıyla ezip üstübeci.
"Vapura bindim, kızım," diyor,
                    "çıktım güverteye.
Her taraf havayi maviyle altın sarısı,
biraz gümüşüyle külrengi de karışık.
Gölgeler çok açık mor,
süzme bal gibi bir ışık...
Karşımda iki genç oturuyor :
biri bayan, biri bay.
Bayan inadına çirkin,
                    bay inadına güzel.
O ne renkler, o ne ten, o ne saç.
İnsan değil, pastel.
Bir de açıkkestane bir pardösü giymiş,
kumaş da galiba ipekli biraz,
                    o ne kıvrımlar,
                              doyum olmaz.
Sabrettim, sıktım dişimi, nihayet dayanamadım,
gözlüklerimi taktım burnuma,
ilkönce yan gözle, sonra biraz daha, biraz daha cesaret
derken, kapıp koyuverdim kendimi renklerine bayın.
Ben böyle dalmış giderken tıraş yerindeki bir açık yeşile
birdenbire kıyamet koptu, kızım,
adeta saldırdı üstüme ağzı köpürmüş çirkin bayan.
Yeryüzündeki bütün ölü renkler suratında kadının.
Neler söylemiyor :
Bay nişanlısıymış, ben deliymişim, polise verecekmiş beni,
— Utanmaz, azgın kocakarı, diyor.

Etraftan gülüşüyorlar.
Bay ağzını açmıyor, kırıtıyor sadece.
Erkek değil mi, memnun.
Şükür, çok geçmeden vapur yanaştı köprüye, çıktık.
Ne dersin bu işe, kızım?
Karı kıskandı beni."

İşte Cemilânım'ın başına gelenler.
Dikkat ettim :
        bugün gözlerinde kuyrukları biraz daha uzun sürmeler vardı,
ve "Karı kıskandı beni," derken
                                        bahtiyardı.

Halil,
kim bilir nasıl gülerdin,
sana geçen yıl
hatta beş gün önce yazsaydım bu hikâyeyi.
Ama şimdi hiçbir şeye gülmek gelmiyor içinden,
benim de öyle.
Bazan ayıp sayıyor gülmeyi insan.
Bugün 1941 yılı 27 Haziran.

7.

Ben burda çok rahatsızım.
Yazık ettim evimi kapadığıma.
Ama ne yapabilirdim ki...

Ağabeyim :
        hep o eski bildiğin adam,
yengem :
        hep o eski halinde :
                tembel, kederli, kayıtsız
                                mağrur ve zaman zaman dehşetli atak.
Artık sabah on birde çıkıyor yataktan.

evin içinde bir hayalet gibi dolaştırıyor
kansız, sarışın güzelliğini.
Şimdi daha iyi anlıyorum ki kabahat ağabeyimin.
Bu kadına başka çeşit bir koca lazımdı :
kuvvetli, cesur, ağır bir erkek.
Halbuki kısacık boyu, tombul kadın elleriyle zavallı ağabeyim,
keyifli zamanlarında göbek atışları,
kızınca saç saça, baş başa dövüşmesi yengemle.
Sonra sevgi meselesi...
Yengemi sevmez mi ağabeyim?
Sever.
Hatta
maalesef
bu sevgide bir çocuk içliliği bile vardır.
Fakat her şeyin üstünde ağabeyimin kendi rahatı.
Hem de ne tuhaf bir rahatlık :
derli toplu ev,
temiz yemek,
aydınlık bir sevgiyle filan alakası yok.
Evin içini pislik götürüyor, darmadağın,
hani boğulacağız,
ben ortalığı toplamasam biraz.
Sevgiye gelince
malum.
Ama anlıyorum,
ona göre rahatlık :
alıştığı şeylerin değişmemesi.
Çünkü dehşetli korkak.
Tüccarlığı da öyle :
hep alıştığı küçük dalavereli işler,
korkuyor büyüklerine girişmekten.
Onu korkutan iflas yahut ceza ihtimali filan değil,
(bu gelmiyor aklına)
onu başkalık korkutuyor.
Sonra......
Dur şekerim,

sana ağabeyimi çekiştiriyor muyum, ne?
Ben onu bütün kusurlarıyla severim,
kavga ederim benden başkası söylese bu sözleri,
                                        hatta seninle bile...
Mamafih
ben burda hiç de rahat değilim...

Kocacığım,
dünya ile kessem de alakamı bir dağın tepesinde yaşasam,
                                        yapamam değil mi?
                                        Sıkılırım herhalde.
Hep aklımda fikrimde senin çıkman.
Çık,
    bir hafta sonra ölmeye razıyım.

Bu mektup burda kesildi kaldı
                                bekledi iki gün.
Anla, ne haldeyim,
yorgunluktan sinir gelmiş.
Bir sürü ilaç
            pis kokulu bir şeyler.
İçmem lazım,
içerim, sen çıkarsan eğer.

Birbirimize neye mal olduğumuzu anladık bu sefer.
Hiç kavga etmeyiz gibi geliyor bana artık,
                    yoksa yine eder miyiz dersin?

Sana dehşetli ihtiyacım var.
Bugünlerde çıksan bana ne büyük iyilik edersin.

Şimdi bir mektubun daha geldi,
oturdum, okudum, bir güzel ağladım.
Ben artık ağlıyorum.
Senelerdir ağlamadan acı çekmeyi öğrenmiştim.
Şimdi ağlıyorum yine,

bilmem neden?
Beni ağlar görünce Leylâ da ağladı.
Anlaştık bu işte ana kız :
                    beraber ağlıyoruz.

8.

Biliyorum senin on beş lira hikâyesini :
    kendi paltonun dikiş parasını bana göndermeye kalkıyorsun.
Derhal diktir onu.
Benim param var,
kazanıyorum dikiş filan dikip.
Ankara'dan işleme perdeler ısmarladılar,
                                        yatak örtüleri.
Beraber çalışıyoruz Cemilânım'la.
Ben işliyorum,
o da perdelere kocaman güller, menekşeler, kasımpatları yapıyor.
Ayda kırk elli lira kazanıyoruz,
yarısı benim, yarısı onun.
Hatta biraz para bile biriktirdim.
Adeta zengin olacağım alacaklarımız takıntıda kalmasa.
Şimdi bunları bırak...
Hitler altı haftada hepsini yenecek diyorlar.
Zor yener.
Eceli gelen köpek...
Ümit yenilir miymiş?
Mahpus karılarına, analarına sorsunlar bunu.
Belki sendeler, düşer gibi olur, ama yenilmez.
Mesela, ben mahpusun karısı
dehşetli acı çeker, hatta sarsılabilirim,
nitekim bugünlerde kötüye doğru gidiyorum
                                    doludizgin hem.
Fakat imkânı yok yenilmem.
Sonra insanlığı düşün
                    ve onun ümidini.

9.

Öğrenip bildireyim diye
bir sürü iş havale etmişsin.
Hiçbirini yapmayacağım.
Yeni bir şey öğrenmek istemiyorum.
Sen öğren
ve bildirme bana.
Ben bugünlerde haberle değil
ümitle yaşamaya mecburum.

Canım hiçbir iş görmek istemiyor.
İçimde bir sabırsızlık
bir sıkıntı var.
Bir şeyler bekliyorum
ama bilmiyorum ne olduğunu.
Bana öyle geliyor ki
şimdi, şimdi, nerdeyse,
kapı kendiliğinden açılıverecek
ve o şey apansız içeri girecek.
Yahut da yerimden kalkarak
ayaklarımın ucuna basıp
perdeyi aralık ediversem,
(pencerem ikinci katta olduğu halde)
göreceğim camın üstünde ellerini onun,
(elleri varsa eğer).
Yahut, kendim de farkında değilim ama
ben bir yolculuğa çıkmak üzereyim,
beni bir yerlere çağıracaklar.
Masada, bir başına, bir kitap duruyor.
Belki de onun altındadır o,
(kitabın altına sığacak bir şey),
onu oraya kim koyabilir?
Kitabı kaldırıp baksam
mesele kalmayacak.
Fakat kaldırmıyorum kitabı :

aklım kolumu tuttuğundan
yahut da ezamı uzatmak için.

İşte böyle şekerim,
hep içimden "işte böyle" demek geliyor.
Ne tuhaf, değil mi?

Ellerinden öperim.

10.

İki gündür
bahçede toprağın üzerinde kımıldanmadan oturup kitap okuyorum.
Kolumu kaldıracak halim yok.
Cemilânım'daki kiracının çocuğu keman çalıyor.
İlk geldiğim sene yeni başlamıştı kemana :
                                        do, re, mi, fa, sol,
                                                şimdi Çaykovski.
O, bu yıllar içinde bir iş yaptı demek.
Ben ne yaptım, peki?
Yıllarım balıksız bir deniz gibi boş aktı ve akmakta.
Ne için yaşıyorum?
Bahçede annemin kasımpatları açmış renk renk.
Seyrediyorum onları iki gündür.
Kasımpatlarını seyretmek
                    Ömer Rıza'nın tercümesi bir roman okumak
                            ve komşunun kemanını dinlemek için yaşamak
                                                                    kâfi mi?

11.

Kocacığım,
gözlerimi tavana dikerek
                            upuzun, sırtüstü yatmak.

Renkleri mümkün olduğu kadar silip
sesleri mümkün olduğu kadar yumuşatmak
Buna dehşetli ihtiyacım var.
Sakin bir yerde, beyaz bir oda,
küçük bir karyola,
hayır, büyük bir karyola ve içinde ben uzanmışım,
sen başucumda oturup sessiz bekliyorsun beni.
Daha bunun gibi bir sürü şeyler
hep istirahata dair.

Yağmur çamur
üç gündür arıyorum Kartallı Kâzım'ı,
gitmiş.
Sana çiroz gönderemedim :
bitmiş.
Elbiseni burada satmaya imkân yok,
herkes bir şeylerini satıyor
ve zenginler "bir şeyleri" değil,
apartıman satın alıyor.

12.

Ah şekerim, ah şekerim,
Cemilânım öldü.
Ölürken yanında ben vardım,
gitti.
Öleceği aklıma gelmedi hiç.
Bir otomobil nasıl durursa öyle durdu
ve bitti.
Duvarlarda kaldı şarabîler, havayi maviler, altın sarıları.
Ne tuhaf,
son nefes derlerdi, anlamazdım,
şimdi ne demek olduğunu biliyorum :
her şeyi bırakıp
bir daha dönmemek üzre hiçbir yere, hiçbir şeye, birdenbire gidersin.

Bu ölüm beni ayılttı.
Sucuk pastırma geldi avukattan
gönderiyorum sana da
afiyetle yersin.

13.

Dayımın evinde bir odaya taşındım.
Otuz beş yaşındayım,
şaştın mı?
Her beş senede bir büyürüm ben.
Görürsün bak,
yeni odamda yeni bir hayatım olacak.
Şimdi yine eşya yerleştireceğim.
Ne de çok eşyam varmış.
Hepsi de bir tek odaya nasıl sığarmış nasıl sığacak?

Kitaba düştüm,
sabahtan akşama kadar okuyorum.
Kitaplar akıllı
kitaplar aptal.
Kitaplar büyük
kitaplar çocuk.
Kitaplar en uzak, en güzel yolculuk,
fakat kısır
fakat sensiz...

14.

Saat yarım.
Dayım radyoyu açtı
İngiltere'yi dinliyor.
Rostof şehri kurtarılmış.

Hatırlıyor musun,
Leylâ yedi aylıkken kuşpalazı olmuştu.
Geç kalmışız.
"Hemen ameliyat" dedi doktor.
Susuz bir balık gibi yavrum ağzını açmış, yatıyor.
Ufacık boğazında koskocaman hırıltılar.
Kollarında hareket yok
            yalnız tombul, minik bacaklarını kımıldatıyor.
Hatırladın ya babası?
Doktorun aletleri geldi mi gözünün önüne?
O pırıldayan şey neşterdi, değil mi?
O ne kadar çok gazlı bez, pamuk?
Beni niçin dışarı çıkardınız?
Ben buna nasıl razı oldum, nasıl?
Bekledim kapının önünde
                        tırnaklarımı yiyip muttasıl,
                            (halbuki hiç de yaptığım iş değildir).
Birdenbire sen açtın kapıyı
                    ıslaktı gözlerin.
Doktor dokundu omzuma :
"Geçmiş olsun, yenge," dedi.
Ve ancak altıncı gece
            (Leylâ mışıl mışıl uyuyor
                        küçük bir dünya gibi nefes alıyordu),
      gözlerimin içine bakıp doktor,
                        bir hayli bahtiyar, biraz mağrur :
"Eh, kızını kurtardık, yenge," deyince
birdenbire müthiş bir sevinç sonra tuhaf bir kederle burkuldu içim.
Öyle ya,
düşün bir defa :
en çok benim olan, benden olan bir şey
kurtulmuştu benim en küçük bir yardımım olmadan.
Benim çocuğum
            yeniden dünyaya gelmişti bensiz,
                                benim dışımda.

Ne dersin?
Nasıl bir sebep olabilir
şimdi bunu birdenbire hatırlayışımda?

15.

Evimin içinde ayağının sesini duymak istiyorum,
istiyorum ki kapımı çalasın
sana kendi elimle açayım kapımı.
Fakat kunduralarını taşlıkta çıkar kuzum çamurluysalar,
terliklerin seni bekliyor zaten.

Sana kendi elimle yemek pişirmek istiyorum,
kendi elimle kurmak soframızı.
Yalnız,
bulaşığı yine eskisi gibi beraber yıkarız.

Seninle aynı kitapları okumak istiyorum,
(elbet yine anlatırsın bana anlamadığım yer olursa).
Kendi elimle yıkamak istiyorum çamaşırlarını
ve söküklerini dikmek.
Ve istiyorum ki kendi elimle alayım tozunu yazı masanın,
(darmadağınıklığını bozmaya kıyamadan).
Fakat artık
sen de minderin üstünde unutmazsın yanar piponu
ve külünü dökmezsin döşemeye.

Çalıştığın yerde seninle yan yana çalışmak istiyorum,
dövüştüğün yerde yine yan yana dövüşmek,
(ekonomik istiklal için
ve ev işleri esirliğinden filan kurtulmak için değil)
burnunun dibinden ayrılmamak için.

Ve nihayet
en dehşetli hakkımı

seninle aynı yastıkta uyumak istiyorum
ve çocuk doğurmak sana
en az daha iki tane..."

Ayşe'nin mektuplarını katlayıp yerine koydu Halil.
Uzandı karyolaya sırtüstü.
Dört duvar taştan,
pencerede çırılçıplak demirler,
beton soğuk.
Senelerdir :
beton, taş, demir.
Artık yumuşak bir kumaş
tahtası bol sıcak bir oda
hatta tenteneli bir yastık hasreti.
Gözlüklerinin altına çekildi Halil.
Dışarda akşam, dışarda şehrin üstüne kar yağıyor lapa lapa.

II

Bu 42 yılının bahar gününde
gelmişler dağların dibindeki ovadan
oturmuşlar Akdeniz'e karşı.
Üç nokta şehri arkalarında, yukarda, seddin üstünde.
Yüzlerinde güneşli suyun ışıltısı.

Sarkıtmış rıhtımdan bacaklarını Ali Kiraz.
Kocaman yumrukları dizlerinde.
Ablak yüzünde gözleri iki kara böcek gibi kıvıl kıvıl.
Ali Kiraz'ın sesi güzel.
Ali Kiraz gazel okur
tevatür okur,
gıramofon gibi düzeltir sesini.
Ali Kiraz cesur.
Bir karı oynatma işinden dövdü jandarma onbaşısını,
altı ay hapiste yatıp çıktı
ve parlak kara saçlarını uzatıp
arkaya doğru taramayı öğrendi orda.

Ali Kiraz bembeyaz dişlerinde pırıltılarla anlatıyor,
sesinde biraz alay
biraz kendini beğenmişlik :
"— Ben Çanakkale'de inzibat neferiyken
yüzbaşı vardı.
Evine üzüm götürdüm
karısına
eve.
Sepeti verdim içeri.
Şimdi içerde salkımları yiyor çatır çutur öyle,

kadın kıtlıktan çıkmış sanırsın.
Ben de anahtar deliğinden bakıyorum.
Bir tabağa üzüm koymuş getirdi bana,
'Sen de ye,' dedi.
Tabii ben de yemeye başladım.
Bu sefer bana soruyor :
'Sizde üzümü nasıl yerler?'
Ben dedim :
'Senin içerde yediğin gibi.'
'Ulan hınzır puşt,' dedi, 'nerden gördün,' dedi, 'benim üzüm yediğimi?'
'Baktım,' dedim, 'anahtar deliğinden.'
Güldü.
Yani anlarsın ya,
yani kendini bana kibar göstermek istiyor,
biz köylü çocuğu,
dalga geçecek benimle,
üzüm yemesini bilmezmişiz gibilerden."

Ali Kiraz sustu.
Esmer, kocaman, elma yanaklı yüzünde yorgun bir gülümseyiş.
Bir taş aldı, denize fırlattı.
Ve teker teker
adeta her kelimeyi bir şeker parçası gibi emerek,
yutkunarak konuştu :
"— Güzel kadındı.
Orta boylu,
çakır gözlü,
beyaz tenli...
Kurnaz karıydı da :
Karnında kırk tane şeytan var
geçerken birbirine değmez kuyrukları.
Bir öğle karanlığında yüzbaşı az kaldı basacaktı bizi,
su küpüne saklayıverdi beni Hasibanım.
Küp de Çanakkale küpü, koskocaman.
Hazır gusül aptesti aldık.

Lakin az kaldı boğulacaktım."

Ali Kiraz yine bir taş attı denize
ve mırıldandı bir daha ele geçmesi mümkün olmayanın mahzun-
luğuyla :
"— Güzel karıydı, müstesna her tarafı canım."
"— Karı milletine boş ver,
tenhada buldun mu gebert..."
Bunu söyleyen Ahmet'ti.
Ali Kiraz itiraz etti :
"— Bu da söz mü be,
köpeğin iyisi bile kadına havlamaz,
çünkü kadın."
Cevap vermedi Ahmet.
Sırtüstü yatıyor,
dayanmış dirseklerine.
Ensesinden başı bir kaldırım taşı gibi avuçlarında,
bir kaldırım taşı gibi dalgın ve manasız.
Yamalı, yollu mintanının göğsü açık
ve yüreği kaburgasının içinde değil de
sanki derisinin altında atıyor.

Ahmet dört yıl önce Hatice'yi samanlıktan alıp kaçırdı :
hali vakti müsait değildi düğün yapmaya.
Hatice'nin babası köyde marangoz.
Dava, mahkeme.
Kız mahkemede rıza gösteriyor
ve geliyor evine Ahmet'in.
Evde beş nüfus oluyorlar.
Ve çok geçmeden
kap, çanak, toprak, öküz
ikiye bölünüyor.
Mal ikiye bölününce
ikiye bölünüyor insanlar da :
Aynı evin bir gözünde Ahmet, Ahmet'in anası ve Hatice,
ötekinde Ahmet'in ağası Osman ve Osman'ın karısı.

Gelinler birbirlerini
kocalar gelinleri dövüyor
ve ana ağlıyor gece gündüz.
Hastalanıyor kahrından öküz.
Ve marangoz yardım etmese kızına
Hatice acından ölecek.
Doğurma vakti geliyor Hatice'nin,
çocuklayamıyor.
Kızımı dövdüler de ondandır, diyor marangoz.
Köy heyeti gidiyor Hatice'nin yatağı başına.
Taze gelin sancılarla kıvranıyor bir yandan,
bir yandan ifade veriyor : Dayak yemedim, diye.
Ve çocukluyor o gece.
Lakin ölü doğuyor çocuk.
Marangoz bırakmıyor kızının peşini,
sarı sakal marangoz kızını geri istiyor :
"— Gel bana, Haticem," diyor,
"seni başka, zengin yere satarım,
durma bunda, bunlar fakir.
Fakirin karısı hayır bulmaz."
Hatice kaçıyor baba evine,
küsüp şehre iniyor Ahmet.
Şimdi Koyunzadelerin pirinç tarlalarında ırgattır
ve dün boşanma kâadı geldi mahkemeden.
Ahmet deminki sözü Hatice'ye kızdığından değil,
kendi eşşekliğine kızdığından dedi.
Küsüp şehre inecek yerde
kaçan karıyı saçından tutup geri getirmek vardı,
yahut da şimdi gidip marangozu öldürmek var.

Ahmet'in sağında çömelip dinelmiş Çolak İsmail.
İriyarı, arslan gibi, kırk beş yaşlarında bir adam.
Yeşil suyun üstünde sallanan demirli kayıklara dikili ela gözleri.
Çolak İsmail karşılık verdi Ali Kiraz'ın sözüne :
"— O senin köpeklerin havlamadığı karılar
şehirli karılarıdır,
yüzbaşı karıları,

bizim karılar değil.
Bizim karılar,
bir köylünün karısı bir merkep demektir."

Çolak İsmail'in kara, keskin kaşları çatık.
Ve etli, kırmızı ağzının üstünde,
bir tek teline bile ak düşmemiş
pırıl pırıl, cilalı abanoz gibi bir bıyık.

İsmail'i, seferberlikte, yaşı on altı olduğu halde,
tutup askere gönderdiler.
Domuzuna yiğitti.
Yozgat taraflarına jandarma gitti.
Ve Ermeniler kesilirken
kana battı göbeğine kadar.
Kaçtı, eşkıyalık etti.
Seferberlik bitti,
döndü köye,
kemeri : küpe, bilezik ve gümüş mecidiye dolu.
Dirseğinden kesilmişti sol kolu.
Kuvâyi Milliyede askere almadılar.
Evlendi.
Evlendiğinin üçüncü günü portakal getirdi şehirden,
altın külçeleri gibi dizdi rafa.
Gece kahveden gelince baktı, bir tanesi yok.
Sordu karısına : "— Kim yedi portakalı?"
Kadın : "— Ben yedim," dedi.
Çolak İsmail davul gibi şişirdi karısının kafasını gözünü :
"Vay, sen benim portakalımı yedin," diye.
Ve cehennem başladı o geceden sonra kadın için.
Çakır gözlü, fıstık gibi bir kadındı Emine.
Yıkana yıkana, basma gibi soldu gözlerinin mavisi
ve kuru kabuktan ibaret kaldı kadın.

Çolak İsmail her yerde, her zaman böyle :

suratını duvara asar öyle gezer,
yüzüne bakılmaz.
Bu dünyada yalnız iki şeye düşkün :
kumara ve on yaşındaki kızına.
Ağılların içine girdiği zaman ağıllar bile ağlar.
Keçiyi bacağından ağaca asıp döver :
sütü sağılırken rahat durmadı diye.
Oğlunu yazın çalıştırır
kışın kovar evden.
Mazlum, ağır delikanlıdır İsmail'in oğlu Ömer.
Lakin oğlan bazı bazı düşünür :
"Bu anamdan başka bir kadın doğursaydı beni bu heriften
şart olsun taşla ezerdim karının kafasını."
Çünkü Ömer, anasının bu biricik
fakat bu dehşetli suçunu bağışlayacak kadar
gözü gibi, canı ciğeri gibi kocakarıyı sever.
Kocakarıyı da kovdu Çolak İsmail bu kış.
Dayısının evine gitti kadın.
Bir de yorgan götürmüş.
Ömer'e İsmail, "— Git, yorganı anandan al," dedi,
"vermezse döv,
zorla al."
Gitmedi Ömer
ve yere serilinceye dek Çolak'tan dayak yedi,
kan içinde ayıldı ve karar verdi babasını öldürmeye.
Söyledi anasına :
"— Herifi uyurken vuracağım."
Ana ağladı :
"— Yedi canlıdır baban,
seni, beni de, öldürür sen onu birde öldüremezsen.
Bin yıl yaşa diye beddua almış Ermeni papazından.
Vazgeç oğul.
Ben çilemdir çekerim.
Sen şehre git, çalış boğaz tokluğuna,
kurtar tatlı canını."

Şehre indi Ömer.
Yaz geldi, oğlunu aradı Çolak İsmail.
Alıp götürecek.
Köyde işin hızlı zamanı.
Bu sabah çeltik fabrikasında buldu oğlanı.
Yalan söyledi :
"— Ömer," dedi,
"anan hasta.
Döşekte serilmiş yatar.
Seni görmek ister.
Gel gidelim köye, Ömer.
Telaşelenme, işini bitir.
Seni deniz kıyısında Giritli kahvenin orda beklerim,
içinde değil, yanında.
Paranı iste ağadan.
Çok para kazandın mı?
Kız kardeşine de basma filan alırsın.
Benim de mintan eskidi.
Anan, getir oğlumu, dedi.
Telaşelenme işini bitir.
Seni beklerim deniz kıyısında akşama dek."

Ve bekliyordu.

Ali Kiraz'ın solunda oturan Kadri Pehlivan sordu :
"— Alaman'ın uçağı sizin oraya düşmüş, öyle mi Kiraz?"
"— Düşmedi, indi."
"— Gazı mı bitmiş?"
"— Uçak gaz yakmaz, benzin yakar, pehlivan dayı."
Ve Ali Kiraz düşündü :
"Atın aptalı rahvan olur,
insanın aptalı pehlivan."
Ve devam etti esrarlı bir bilgiçlikle :
"— İngiliz'i bombardıman etmişler, dönerlermiş,
arıza olmuş motorda,
yani çarklarında, anlarsın ya.

Vakit de gece,
bizim orayı Rodos sanıyorlar,
iniyorlar.
Hasan'ın tarlasının alt başındaki çalılığın oraya.
Sabahleyin boş bir kibrit kutusu görüyor pilot,
yani tayyarenin kaptanı, anlarsın ya.
Kutunun üzerinde ay yıldız.
Vay, diyorlar, Türkiye'ye inmişiz.
Biz haber aldık, muhtar falan gittik.
Baktık, kırıyorlar gizli aletlerini.
Nahiyeye telefon ettik.
O sıra Alaman'ın biri..."

Kadri Pehlivan'dan başka dinleyen yoktu Ali Kiraz'ı.
"Oğlanın elinden parayı nasıl alsam,"
diye düşünüyordu Çolak İsmail.
Ve sırtüstü yatan Ahmet'in aklında
artık bir daha öpüp koklayamayacağı memeleri vardı Hatice'nin.
Fakat elli metre kadar ötede, Giritlinin kahvesinde
aynı uçağın sözü ediliyordu.
Gümrük Muhafaza memuru Kâmil Efendi :
"— Ankara'dan emir gelmiş," diyordu,
"Alaman tayyare zabitanına itibar gösteriniz,
maşinaya bindirip gönderiniz Ankara'ya.
Emir, emir.
Koyunzade ziyafet verdi kulüpte.
Vali Bey, Alay Kumandanı, Polis Müdürü geldiler.
Emir var Ankara'dan : hoş tutunuz.
Emir, emir."

Priştineliydi Kâmil Efendi.
Yugoslavya'da jandarma çavuşluğu, hassa neferliği yapmış.
Akıl almayacak kadar ince uzundu boynu
ensesi bilhassa.
Boru gibi bir sesi vardı.
Hafif tertip sağırdı.

ve bu yüzden ağzı açık dururdu hep.

Giritli kahveci Rumca bir pilak koydu gıramofona.
Hazdan ürperen tiril tiril mandolinler doldurdu kahveyi.
İstanbullu Ramiz —
kahvecinin yeni çırağı —
okşadı ince kumral bıyıklarını bir müddet,
sonra çekip aldı, sol omzuna atılı duran mendilini :
"— Elado vre karagözlüm," dedi, "elado vre Eleni.
    Adalar, Arnavutköy, Samatya.
    Ah be İstanbul ah.
    Kekeres boynos?
    Suları, havası, balığı, çileği,
    Türkü, Ermenisi, Rumu,
                    Yahudisini de kat içine,
    koktu mis gibi burnumda, ahparın gırlas?"

Arka tarafta bir ses
sordu kıskanç bir hakaretle :
"— İstanbul'un o kadar makbuldü de bırakıp niye geldin?"

Ramiz arkadan bıçak yemiş gibi döndü sesten yana.
Kıpkırmızıydı buğday benizli çekik yüzü.
Yapıştırdı çenesini göğsüne,
kalayı basacaktı.
Çıplak ayaklarında tulumbacıları ilişti gözüne :
paramparçaydılar,
yalnız sivri burunlarının bozulmamıştı kalıbı
ve bol paçaları tiftiklenmiş pantolonun altında
                    karaya vurmuş iki balık gibiydiler.
Yuttu Ramiz dudaklarının ucuna gelen küfrü.
                    Sırıttı :
"— İstanbul'umuz," dedi, "makbulümüzdü ama ne yaparsın,
    ot tıkadı çanımıza kambur felek.
    Kambur felek,
                katalavis?

Kimine kavun yedirir, kimine kelek.
(Ve artık sarı kedi gözlerini tavana dikerek
ve r'leri yuvarlayıp
devam etti.)
Bu kış İstanbul kırıldı açlıktan,
İstanbul dersem
sahici İstanbul.
Bir de kış yaptı mübarek,
bir de ayaz,
bir de diz boyu kar.
Kömür de yok.
Neden sonra ayda beş kilo kömür
bir kalıp sabun verdiler nihayet.
Ben Beşiktaş'ta biraderin evinde bulunuyordum.
Bir karısı, bir çocuğu var.
Yorgancıdır.
Birader kışın şiddetinden
karneye bindiğinden ekmeğin
iş de yok,
karısına bakamayacağını söylemiş.
Millet arpayı kavurup yiyor.
Komşu Murtaza Efendi,
oğlu Memet, kantarcı Belediyede,
bir de annesi,
Beşiktaş, Bayır Sokak, 21 numrolu hanede,
sekiz gün zarfında açlıktan ölüyorlar.
Komşular birbirine yardım etmiyor değil,
ama bugün yardım edenin, yarın kendisi aç.
Birader başını alıp gitti.
Çocuğu yolladık Tuzla'da akrabalara.
Karı Beyoğlu Caddesine düştü.
Feriköy'de teyzeme uğradım :
onlar da açlıktan maçlıktan
kimseler evde yok.
Millet sokaklara dağılmış, kömür, ekmek peşinde.
Paltomu Bitpazarı'nda sattım.

Osmanbey'e geldim.
Bir baktım ki gayrimüslim olanlar,
Kurtuluş'tan, hatta Galatasaray'dan,
Osmanbey Fırını'na hücum etmişler.
Süvari polisler çevirmiş sokağı.
Bir adam fırından çıktı,
bir gözlüklü adam,
elinde ekmek.
Tam çıkar çıkmaz ekmeği elinden kaptılar.
Duydum ki Kasımpaşa'da bir leblebici varmış.
Gittim.
Kapısı fırından kalabalık.
Yol açtım kendime tekme yumruk.
Papeli bayıldık, dört yüz gıram leblebi aldık.
Arkamdan çocuklar koşuyor.
Çıktım Kocamustafapaşa'ya.
İhsan Hanımın dört çocuğu vardı,
dördü de Allah rahmet eylesin.
Sağa sola başvurduk kaldırdık cenazeleri.
Asrî Mezarlığa gittim,
gördüm,
ne göreyim :
ölüler karların üstünde,
kiminin beyaz kefeni var,
kimisi çırılçıplak.
Kurtuluş'ta bir Hıristiyan arkadaşın evine misafir oldum.
Evde karısı, iki tane kızı.
Ne kömür, ne ekmek.
Kendisi de askerde, bir yerlerde taş kırıyor.
Ağlaşıverdiler beni görür görmez.
Bizim palto parasından bir iki buçukluğu bıraktık orda.
Çıktım dışarı.
Üst üste üç kere saydım cepte kalan paraları :
on lira yirmi bir kuruş.

Kesti aklım :

bizim İstanbul'da biz de ya soğuktan ya açlıktan öleceğiz.
Basıp gidelim dedim bu diyardan,
muhacir kuş oldum kırlangıç gibi."

Hikâyesinin bir yerinde çoktan susmuştu Ramiz,
fakat farkında değildi neresinde sustuğunun.
Ve içinden, kendi kendine bir solukta anlatıp bitirmişti onu.
Gıramofonda mandolinler devam ediyor,
gıramofonda şarkı söylüyor peltek bir Rum kızı.

Jandarma başçavuşu Aziz bağırdı Ramiz'e :
"— Kes şu dırıltıyı Ramiz.
Aklım ermez böyle işe benim.
Arapça pilak var mı, onu koy.
Benim için Arabî, Arabî.
Bana yeryüzünde Arap lisanı gibi fasih lisan yok.
Devlet işindeyim on iki senedir
oraya denk gelemedim :
Halep, Bağdat, Mısır.
Hele Mekkei Mükerreme.
Dünyayı ordan şöyle çevirdin mi,
her taraf müsavi, muvazi.
Gençlik âlemimde dört elif miktarında çok durdumdu.
Hocaydı peder, sarıklı.
Huda rahmet eylesin.
Nakşolmuş kemik ve iliklerime
yuva yapmış Arabî, Arabî,
Arabî, Arabî.
Sende iki okka akıl var mı Ramiz?
Arapça pilak var mı, onu koy..."

Pilağı değiştirdi Ramiz.
Çıktı kahvenin kapısı önüne.
Nefes aldı içini çeker gibi.
Karşıya baktı :
deniz

körfez
liman.
Demirli mavnaların, balıkçı kayıklarının, motorların arasından
birdenbire esip kesilen sağnaklar alçaktan geçerek
sularıpul pul ürpertiyor
sallanıyor tekneler.
Dursun'un motorundan bir patalya ayrıldı,
içinde iki kişi,
biri kürek çekiyor, biri kıçta, ayakta.
Evkafın zeytinliklerine gidiyorlar.
Zeytinlikler Nar Dağının eteğinde
sol kolunda körfezin.
Sağ kolda kırmızı, yalçın kayalarla biten burun.
Karşıda harap mendirek :
Romalılardan, hatta belki de Fenike'den kalma.
Çocuklar yüzerek oraya giderler :
martıların yumurtalarını çalmak için.
Mendireğin ötesi açıkdeniz
koyu lacivert,
besbelli orda yığının ağırlığı.
O böyle kesif, o böyle uzayıp yayılıyor bir müddet,
sonra yağlı, beyaz yollar başlıyor laciverdin üstünde
gemiler geçip gitmiş de iz bırakmışlar gibi.
Ve sonra, en uzakta, ufukta
güneşin altında pırıl pırıl, dümdüz
henüz pulanya edilmiş gibi denizin yüzü.
Orda deniz kaypak ve cıvık bir unsur değil,
orda kudretli, emin bir madenin ferahlığı.

Kapının eşiğine oturdu Ramiz.
Kendini dehşetli yalnız,
alabildiğine bedbaht hissediyordu.
Birdenbire gördü gelenleri :
kırmızı kayalıklı burnu dönmüştüler,
iki küçük,
iki siyah tekne.

Sönüktü yelkenleri.
Kürekler perişan inip kalkıyordu suyun üstüne...
Kahveden içeri seslendi Ramiz :
"— Adalardan iki mavna geliyor yine."
Kahvedekiler dışarı fırladılar.

Gelen iki teknede elli, elli beşerden yüz kişi kadardılar :
kadın, erkek, çocuk,
kundakta bebekler bile.

Rıhtımdaki köylüler de gördü gelenleri.
Ali Kiraz (Çanakkale küpünde gusül aptesti alan) :
"— Bunlar adaların Rumları," dedi, "Alaman'dan kaçıyorlar."
Sordu Kadri Pehlivan :
"— Neden?"
Ali Kiraz öfkeyle baktı Pehlivana :
"— Neden olacak,
baklava börek yemekten bıkmışlar da ondan."
Ahmet
(sarı sakal marangozun eski damadı)
kalktı ayağa.
Esnedi.
"— Ben de burdan bir yerlere kaçsam," dedi.
Gelen teknelere doğru şöyle bir baktı Çolak İsmail
(oğlu Ömer'i bekleyen)
sonra konuştu ağzının içinde
(kendi kendine mi, bir başkasıyla mı, belli değil) :
"— Şimdi bu gâvurlarda para vardır,
gümüş köstekli saat filan da bulunur,
karıları da altın haç takar boyunlarına."
Ve abanoz gibi siyah bıyıklarını yaladı
kırmızı, kalın diliyle.

Kalabalıklaştı rıhtım.
Ardiyelerin önünde buğday çuvallarını yere bırakmış
hamallar denize bakıyor,

fırsattan istifade dinleniyorlar.
Durdurmuştu işini zeytin ve pirinç yükleyen büyük motor.
Adanalı köfteci Hacı Sami'nin kızarttığı köftelerin kokusu,
ve yemiş küfelerinin üstünde arılar uğulduyor.

Tekneler harap mendireği geçip girdiler iç limana,
demirlediler.
Gümrük Muhafaza motoru ayrıldı sahilden,
Vali muavini de içinde,
polis müdürü, jandarma komutanı da beraber.

Gelen teknelerdekiler
hep bir ağızdan konuşup ağlaşarak karşıladı onları :
tutunmak, sarılmak, kucaklamak isteyen el ve kol hareketleriyle.

Türkçe bilenler vardı gelenlerin arasında,
Vali muavini de Giritli zaten
konuşur elenikasını Rumcanın.

Erkeklerin uzamıştı tıraşları.
Kadınlar çıplaklıklarının farkında değildiler.
Hepsinin gözleri alev alev
hepsinin yüzleri adeta şeffaf, sarı.
Hepsini ikiz kardeşler gibi benzetmiş birbirine :
açlık, korku, yorgunluk ve ümit...

Rıhtımda, sordu Kadri Pehlivan Ali Kiraz'a :
"— Şimdi bunları ne yapacaklar?"
"— Gerisin geri gönderirler
geçen sefer de öyle oldu."
"— Gerisin geri gidince
Alaman, niye kaçtınız diye kesmez mi bunları?"
"— Keser."
"— Günah be...
Karınları da açtır herifcağızların.
Ekmek vermek de yasak mı?"

"— Değil.
    Geçen sefer de millet öteberi toplayıp verdik...
    İşte baksana, Ahmet ekmek alıp gelmiş bile."
Ahmet
    (sarı sakal marangozun eski damadı)
    koltuğunun altında iki ekmek,
    gözleri karşıya, teknelere dikili,
    ve artsız arasız esneyerek
                    yanlarında dinelmiş duruyordu.

Kadri Pehlivan yine sordu :
"— Peki, aldıklarımızı heriflere nasıl vereceğiz?"
Kiraz Ali cebinden meşin bir cüzdan çıkarmış
                            sayıyor paralarını.
                            5 lira 62 kuruş.
"— Haydi gidelim,
        sen de ne alacaksan al,
                            vermesi kolay..."

Gümrük Muhafaza motoru dönmüştü,
gerekli emirleri verdiler :
"— Ahali yardım edebilir.
    Belediye de yardım edecek.
    Sahile kimse çıkarılmayacak.
    En fazla üç saat sonra gidecekler..."

Karşıda demirli duran iki teknede ses seda kesilmişti.
Rıhtımda hamallar kendi aralarında para topladılar
                            şehre adam yollandı kumanya için.
Kahvecinin çırağı Ramiz tepsi tuttu müşterilere,
sonra, dışarda, ardiyenin önünde Koyunzadeler'in kâtibini çevirip
                        bağıra çağıra zorla 25 lira aldı.

Kumanya dolu kayıklar ayrıldılar sahilden
                            teknelere yanaştılar.
Onlar hep öyle sessiz sedasız duruyordu.

Rıhtımda bir Çolak İsmail'di bütün bu işlerle ilgilenmeyen.
Oğlu Ömer'i düşünüyor :
"Çok gecikirse çarşı kapanır,
kıza basma, bana mintan alamaz,
bir gece daha kalmak,
han parası.
Ömer'in parası var.
Nasıl edip de parayı elinden alsak?..."

Ömer geldi.
Yüzü asık.
Böyle surat astığı zamanlar babasına benziyor.
Öptü elini Çolak İsmail'in :
"— Gidelim, baba," dedi.
"— Gidelim, Ömer.
Önce bir çarşıya uğrarız..."
"— Öteberi mi alacaksın, baba?"
"— Benim bir şey alacağım yok,
sen kız kardeşine basma, bana..."
Ömer zevkten titreyen bir hınçla kesti sözünü babasının :
"— O iş olmayacak."
"— Neden? Ağadan paranı alamadın mı?"
"— Aldım."
Sustu Ömer.
Çolak İsmail baktı oğlunun gözleri içine
keçileri bacaklarından ağaca astığı zamanların öfkesini duydu :
"— Öyleyse neden kız kardeşine basma almayacakmışın?"
"— Para aldım ama, kalmadı.
Adalardan muhacir gelmiş, dediler,
para topluyordular
onlara verdim..."
"— Kime? Kime verdin parayı?
Ulan bunlar muhacir değil, gâvur...
Parayı kime verdin, söylesene domuzun bebesi?..
Gidip alalım..."

"— Mümkünü yok baba.
Bizim parayla bulgur alındı da gitti bile..."

Ömer yarı yarıya yalan söylüyor :
parasının yalnız yarısını verdi
ve sadece muhacirlere acıdığı için değil
bilhassa babasına inat.

Çolak İsmail bütün hırsıyla kaldırdı sol kolunu :
bir tokat.
Ömer sallandı.
Sonra art arda üç tekme birdenbire
ve Ömer yıkıldı yere.

Karşıda, denizde tekneler demir aldılar.
Perişan küreklerini çekerek çıktılar limandan.
Ramiz ağlayarak baktı arkalarından.
Gittikçe ufaldılar.
Ve akşam karanlığında, açıkdenizde iki nokta kaldılar...

III

Hapisanede Halil marangozluğa dökmüştü işi :
oymalı, aynalı dikiş kutuları yapıyor,
                    ince, ceviz sigara tabakaları,
                    tuzluklar, şekerlikler, kahvelikler.
Bunları görüşme günleri görüşme yerinde Peder'e
                pazarda zimmetçi gardiyana sattırıyor.
Toptan siparişler de geliyor bazan.
Mahkûmlar Halil'e şaşıyorlar :
işe çabucak yattı elleri,
gözleri inadediyor yalnız,
                    her gün biraz daha bulanıklaşıyorlar...

Peder geldi marangozhaneye.
Tombul, çocuk kafası sevinçliydi :
"— Muhterem bubacığım," dedi,
                        "görüşmecilerin var muhterem bubacığım,
                                        odana aldım."

Canım ciğerim
        on dördüne basan işçi Kerim
ve Balcı Remzi Efendiydi gelenler.
Kerim karyolaya çıkmış, bağdaş kurmuş
            ve sımsıkı koltuğunda defteri.
Balcı Remzi Efendi sepetini bırakmış yere,
                    iskemlede oturuyor uslu uslu.
Dizlerinde duruyor biçimli elleri.
Ve kasketinin altında alabros başını sağa eğmiş.
Orta boylu, tombul.

Remzi Efendi
Balkan Harbi muhacirlerindendi.
İstanbul'da, Darüleytam'da okumuş
ve işçilik etmiş Sultan Reşat'ın çini fabrikasında.
Şimdi burda, pazar yerinde
altında beyaz, koskocaman bir şemsiyenin
bal, bulama, pekmez, zeytinyağı satıyor
ve biricik öğrencisidir Halkevi'nde Fıransızca kurslarının.

Bir gün
Başsavcının izniyle çarşı hamamına gitti Halil,
dönüşte pazar yerinden geçildi
ve Remzi Efendi sordu arkada kalan ikinci jandarmaya :
"— Halil Bey, değil mi?
Tanıdım görür görmez,
bende fotoğrafları var,
kestim gazetelerden.
Mümkün mü ziyaretine gelmek?"

İzmirli tütün işçilerinden
ve Halil'in ahbabı olan jandarma
süzdü tepeden tırnağa Remzi Efendiyi :
"— Mümkün," dedi, "mümkün.
Zeytinyağı, pekmez filan satmak için gelirsin ama
böylesi daha iyi..."

Ve Remzi Efendi başladı Halil'e gelmeye.
Müdür Beye bal ve başgardiyana ucuz bulama veriyor
ve görüşme günleri hapisaneye kolayca giriyordu.
Halil kuşkulandı önceleri polis mi diye,
sonra geçti kuşkusu.
Baştan başa bir rahatlıktı Remzi Efendi,
rahattı, bir sivil polisin rahat olamayacağı kadar.
Rahattı kafası, elleri ve minicik kumral bıyığı.
Hemen belli olur :
sıhhatlı bir adamın rahatlığı gibidir
iyi bir adamın rahatlığı.

Kararlaştırmışlar :
Halil'e on sual soruyor Remzi Efendi her gelişinde.
Yoksa oturacaktı Halil'in karşısında
mavi gözleriyle melaikelerin
utangaç ve hayran
akşama kadar ağzını açmadan.

"— Sualler hazır mı Remzi Beyciğim?"
Remzi Efendi rahatça kızardı kulaklarına kadar :
"— Hay hay
hazırladık hocam."
Ve çıkardı küçük, bakkal defterini.
"— Benim de soracaklarım var bugün Halil Amca."
"— Seninkilere de cevap veririz Kerim.
Önce Remzi Bey."

Balcı Remzi Efendi yutkundu.

"— Şapkanızı çıkarsanıza Remzi Beyciğim."

Kasketini çıkardı.
Yüzü kızardı bir kerre daha.
Sevinçli bir çocuk merakıyla sordu Halil :
"— Sepette ne var."
"— Biraz pekmez, biraz bulama, zeytinyağı biraz..."
"— Sağ ol Remzi Beyciğim.
Parasını haftaya veririm, hesabıma yaz.
Haftaya öteki borçları da toptan kapatırız."
Remzi Efendi kekeledi :
"— Ama, ben bunları size..."
"— Olmaz..."
Remzi Efendi dargın baktı yüzüne Halil'in,
sonra müthiş bir kararla ve yumuşak sesinde korkunç bir sorguyla
konuştu :
"— Benden şüpheniz var mı?
Yani, hafiye filan mıyım sanıyorsunuz?"

"— Ne münasebet?
Şimdi böyle bir şey aklımdan bile geçmiyor."
"— Peki, eskiden, ilk zamanlar?"
Halil güldü :
"— Evet...
Şüpheye düştüm."
Sustular.

Canım ciğerim
on dördüne basan işçi Kerim
yuvarlak gözlerini dört açmış
saygılı bir hayretle dinliyor konuşmaları.

Remzi Efendi bir zarf çıkardı cebinden,
uzattı Halil'e :
"— Bunu hapisteki arkadaşların en yoksuluna yollayın, hocam."
Halil zarfı açtı :
henüz çarktan çıkmış gibi kırışıksız
pırıl pırıl bir ellilik...
Remzi Efendi her nedense izahat verdi önüne bakarak,
(Halil parayı almaz
ben de ona kırılırım diye çekiniyordu belki) :
"— On beş gündür pazarda iyi satış yaptım, hocam,
sonra toptan bulama da topladım bir tüccara.
Yani, bu para
kazancımın fazlası..."
"— Sağ ol Remzi Beyciğim,
hemen yarın yollarım arkadaşlara."
Birdenbire önüne çıkmış gibi çok güzel, çok ışıklı bir şeyin
bahtiyar gülümsedi mavi melaike gözleri Remzi Beyin.

İki bardak çay getirdi Peder.
Kerim'le Remzi Bey korkunç höpürtülerle içtiler.
"Ne olur bu kadar höpürdetmeseler," diye düşündü Halil.

Aşağıda görüşme yeri kalabalıklaşıyor

içerde hapisane daha kuvvetle uğulduyordu.

Balcı Remzi Efendi defterine bakarak
o günkü on suali sordu :

"1 - Harbi Alamanya çıkardı, diyorlar,
yani Naziler.
Peki, vaktiyle Hitler'in yerine
komünistler inkılap yaparak başa geçebilselerdi eğer
Alamanya harp çıkarır mıydı yine?
Ve öyle bir inkılap
böyle bir harp kadar kanlı olur muydu?..

2 - Diyorlar ki, harbi Hitler çıkardı.
Peki, Hitler'i kim çıkarmış?
Alaman bankaları ve tröstleri kendilerini tehlikede görmeseydiler
ve desteklenmeseydiler komünistlere karşı kavgalarında
İngiliz, Fıransız, Amerikan
ortakları tarafından
ve hep beraber
Nazileri tutup yükseltmeseydiler,
ve Alaman orta sınıfları geçenki harbin sonunda darmadağın olmasaydı
ve bir çift çizmeye
bir kangal sucuğa satılmaya hazır,
ümitsiz, aç, perişan
yığınlarla serseri dolaşmasaydı kaldırımlarda
ve ihanet etmeseydi sosyal-demokratlar
Hitler, bugünkü Hitler olabilir miydi?

3 - 25 yılda ikinci defadır ki dünya harbi oluyor,
bu işte hiç mi suçu yok kapitalist rejimin?

4 - Rozvelt ve Çörçil :

Biz toprak ilhakı için değil,
milletlerin hürriyeti için, —
diyorlar, —
kavga ediyoruz.
Peki,
Cava, Sumatra, Hindistan,
Afrika sömürgeleri filan
yani bir yığın millet
bir milyardan fazla insan
kavuşacak mı harpten sonra istiklaline?
Kurtulacak mı tröstlere pazar olmaktan?
Yoksa yalnız beyaz milletler mi millet sayılıyor?

5 - Rozvelt ve Çörçil :
Biz hiçbir şey için değil,
dört hürriyet için, — diyorlar, —
kavga ediyoruz.

Peki,
harp bitince, mesela Amerika'da,
işsizlik kalmayacak mı?
Yoksa beş on dolar verip cepheden dönenlerin ellerine
ve büyük bir kısmına harp endüstrisinde çalışanların
"başınızın çaresine bakın" mı diyecekler yine?

6 - Kapitalist iktisat sistemi için
işsizlik bir zaruret değil midir?

7 - İnsanlığın bugüne dek geçirdiği sosyal nizamlar
özünü ve şeklini değiştirmiş,
herbiri bir başka nizama bırakmış yerini.
Bunu kimse inkâr etmiyor.
Fakat bu iş artık kapitalist nizamda kemâlini bulmuş da
zınk diye durmuş mu?

8 - İtalya'da ve Alamanya'da faşizmin çıkmasına destek olanlar

şimdi, kendi evlatlarını yiyen devanaları gibi
onları yıkmakla meşgul...
Bu tezadın manası yok mu?

9 - Bugün belli başlı altı tane kodaman emperyalist devlet var :
kapitalizmin altı büyük efendisi,
Amerika, İngiltere, Alamanya, Japonya, Fıransa, İtalya.
Harpten sonra bu altılar kaça inecek?
Bu tasfiyenin ifade ettiği şey ne?

10- Harpten önce kapitalist - emperyalist dünya,
başta Amerika, İngiltere, Japonya, Alamanya, Fıransa, İtalya,
Sovyet Sosyalist devlete karşı neden birleşemediler?"

Balcı Remzi Efendi bitirdi okumasını,
sustu.
Baktı kurnaz bir saflıkla Halil'in yüzüne.
Halil şaşmıştı biraz.
"— Bu sefer suallerin çok farklı Remzi Beyciğim," dedi.
" Hem de çoğunun karşılığı içinde.
Belli, çok düşünmüşsün. Hatta...
(Hatta belki bunları sana başka biri yazdırmış,
diyecekti,
demedi fakat,
çekindi aklına başka bir şey gelir diye Remzi Beyin.)
Hatta bu bir hafta içinde çok okumuşsun..."
"— Yalnız bu hafta değil hocam,
boyuna okuyorum.
Birkaç iyi kitap geçti elime.
İki tanesi de sizin toplattırılan kitaplardan.
Sonra üç aydır sizin burda talebenizim.
Bu sualleri kaç zamandır hazırlıyordum.
Size bir sürpriz yapayım dedim..."
Remzi Efendi o kadar utanıp kızarmış, öyle rahat, öyle bahtiyardı ki Halil zor tuttu kendini kalkıp onun yuvarlak burnundan öpmemek için.

"— Remzi Beyciğim,
suallerinize cevap vermeyeceğim.
Cevapları gelecek haftaya kendin hazırla getir.
Şimdi sıra sana geldi Kerim.
Verdiğim kesri âdi meselesini hallettin mi?"
Kerim büyük bir ciddiyetle konuştu :
"— Halletmedim, çözdüm.
Kesri âdi değil, âdi kesir..."
"— Haklısın.
Defterini görelim."

Kerim meseleyi doğru çözmüştü.
Halil yeni bir mesele verdi.
Kerim konuştu yine :
"— Şimdi gelelim benim soracağım şeye, Halil Amca.
Senin için, Ruslardan para alıyor,
vatan haini diyorlar."
"— Diyen kim?"
"— Bizim fabrikada bir muhasebeci Seyfi Bey var, o."
"— Peki, senin kanaatın?"
Kerim derhal cevap verdi :
"— Yalan..."
Bir saniye sürmedi Halil'in sualiyle Kerim'in karşılığı arasında geçen zaman.
Ve bu kısacık aralıkta
üç hatıra geçti Halil'in kafasından :
Biri çok yakın
biri uzakça
üçüncüsü çok eski.
Çok yakını şu :
On gün önce para göndermişti karısına, Ayşe'ye,
marangozluk işinden birikme on beş lira.
Soruyor Mutemet Gardiyana postanede memur :
"— Halil Bey niye hep böyle on on beş lira gönderiyor?
Halil Beyde," diyor, "para tomarlandır."

Uzakça olanı şu :
Bir hayli zaman önce
elli kişi birden içeri düşmüştüler.
Ameleydi ve fakir esnaftı çoğu.
Yarısından fazlası da bekârdı.
Dehşetli parasızdılar.
Tayınları satıp domates, soğan alıyorlardı
katık diye.
Ve yerden izmarit topladığı oluyor
tütünsüz duramayan Halil'in.
Bir gün beşinci koğuşun damağası geldi yanlarına :
"— Sizin için," dedi,
"bunlar vatan düşmanıdır dediydi başgardiyan,
Moskof bunları balla börekle besler.
Halbuki ben bakıyorum
sizin ortak tencere haftada bir bile kaynamıyor.
Yara almış delikanlılar da var içinizde
vatan millet uğruna."
Sonraları bu damağası damağalığını bırakıp
dokumada işçi olduydu...

Üçüncü, en eski hatıra şu :
Halil'i komiserin karşısına çıkardılar,
fındık içi gibi yağlı, toparlak, ufacık bir adam
sipsivri dişleriyle sırıttı :
"— Sizin mezhepte karılar ortaklama kullanılır," dedi,
"Kızılbaşlık gibi bir şey, bu..."
Ve Halil
masanın üstündeki hokkayı kaptığı gibi fırlatmıştı hergelenin suratına...

Bu üç hatıra çakan bir şimşek hızıyla geçti kafasından,
kemikli esmer yüzü kızardı hafifçe
ve Halil sordu Kerim'e, biraz kederle gülümseyerek :
"— Yalan, demek?"
"— Yalan elbette, Halil Amca,
ama neden böyle iftira ediyorlar
onu soracaktım?"

Balcı Remzi Efendi
— belki ömründe ilk defa —
bir suçluyu itham eder gibi konuştu :

"— Korkuyorlar, Kerim,
Türk milletinden korkuyorlar.
Bugün kapitalist rejimde, baştakiler,
burjuvazi,
her yerde kendi milletinden korkuyor."

Remzi Efendi, henüz alıştığı yeni aletler gibi tereddütle biraz
fakat büyük bir hazla kullanıyor Fıransızca terimleri.
Diyalektikten
sınıf kavgasından bahsederek
son verdi sözüne.

"— Kerim," dedi Halil,
"hamd ü sena olsun Türk milletine ve insanlığa
(güldü :
çarpmıştı gözüne
Remzi Efendi'nin terimleri yanında
kendi kelimelerinin eskiliği. Tekrarladı :)
hamd ü sena olsun Türk halkına ve insanlığın halkına
komünistim çok şükür,
hem de sapına kadar,
hem de her gün biraz daha sağlama giderek,
her gün biraz daha komünistim,
komünist...
(Komünist diye tekrarladıkça
içinin ferahlayıp genişlediğini duyuyordu.)
Komünistim çok şükür.
İşin bu tarafı böyle, Kerim.
Her komünist gibi de su katılmamış vatanperverim :
hem de bir tarih
bütün bir devir
bir insanlık merhalesi boyunca daha gerçek
daha ileri...

Başkasının sırtından geçinenlerin değil
çalışan insanların vatanperverliği bu.
Bu senin vatanperverliğin, on dört yaşındaki işçi Kerim.
Ne kendi milletimden aşağı
ne de üstün görürüm başka milletleri.
Kozmopolit de değilim.
Her komünist gibi haykırırım fakat,
Bütün ülkelerin proleterleri birleşin, diye.
Burası böyle...
Şimdi, Kerim,
Sovyetler Birliği bahsine gelelim :
Yüz, yüz elli yıl önce doğmuş olsaydım eğer
saygı ve hayranlık duyacaktım büyük Fıransız inkılabına.
Kim bilir, belki o zaman da
Fıransalı keferenin fitnesine alet oldu derlerdi bana.
O devirde yaşamadım
ama hâlâ heyecanla söylerim Marseyyezi.
Şimdi bir de yirmi yıl kadar öncesini düşün :
Farzet ki Afrika'da, Asya'da filan bir sömürge çocuğusun,
elbette hayranlıkla seveceksin Türkleri, bizi,
emperyalizmin tırnağından koparıyoruz diye istiklalimizi.
Şimdi bir de Sovyetler Birliği'ni düşün :
milletlerin milletlere, insanın insana kulluğu yok edilmiş.
Elbette saygı ve sevgi duyacağım
sosyalizmin bu ilk yapısını kuranlara karşı.
Yirminci yüzyıldayız, Kerim,
yüreğimizde Marseyyez,
ve bizim İstiklal Marşımız,
ve Enternasyonal marşı...
İftira ve yalan bahsine gelince :
yalnız jandarma, polis karakolu, hapisane filan yetmez,
bazı yerlerde hatta bu çareye pek başvurmazlar.
Yalan da lazım düşmana :
gazete, radyo, sinema, kitap, mahalle kahvesi
seferber.

Yalan dediğin topal bir bite benzer
bir gecede yedi yatak dolaşır,
hele fukara yataklarını..."

Kızarıp fısıldadı Remzi Efendi :
"— Lakin yalancının mumu..."
Bütün bu sözlerden ancak karışık bir şeyler anlayan Kerim
sevinçle tamamladı :
"— ... yatsıya kadar yanar."
Biraz üzgün konuştu Halil :
"— Yatsı vakti de biraz gecikir bazan."
Güldü :
"— Birkaç dakika..."

Çaldı aşağıda görüşme paydosu çanı,
Kerim'le Remzi Efendi gittiler.
Halil çıkardı sepetten zeytinyağını, bulamayı, pekmezi.
Yutkunarak baktı.
Bulama kutusunu aldı, evirdi çevirdi, bıraktı.
Tatlılardan en sevdiği bulama.
"Ayşe de bulamayı çok sever ama,
bunu yarın olduğu gibi ona göndermeli."
Zeytinyağı ibriğine uzandı eli
tattı, parmağına bir damla damlatıp :
"Bunu da Süleyman'a yollarız,
Remzi Beyin elli lirasını Fuat'a.
Yirmi gün sonra çıkıyor hapisten
yol parası yapar."
Pekmez şişedeydi.
Ters ters bir göz attı şişeye :
"Bu da bize kalacak
halbuki hiç de sevmem mübareği......

IV

Bir perşembe günü bıraktılar Fuat'ı
akşam
geç vakit.
Yürüdü elini kolunu sallaya sallaya,
ıslık çalarak
ve arkaya hapisaneye bakmadan.
Orda kalanlar
demirli pencerelerden gözetliyor gideni :
bir parça hasret
bir parça keder
ve "haydi, yolu açık olsun..."
Köşeyi döndü Fuat,
karşıda şehir :
Bir yıldır uzaktan uzağa seyredilen şey.
Ve oraya kadar
sıra sıra kavaklar akşam aydınlığında
çayır
çimen
ve bembeyaz bir şose.
Yüreği güm güm atıyor delikanlının :
boşalamayan bir telaş,
bir şeylere yetişmek,
bir müjde vermek birilerine.
Durdu,
etrafına bakındı :
Yukarı, aşağı, sağa, sola,
sanki kendisi merkez
etrafında dünya alabildiğine genişliyor.

"Duvara çarpacağım
kolumu sallasam elim demire değecek"
diye bir şey yok.
Ortalık çizgisiz ve köşesiz.
Birdenbire Fuat'a havadaymışım, boşluktaymışım gibi geldi.
Öyle de kuvvetle hissetti ki bunu
başı döndü adeta.
Eğildi bir tutam yeşillik kopardı.
Atladı bir hendeği.
Silahlı iki jandarma gidiyor hapisaneye doğru :
"Geçmiş olsun," diye bağırdılar.
Fuat baktı arkalarından.
Siyah, ince bıyıkları altında dudakları titredi :
"Bu kadarcık da olsa güzel şey be,
anasını sattığımın hürriyeti.
Dosdoğru hamama gitmeli," dedi.
"Şöyle bir göbek taşına yatıp...
Sonra bir kenar meyhanede bir temiz çekmeli kafayı..."
Canı yine birdenbire kadın istedi :
Tıknaz
kütür kütür
esmer bir kadın.
İçerde hep rüyalarına giren, mahluk,
yüzü belli değil,
vücudu belli.
Fakat Fuat ne meyhaneye gidebildi, ne kadına,
Halil'den gelen de dahil
yetmiyordu parası.
Ve hapisanesinde bir yıl yattığı şehri
gündüz gözüyle şöyle bir dolaşamadan,
sabah sabah, erken erken,
siyah yeldirmeli, yalnayak, sıska, harap kadınlar
hat boyunda tütün fidesine giderken
atladı tirene Fuat,
ver elini İstanbul.

Daha hürriyetinin ikinci günü
unuttu hapiste yattığını.
Ancak, beşinci gün
tiren İstanbul'a yaklaşırken
vakta ki karşıda Yeşilköy açıkları göründü,
birdenbire kömür çarpmış gibi başı döndü
bir bulantı halinde düştü yüreğine mahzunluk.
Birbirinden ayrı hapislerde kalanların hepsi
hele, Halil, Süleyman, Melahat,
hatta içeride edindiği ahbaplar :
katilden yatan Murat,
kızcılıktan Hüseyin
eşkıya Mehmet
kâh, ölmüşlermiş gibi uzak
acı
ve hatıralaşmış
kâh, elle dokunacak kadar yakın, sevinçli ve diri,
kâh, karmakarışık, hep beraber,
kâh içlerinden ayrılan biri
ikisi, üçü,
karşısına dikildiler.
Öyle de geldi ki, tesviyeci Fuat'a
şimdi, şu anda
herhangi bir hapiste, herhangi birinin,
hele bilhassa Halil'in yanında olmak istiyor.
Ovuşturdu alnını,
gözlerinin sulandığını belli etmemek için.

Bir, bir buçuk saat sonra Köprü'deydi Fuat,
İstanbul'un göbeğinde sayılır,
gördü Galata Kulesi'ni, Haliç'i, Süleymaniye'yi,
mavnaları, şirket vapurlarını, tıramvayları,
Köprü'den geçen insanları gördü
ve kara cevahir gözleri mavi bir aydınlıkla dolu
kokladı İstanbul'u.

Karaköy'den söküp gelen bir canavar düdüğü,
beyaz bir alev geçti Köprü'nün üzerinden :
cankurtaran otomobili.
Karada değil de
son süratle denizde gider gibi bir hali vardı
bu kırmızı aylı beyaz makinenin.
Şoförün yanında oturan sıhhat memuru Hasan Kılıç
yummuştu gözlerini.
Gözlerinin altı çürük.
Başı açık.
Koyu kestane saçları kıvır kıvır.
Genç, güzel, tilki yüzü soluk
tatlı bir başağrısı
uykusuzluk.
Beyaz gömleği kirli ve perişandı.
Yanık benzin kokusu
ve dizlerine doğru yayılan sıcaklığı motorun.
Sıhhat memuru Hasan Kılıç toparlandı :
vücuduyla değil
kafasının içinde.
Gözleri hâlâ sımsıkı yumulu
görüyordu geçilen sokakları :
kapılar, pencereler, vitrinler ve adamlar
akıyor birbirine karışarak
ve canavar düdüğü ötüyor artsız arasız.
Bu böyle sürdü 15 dakika kadar
sonra yavaş yavaş seyreldi kalabalık,
yapılar küçüldü,
insanlar azaldı,
kısıldı feryadı canavar düdüğünün
ve duran tekerleklerle birlikte sustu.
Açtı gözlerini sıhhat memuru Hasan Kılıç.
Karakolun önündeler
bekçi bağırıyor :
"— Arabayla gidemezsin
sedyeleri al,
şuracıkta zaten..."

Önde Hasan Kılıç'la bekçi,
arkada hastabakıcı, şoför ve sedyeler
yola koyuldular.
Yırtık, beyaz gömleği savrularak yürüyor Hasan Kılıç :
telaşlı dalgınlığı içinde işgüzar,
sükûtunda ukala
ve gözleri baygın.
Ortalıkta çıt yok.
Gökyüzü berrak
ılık
ve bahtiyardı.
Ahşaptı mahallenin evleri :
boyasız
kararmış
fakat temizdiler.
Yalnayak bir kız çocuğu bir taş merdiveni yıkamaktaydı.
Hani öyle geliyor ki insana,
burası bir dünyanın sonu
bir dünyanın başlangıcıdır
ve bir köşe dönülünce...
Döndüler köşeyi,
bir inişin başındaydılar,
dar
uzun
bayır aşağı dimdik gidiyor sokak,
bir kurşun borunun içinden seyredilir gibi de
uzakta, en dipte bir deniz parçası.
Başladılar inmeye,
millet yığılmış önüne bir tahta kapının,
kumaşları harap,
derileri aç,
sarı,
çoğu da ya çalışamayacak kadar çocuk
ya çalışamayacak kadar ihtiyardı.
Bu saatte aynı kumaş
aynı derilerin içinde
işteydi ötekiler :

fabrikada amele,
dükkânda çırak, tezgâhtar,
işportacı,
ve çok uzak bir yerlerde askerdeydi delikanlılardan ikisi.
Soldaki evin alt katında bir tahsildar oturur :
çeşmenin karşısındaki evin.
Bu sokağın en güzel kızı
herhalde yine Beyoğlu'ndadır :
Ya Madam Atina'da, ya bir sinema locasında.
Ve arabacının haylaz oğlu
hapiste.
Sıhhat memurunu karşıladı komiser.
Eve girildi.
Ufunet.
Beş odada altı aile.
Şimdi de kalabalık bir misli arttığı halde
çırılçıplaktı çürük, ıslak tahtaların boşluğu.
İkinci katta dipteki odaya girdiler,
iki yer yatağı,
ortada sofra bezi ve bir hazin tencere.
Beş insan uzanmıştı yere.
Sıhhat memuru baktı komisere.
Konuştu komiser :
"— Zehirlenmişler.
Kendisini de, hepsini de herif zehirlemiş tahkikatıma göre.
Sıçanotuyla olacak.
Maaile intihar.
Ne yaparsın,
diz boyu sefalet paşam.
Deri fabrikasında çalışırdı adam,
110 kuruş gündelik.
Fakat bakın döşekler oldukça yeni,
tencere de para eder.
Satmamışlar.
Ötekiler ölmüş ama kız yaşıyor galiba.
Zaten onun feryadına yetişmişler."

Gerçekten de yaşıyordu kız,
kuru erik dalı gibi bir şey,
          on üçünde var yok.
Hasan Kılıç bir apomorfin iğnesi yaptı hemen,
sonra sedyeye koydu, yolladı aşağıya,
sonra, teker teker baktı ötekilere :
Kalın kara kaşlı, uzun yüzlüydü erkek,
birdenbire bir şeyden ürkerek
                              ödü kopmuş gibi bir hali vardı.
Karısı otuz beşlik.
Entarisini parçalamış can çekişirken
Zayıf, kuru iki el gibi sarkıyor memeleri.
Nine, erkeğin anası, dişsiz ağzını açmış
                         kıvrılıvermiş iki büklüm.
Ölülerin dördüncüsü beş yaşında bir oğlandı,
mavi donunun içinde raşitik bir torba kemik.
Aklı bir şeye takılmış gibiydi komiserin,
konuşuyor boyuna;
yüksek sesle düşünüyor daha doğrusu :
"— Satılacak çok şeyleri varmış daha,
   döşekler, tencere,
   oğlanın mavi donu da yeni alınmış
   kadının da iç gömleği var.
   İntihar mevsimsiz.
   Daha nice çıplakları yaşıyor.
   Herkes dilencilik edemez ama...
   Gözü yılmış herifin...
   Yılgınlık paşam, yılgınlık...
   Haysiyetli herifmiş lakin..."

Hasan Kılıç yürüdü kapıya doğru :
"— Gidelim bay komiser."

Gittiler.
içerde ihtiyar bir erkek kaldı yalnız
karşı odanın insanlarından biri.

Yalnayaktı.
Paramparça bir şal kuşak sarılı entarisinin beline.
Akıyordu sol gözü.
Ve biten bir şey gibi suçsuz ve hazindi yüzü.
Eğildi üstüne kalın kara kaşlı erkeğin,
soktu ellerini ölünün ceplerine.
Bulup çıkardı ekmek karnesini.
Sonra ağır ağır
          dikildi, belini zorlukla doğrultarak.
Açıldı hışımla kapı.
Mahalle mümessiliydi giren.
Bakıştılar.
Mümessil uzattı kolunu,
karneyi devretti ihtiyar.
Elleri titremiyordu,
yalnız bir kat daha suçsuz ve hazindi yüzü.
Mümessil kuponları saydı,
beş parça koparıp koydu ihtiyarın açık avucuna :
"— Bölüştük," dedi.
    "Tarihine iyi bak,
    yukardaki Laz fırıncıdan alırsın.
    Kimseye ağzını açma,
    gelinin de, çocuklar da duymasın,
    kendin al, kendin ye..."
Sustu,
düşündü,
tekrar uzattı kolunu :
yumuşak, esmer ve tüysüzdü bu kolun ucundaki el,
tırnak diplerinde yağlıymış gibi parlıyordu deri :
"— İstersen seninkileri sat bana,
    yüz elli kuruş veririm.
    Yahut hayır, kalsın.
    Yahut,
    hayır,
    çaktıracaksın işi.

Al şu yetmiş beşi
ver onları buraya.
Yok,
hayır, istemem.
Çek elini istemem diyorum sana.
Yetmiş beş kuruş da senin olsun,
istemem.
Burda durma haydi git..
Allah belamızı versin
ikimizin de..."

İhtiyar, dışarı çıktı.
Durdu sofada,
aralık kalan kapıya yaklaştı tekrar,
hep öyle suçsuz, hep öyle hazindi yüzü.
Gözetledi mümessili,
içerde ne yapıyor diye.

Cankurtaran düzüldü yola.
Arabada, sedyede, kızcağız boyuna kusuyor,
hastabakıcı, içinden küfredip
— alışkanlık —
susuyor
ve şoförün yanında sıhhat memuru Hasan Kılıç
düşünüyordu :
"— Parkotel'in şefgarsonu gelmiştir daireye,
bekler,
sözde aşı yapıldı diye cüzdanlar mühürlenecek,
garsonların cüzdanları.
On lira ordan.
Tokatlıyan'ınki de öbür gün gelir.
Yedi buçuk.
Şu bizim millet aşıdan korkmasa işimiz dumandır.
Gece doktora uğramalı,
kinin ampullerini doldurmuştur mâi mukattarla,
yirmi lira komisyon,

etti otuz yedi buçuk.
Bu ay yüklüyüz."

Cerrahpaşa'nın önünde durdu şoför.
"— Yer yok," dediler.
Hareket.
Arkada, içerde kız kusuyor,
Hasan Kılıç düşünüyordu :
"— Bu da, sabahki gibi arabada ölmese bari.
Fakat veremin de öylesi görülmüş şey değil.
Ya intihar edeceksin,
ya T.B.'den geberecek,
yahut da benim gibi kurnaz olacaksın."

Hasan Kılıç kendini dehşetli kurnaz sayıyordu.
Otomobil Guraba'nın önünde durdu.
"— Yer yok," dediler.
Hareket.
Çapa'dan yokuş yukarı çıkılıyor Aksaray'a doğru,
Yusuf Paşa, Murat Paşa,
sokak dar, basık ve yorgun.
Bakkal, leblebici, hallaç,
kömürcünün üstünde aşı boyalı konak.
Hasan Kılıç düşünmekte devam ediyor :
"— Apomorfin boyuna kusturur şimdi kızı.
Nuri Ecza Deposu kalsiyum çıkarmış karaborsaya,
ampulü, etiketi Avrupa, içi yerli.
Haydi kendini göster oğlum,
herif kurnaz,
sen daha kurnazsın, herife yapış."

Hasan Kılıç güldü,
gerildi kalın, kırmızı dudakları
dişleri bembeyaz çıktı meydana.

Beşinci Kitabın Sonu

Nâzım Hikmet

Öteki Defterler - Orası / Zeytin ve
Üzüm Adası / [Bayram] / [Piraye'ye]

Oyunlar - 1
- Ocak Başında
- Kafatası
- Bir Ölü Evi
- Unutulan Adam
- Bu Bir Rüyadır

Oyunlar - 2
- Yolcu
- Ferhad ile Şirin
- Sabahat
- Enayi

Oyunlar - 3
- İnsanlık Ölmedi Ya
- Allah Rahatlık Versin
- Evler Yıkılınca
- Yusuf ile Menofis
- İvan İvanoviç Var mıydı Yok muydu?

Oyunlar - 4
- İstasyon
- İnek
- Demokles'in Kılıcı
- Tartüf-59

Oyunlar - 5
- Kadınların İsyanı
- Yalancı Tanık
- Kör Padişah
- Her Şeye Rağmen

Yazılar - 1
- Sanat, Edebiyat, Kültür, Dil

Yazılar - 2
- (1924 - 1934)

Yazılar - 3
- (1935)

Yazılar - 4
- (1936)

Yazılar - 5
- (1937 - 1962)

Yazılar - 6
- Konuşmalar

Romanlar - 1
- Kan Konuşmaz

Romanlar - 2
- Yeşil Elmalar
- Yaşamak Hakkı

Romanlar - 3
- Yaşamak Güzel Şey Be Kardeşim

Masallar, Hikâyeler - 1
- Hikâyeler

Masallar, Hikâyeler - 2
- Çeviri Hikâyeler

Masallar, Hikâyeler - 3
- Orman Cücelerinin Sergüzeşti
- Sevdalı Bulut
- Sevda Masalları
- Öbür Masallar

Masallar, Hikâyeler - 4
- La Fontaine'den Masallar